融合性作业设计

综合实践活动和劳动在作业设计中的运用

广州市教育研究院　　编著

SPM
南方传媒　广东人民出版社

·广　州·

图书在版编目（CIP）数据

融合性作业设计：综合实践活动和劳动在作业设计
中的运用 / 广州市教育研究院编著. -- 广州：广东人
民出版社，2025. 7. -- ISBN 978-7-218-17860-8

Ⅰ. G632.46

中国国家版本馆 CIP 数据核字第 20241N03S6 号

RONGHEXING ZUOYE SHEJI: ZONGHE SHIJIAN HUODONG HE LAODONG ZAI ZUOYE SHEJI ZHONG DE YUNYONG

融合性作业设计：综合实践活动和劳动在作业设计中的运用

广州市教育研究院　编著

版权所有　翻印必究

出 版 人：肖风华

策　　划：李　敏
责任编辑：李　敏　温玲玲
封面设计：李明君
责任技编：吴彦斌　马　健

出版发行：广东人民出版社
地　　址：广州市越秀区大沙头四马路 10 号（邮政编码：510199）
电　　话：（020）85716809（总编室）
传　　真：（020）83289585
网　　址：https://www.gdpph.com
印　　刷：广州市豪威彩色印务有限公司
开　　本：787 毫米 × 1092 毫米　1/16
印　　张：25.25　　字　　数：430 千
版　　次：2025 年 7 月第 1 版
印　　次：2025 年 7 月第 1 次印刷
定　　价：78.00 元

如发现印装质量问题，影响阅读，请与出版社（020-85716849）联系调换。
售书热线：（020）87716172

编委会

目 录
CONTENTS

01 第一部分　学科融合作业方案 ≫

02 第二部分　劳动作业方案

01

学科融合作业方案

"平行四边形的应用"作业方案

设计团队：龙翠闪　梁钜尧　江淑贞

一、设计意图

"平行四边形的特性"是人教版小学数学四年级上册第五单元的学习内容，主要是让学生了解平行四边形的基本概念及特征，通过实际操作让学生认识平行四边形容易变形的特点。"平行四边形的应用"作业设计融合了综合实践活动、劳动、科学等多个学科的知识，注重生活性、探究性和实践性，设计了观察平行四边形在生活中的应用，应用平行四边形容易变形的特点制作生活用品，固定容易变形的平行四边形生活物品等作业内容，加深学生对平行四边形容易变形的特点的理解，激发学生的探究欲望与兴趣，培养学生的实践探究能力和综合运用学科知识解决问题的能力。

二、实施对象

本次活动的实施对象是小学四年级的学生。他们对生活中的事物比较感兴趣，已经具有一定的空间思维能力，而且在一年级下册的学习中初步认识了平行四边形。本次作业设计以此为起点，提供了一组含平行四边形的实物图片，感受平行四边形在生活中的应用，激活学生已经积累的有关平行四边形的感性认识，再通过实践探究活动让学生理解平行四边形容易变形的特点，将数学学习与生活实际结合起来。

三、作业目标

1. 通过上网查阅资料、实地调查等方式，了解平行四边形在生活中的应用，加深对平行四边形容易变形的特点的理解。

2. 应用平行四边形容易变形的特点，制作一个平行四边形或平行四边形生活物品，培养学生的动手操作能力，激发学生的探究欲望与兴趣。

3. 改造容易变形的平行四边形生活物品，使平行四边形挂物架变得牢固，更能满足生活的需要，发展学生的创新能力。

四、作业内容

1. 了解平行四边形在生活中的应用。

2. 应用平行四边形容易变形的特点，制作一个平行四边形或平行四边形生活物品。

3. 改造容易变形的平行四边形生活物品，使它变得牢固。

五、作业实施

任务一

小粤想知道生活中有哪些应用平行四边形容易变形这一特点的事例，可以通过哪些方式来了解？

讨论区

我们可以上网查阅一下生活中应用平行四边形容易变形的特点的事例。

我们可以观察一下在社区和家庭里面应用平行四边形容易变形的特点的事例。

我们可以问问爸爸妈妈，这些平行四边形物品给我们的生活带来什么便利？

同学们，你们还有什么好方法？我们一起来探究、学习吧！

 实践坊

观察平行四边形在生活中的应用

同学们，我们观察一下社区和家庭里面应用平行四边形容易变形的特点的事例，把它们记录下来吧！

观察时间	观察地点	发现的事例名称	观察到的现象	运用的知识
5月16日	学校门口	电动伸缩门	电动伸缩门由一个个平行四边形组成，可伸缩移动。	应用平行四边形容易变形的特点

任务二

小广学习了平行四边形后，对平行四边形容易变形的特点不是很理解，大家帮小广想想办法吧！

讨论区

我们可以做一个平行四边形，通过拉动平行四边形来理解它容易变形的特点。

我们可以尝试做一个平行四边形生活用品，如可折叠书架、可折叠椅子等。

同学们，我们开展一次设计制作活动，加深对平行四边形容易变形的特点的理解吧！

制作平行四边形

材料与工具：

1. 材料：吸管四根、较长的丝线。

2. 工具：剪刀。

步骤与方法：

1. 用绳子按短—长—短—长的顺序把吸管串起来。

2. 把两端的绳子打结，用剪刀剪掉多余的绳子，得到一个长方形。

3. 用两手捏住长方形的两个对角，向相反方向拉，得到一个平行四边形。

安全提示：

1. 使用刀尖是圆形的小剪刀。

2. 剪刀不能对着自己或他人，如果要传递剪刀，要先把剪刀合拢，手握住合拢的刀尖，剪刀柄对着他人。

3. 用完后要及时把剪刀收纳好。

任务三

小穗家里有一个能节省空间的活动的平行四边形挂物架，现在想把它固定起来，你有什么好办法呢？

讨论区

 我们可以沿着挂物架的两个对角钉上一条小木板，使它变牢固。

 我们可以把挂物架粘贴在墙上，让它固定在同一个平面上。

 如果家里没有挂物架，怎样操作呢？

 如果家里没有挂物架，可以利用我们自己做的平行四边形来操作哦！

固定平行四边形挂物架

材料与工具：

1. 材料：小木板、钉子。

2. 工具：尺子、笔、小锯子、小锤子。

步骤与方法：

1. 测量挂物架对角的距离。

2. 在小木板上量出同样的长度，画上记号线。

3. 用小锯子沿着记号线把小木板锯断。

4. 沿着挂物架的两个对角钉上小木板。

安全提示：

1. 使用锯子时，一手握紧锯子的把手，一手摁住木板。

2. 使用锤子时，一手握紧锤子的把手，一手拿稳钉子。

3. 用完后要及时把锯子和锤子收纳好。

六、作业评价

1. 跟老师和同学交流分享作业成果，并根据他人的建议修改、完善作业。

2. 在这次作业实践中，你对自己的表现满意吗？对照下面的评价表说一说自己的表现，听一听同学、教师、家长的意见，请用描述性语言进行评价。

评价内容	自评	同学评	教师评	家长评
认真观察				
积极探究				
操作熟练				
富有创意				
团结协作				
乐于分享				
质量较好				

【设计团队负责人简介】

龙翠闪，广州市白云区新楼小学教师，综合实践活动高级教师，广州市首届十佳综合实践活动指导教师，广州市教育研究院首届特聘研究员，广州教育学会中小学劳动教育研究专业委员会常务理事、学术委员会副主任，白云区劳动教育研究会常务理事，广州市《科技实践教材》及教师用书编委，广州版《小学综合实践活动·劳动》教材及教师用书编委。

"时间在哪儿"作业方案

设计团队：刘 琨 谢燕芬 杨 娇 欧彦佳

一、设计意图

"时分秒"是人教版小学数学三年级上册第一单元的学习内容，主要是让学生在真实情境中感知时分秒基本长短概念与相互关系，通过一系列的主动实践、亲历事件来理解时间与过程的联系。"时间在哪儿"作业设计融合了综合实践活动、劳动、科学等多个学科知识，注重运用生活经验与观察，发现探索多样化的时间问题解决策略。本方案设计了分层递进式任务单，寻找用于表征时间的物件，动手制作计时仪器沙漏，记录并优化10分钟活动安排等作业内容，加深学生对时间概念的理解与运用，建立学习与生活的有机联系和融合途径。整体完成度从学生主动参与、动手操作、创意表现、作业质量和分享交流五大维度进行多元评价。

二、实施对象

本次活动的实施对象是小学三年级的学生。在之前的学习中，学生已经认识了时分秒等时间单位，但对于计时工具的认识不多，对于时间与过程的认识不够深刻。因此，在本次作业中，学生通过多种学习信息获取方式，了解古代和现代的计时工具；在动手操作的过程中，加深对沙漏计时原理的认识，感悟时间与过程之间的关系；在10分钟活动的实施优化过程中，学会合理安排时间。

三、作业目标

1．通过观察、查找记录等方式，认识古代社会和现代社会中使用的计时工具，初步了解计时原理。

2．根据对沙漏的认识，设计并制作沙漏，感悟时间与过程之间的关系，培养动手操作能力和创新能力。

3．记录10分钟的活动安排，将生活中的事件与时间建立联系，并通过反思改进，学会合理安排时间，感悟规划时间的重要性。

四、作业内容

1．寻找古代和现代社会中表征时间的物件，初步探究计时原理。

2．动手制作计时仪器——沙漏。

3. 记录并优化课间10分钟的活动安排。

五、作业实施

任务一

小明想知道计时工具有哪些，它们都是怎么表示时间的，你能帮帮他吗?

讨论区

在教室的前面挂有一个时钟，同学们手上的电话手表也能显示时间。

上周跟爸爸妈妈去吃椰子鸡时，服务员姐姐给了一个沙漏计时器，并说沙子从上面全部流到下面，就可以开始吃了。

在科学课上，我们还知道，在古代我们的祖先运用太阳的影子来判断时间，并据此制成了日晷。我还自己在网上了解了古代其他的计时工具。

同学们，你还在哪里看到或者了解过哪些计时工具? 拍一拍或者画一画，并说一说它是怎么表示时间的。

实践坊

计时工具我收集

观察地点	名称	特征及其原理介绍
广州博物馆	铜壶滴漏	铜壶滴漏上面的三个铜壶统称为播水壶，下面还有一个铜壶名为受水壶。铜壶滴漏的运转靠的是水，这三个播水壶是水流出的地方，每个播水壶的下方都有一个滴水龙头，水就通过龙头依次滴到下面的铜壶里。在最下方的受水壶里有一把铜尺，同时上面刻有十二时辰，铜尺前有一个指示时辰的木箭，木箭由下面的浮舟托起。古人根据木箭在铜尺上指示的刻度，就知道当前的时间了。因刻漏冬天水易结冰，故后人发明改用流沙驱动的沙漏。
火锅店	西方沙漏	西方沙漏由两个玻璃球和一个狭窄的连接管道组成。通过上面玻璃球中的沙子穿过狭窄的管道流入底部玻璃球所需要的时间来测量时间。当所有的沙子都流向底部玻璃球时，颠倒沙漏就可以重新测量时间。

任务二

随着科学技术的发展，一些占据空间大、操作烦琐的计时工具逐渐被时钟和电子计时器等现代计时工具所取代，而沙漏由于外观小巧、计时便捷，依然在生活中的不同场合发挥着作用。为了进一步认识沙漏，小综想尝试做一个计时10分钟的沙漏，一起来试试吧！

讨论区

沙漏的玻璃球我们可以用果冻杯，还可以用小的可乐瓶剪出……

沙漏里的细沙我们可以用细盐或者米粒等物质代替。

倒入沙子之后，不要急着封口，用手表中"秒"计时器测量时间，根据结果加入或倒出沙子。

同学们，让我们自己尝试制作一个独一无二的10分钟沙漏吧，制作过程中注意工具的安全规范操作。

实践坊

10分钟沙漏DIY

材料和工具：

1. 材料：两个果冻杯（可用其他碗状器具代替）、细沙（可用家里的细盐代替）、闲置的纸板。

2. 工具：锥子、剪刀、502胶水、计时器、颜料。

步骤和方法：

1. 用锥子在果冻杯的底部钻一个小洞（根据沙粒的大小进行调整）。

2. 用闲置的纸板剪出两个圆形的盖子（盖子的大小要大于果冻杯的开口），可以在盖子上设计自己喜欢的图案。

3. 将其中一个盖子盖在果冻杯的开口上，用502胶水粘住。

4. 将两个果冻杯的底部小孔对准，粘住。

5. 将沙子倒入未封口的果冻杯中（沙子可以染上喜欢的颜色），并静置在桌面上，用计时器开始计时。

6. 根据计时结果增加或减少沙子。

7. 用自己喜欢的图案装饰沙漏。

图文教学网址：https://jingyan.baidu.com/article/4dc408489d6cb189d846f13e.html

视频教学网址：https://quanmin.baidu.com/sv？source=share-h5&pd=qm_share_

search&vid=232846324395869553

安全提示：

1. 在使用锥子时，需要将果冻杯放置在合适的位置，避免误伤手指。

2. 使用儿童专用剪刀，以免剪伤或戳伤自己。

3. 剪刀在不使用时，一定要放在安全的地方。

4. 使用胶水时要细心，避免粘住手指。

任务三

小综非常喜欢自己制作的沙漏，在制作完沙漏后，小综尝试用沙漏计时，发现10分钟过得非常快，早上10分钟只够吃完早餐，午间10分钟只够给全班同学派发卷子，小综想知道同学们都是如何安排自己的下课或午间的10分钟，怎样安排可以在10分钟内做更多的事？

讨论区

作为小组长，需要统计小组成员的评价表中星星个数，我会邀请每个成员负责一项评价维度的统计，10分钟内就可以完成了。

我早上喜欢喝一杯热牛奶，烧水大约需要5分钟，洗漱需要5分钟。我一起床就先放置电热水壶烧水，利用烧水的5分钟进行洗漱，这样剩下的5分钟我就可以吃早餐了。

同学们，让我们用自己制作的沙漏计时器，记录课间10分钟，想一想能不能更合理安排10分钟，尝试实施并记录改进的结果。

10分钟沙漏记录表

我原来的10分钟	反思与改进	我现在的10分钟
我利用午间的10分钟派发了全班40人的练习卷。	1. 10分钟只做一件事情，效率不高。 2. 请同伴帮忙，有效地管理时间。	我请7位小组长帮忙协助派发练习卷，只需要5分钟，剩下的5分钟我可以看看书。

六、作业评价

1. 分享实践作业的收获，认真倾听别人的意见，了解别人的做法，及时修改、完善。

2. 在这次作业实践中，你对自己的表现满意吗？对照下面的评价表说一说自己的表现，并听一听同学、教师和家长的评价。本次活动，你有什么收获，认为还有哪些需要改善或者想说说其他的？试着把它们记录下来吧！

评价内容	评价细则			自我评价	小组评价	教师评价	家长评价	综合评价
态度	参与活动中的热情、乐于探究	自主合作、探究活动一般	不主动参与活动	☆ ☆ ☆	☆ ☆ ☆	☆ ☆ ☆	☆ ☆ ☆	共（　）☆
实践活动	勤于动手动脑动口参与	动手操作能力一般	不善于动手，操作能力需加强	☆ ☆ ☆	☆ ☆ ☆	☆ ☆ ☆	☆ ☆ ☆	共（　）☆
创意表现	善于思考，活动中有创意	仿照样图，创意一般	依赖他人，独立活动能力弱	☆ ☆ ☆	☆ ☆ ☆	☆ ☆ ☆	☆ ☆ ☆	共（　）☆
作业效果	发现问题，提出并解决优化	活动基本完成，成果一般	没按时完成或完成不好	☆ ☆ ☆	☆ ☆ ☆	☆ ☆ ☆	☆ ☆ ☆	共（　）☆
分享交流	我的收获：_____ 进一步改善：_____ _____ 其他：_____							

【设计团队负责人简介】

刘琨，现任荔湾区桃源幼儿园副园长，广东省督学，广东省名教师工作室主持人，兼多领域教育学术委员类职务。近五年获省哲学社会科学优秀成果奖、市教育成果奖，入选"百千万"名师，被誉为广州市"最美教师"。著书三本，主持各级课题七项，深度参与省市学前教育改革与规划，以卓越成就引领幼教发展。

"家乡的桥"作业方案

设计者：钟德标

一、设计意图

《赵州桥》是人教版小学语文三年级下册第三单元的课文，主要是让学生了解赵州桥的建造特点，体会我国古代劳动人民的智慧和才干，从而激发学生的民族自豪感，增强文化自信。"家乡的桥"是《赵州桥》课文学习的拓展性作业，作业设计融合了综合实践活动、劳动、语文、数学、工程、艺术等多个学科的知识，将书本知识与学生的生活经验连接起来，注重生活性、探究性和实践性，围绕"家乡的桥"设计了"察桥""说桥""画桥""造桥"等作业内容，深化学生对"桥"的认识，激发学生的探究欲望和兴趣，促进知识迁移，培养学生的实践探究能力和综合应用学科知识解决问题的能力。

二、实施对象

本次活动的实施对象是小学三年级的学生。这一阶段正是学生思维能力发展的关键时期，对一些事物表象背后的东西具有较强的探究欲，经过一、二年级综合实践活动及劳动课程的学习，学生们掌握了一定的问题探究方法，具有一定的创意物化能力，具有较高的学习和表现欲望。桥梁是学生生活中的常见之物，但桥梁建造背后所隐含的知识与原理，却是学生所不知却又觉得好奇的，这正是学生的探究点。本次作业设计以此为起点，通过学生对课文内容的回忆，激活学生对赵州桥的感性认识，再通过问题设计与活动牵引，引导学生关注家乡的桥，开展对家乡的桥的探究活动，深化学生对桥的认识，将语文学习与生活实际结合起来，发展学生的探究精神和应用多个学科知识解决实际问题的能力。

三、作业目标

1. 通过上网查阅资料、实地调查等方式，了解家乡的桥的功能、建造特点，加深对家乡的桥的认识。

2. 围绕桥开展一系列探究及实践活动，促进学生学会应用不同的学科方法表达"家乡的桥"这一主题，促进学生对多个学科基本方法的学习，同时深化学生对"家乡的桥"的体认。

3. 通过制作"家乡的桥"模型，提升学生的动手实践能力，促进创意物化，发展劳动素养。

4. 通过跨学科作业设计，引导学生从书本走向社会，深化文本理解，促进学以致用；引导学生关注生活、关注社会，提升学生服务社会的责任意识。

四、作业内容

1. 察桥：当一回小地理学家，开展一次"家乡的桥"调查活动，并据此制作一份手抄报。

2. 说桥：当一回"家乡的桥"小导游，选择你调查中印象最深的一座桥，参照《赵州桥》的表达方式，在全班讲解。

3. 画桥：当一回小画家，画出你心目中家乡最美的桥。

4. 造桥：当一回工匠师，设计制作一个"家乡的桥"的模型，并把它的用材、成本预算、制作步骤和结构特点写出来。

五、作业实施

 任务一

小广的家乡建有许多桥。小广想知道这些桥的地理位置、有哪些种类，以及它们发挥着怎样的作用，可以通过什么方式来了解呢？

讨论区

 我们可以上网查阅家乡桥梁的有关资料，还能通过到图书馆查阅资料了解家乡桥梁的数量、名称、地理位置、主要功能、资金投入等情况。

我们可以去采访家乡建设部门的工程师，他们掌握的数据最充分，对情况最了解，这样做可以事半功倍。

 老师告诉我们"纸上得来终觉浅，绝知此事要躬行"。除了你们提到的调查方法以外，我觉得还可以进行实地考察，通过实地考察来掌握家乡桥梁情况的第一手资料。

同学们还有什么调查研究的好办法？快说出来与大家分享吧！

 调查者

制订"家乡的桥"实地调查表

同学们，大家一起来制订"家乡的桥"实地调查表吧，把你们实地调查的情况记录下来。注意在野外调查要有家长或老师陪同，注意安全哦！

"家乡的桥"实地调查表

调查时间	调查地点	桥的名称	情况调查	运用知识
××月××日	××村（居）××路（河）段	××桥	了解桥的地理位置、形状和长、宽、高等基本情况。	地理测量，数学加、减、乘、除四则运算法。

 任务二

学习了《赵州桥》这篇课文后，小粤想到自己的家乡也有一座美丽的石拱桥。小粤想跟同学们介绍家乡的桥，大家觉得采用什么方式介绍好呢?

💬 讨论区

我们可以写一篇石拱桥的说明文，向大家介绍石拱桥的特点。

石拱桥不但给予我们通行上的便利，也是我们美丽乡村的一个风景打卡点，我们可以写一篇散文赞美家乡的石拱桥。

石拱桥会说话，它庇佑着我们，我想拍一个关于石拱桥的小视频。

同学们，上述办法都不错，你们还有什么好点子?快说出来与大家分享吧!

👤 分享吧

"家乡的桥"介绍要点

介绍家乡的桥，需要把桥的地理位置、类型类别、主要功能、造型特点、价值意义等讲清楚。大家一起来撰写一篇以"家乡的桥"为主题的文稿吧!

介绍"家乡的桥"

桥的名称	
建造时间	
所在地点	
主要功能	
造型特点	
价值意义	

任务三

有些桥不但具有通行的实用功能，还是一道美丽的风景线。小广想与同学们一起分享"桥之美"，大家说说他可以用什么形式来表达桥之美。

讨论区

我们可以画一幅"家乡的桥"的画，油画、水粉画、版画都可以，通过美术作品体现"桥之美"。

我们可以拍一组关于家乡的桥的摄影作品，如夕阳下的桥、晨雾中的桥、春雨里的桥、月夜下的桥等，把不同环境下桥的姿态呈现出来。

同学们，我们开展一次家乡的桥的绘画活动，用图画的形式把"桥之美"表达出来吧！

美术社

画一画家乡的石拱桥

工具与材料：画笔、颜料、橡皮擦、A4打印纸、参考照片。

步骤与方法：首先勾勒出桥身线条，然后画桥的底座，再画桥上的纹路，最后涂上颜色。

任务四

小粤对小穗同学家乡的石拱桥很感兴趣，想详细了解它的结构特点，但由于路途较远不方便前往实地考察，你有什么好办法帮小粤解决这个难题呢？

讨论区

我们可以打印一个3D石拱桥模型送给小粤。

我们可以拍一个短视频介绍石拱桥的情况。

前面的办法我们都用过了，效果不理想，这次我们想制作一个石拱桥模型，把它作为生日礼物送给小粤，供小粤研究。

同学们，这次我们当一回小工匠师，一起用传统的方法制作一个家乡的石拱桥的模型吧，注意把制作材料、方法步骤与制作成本列出来哦！

 ○工匠师

造桥：制作桥模

制作工具：小木工配套工具，包括木工钳、木工刨、木工锯、木工锤、木工尺。

制作材料：小木块、小圆柱、小板材等各种型号的木材原料。原料要求天然环保，另要准备制作模型的图纸。

制作场地：学校木工实践活动室。

步骤与方法：

1. 绘出制作桥模的图纸，注明各组件的大小、材料规格、数量等。

2. 介绍制作方法与组装步骤等。

3. 依次制作桥面、桥拱、桥栏、台阶等组件。

4. 按制作图纸的步骤进行组装。

5. 检查组件衔接是否正常，构件是否牢固。

6. 上色、装饰等。

安全提示：

1. 使用木工工具时，注意使用工具的规范要求，避免受伤或伤及他人。

2. 使用电锯、电钻时应注意用电安全，在老师或家长的指导下操作。

3. 制作完成后应及时整理、收拾好工具材料。

成本核算

工具与材料	数量	规格	价格（元）	金额（元）	备注
木工工具套装	1套	含木工钳、木工刨、木工锯、木工锤、木工尺等。			可购买也可租用，租用一次的费用约为购买价的6%。
方形小木块	××块	长：××厘米 宽：××厘米 高：××厘米			根据实际情况填写
柱形小木条	××条	直径：××厘米 长：××厘米			根据实际情况填写
小木板	××块	长：4厘米 宽：2厘米 厚：1厘米			根据实际情况填写
其他					如胶水等可根据实际情况购买
预算合计					

成本核算要求：请列出成本核算的数学公式

制作成本=＿＿＿＿＿＿＿＿＿＿＿＿＿＿＿＿＿＿＿＿＿＿＿＿＿＿

六、作业评价

1. 与同学、老师分享作业情况，交流作业成果，听取作业改进意见和建议，修改、完善作业。

2. 你觉得自己的表现如何？是否满意？请对照下表开展作业自评和他评，看看自己的综合表现如何。

评价维度	自评	小组评	家长评	老师评
参与作业的积极性				
开展作业的计划性				
作业过程的完整性				
作业资料的丰富性				
作业成果的可接受性				
综合评价				

（注：请使用描述性语言进行评价）

【设计者简介】

　　钟德标，南沙区教育发展研究院劳动/综合实践活动教研员，中学高级教师，广州教育学会中小学劳动教育研究专业委员会常务理事、副秘书长，广州市教研院首届特聘研究员，广州市第十九届中小学特约教研员。参编广州版《综合实践活动·劳动》教材和教师用书，以及《新时代劳动教育课程设计与实施》，主编《东涌水乡文化老年游学指南》。主持省重点课题1项、市重点课题5项，有多篇论文在各级专业期刊发表。获首届广州市中小学综合实践活动学科导师工作室学员素养大赛一等奖，广州市第六届综合实践活动教师教学技能大赛一等奖，2022年广州市中小学教育教学优秀典型案例征集评选一等奖。执教课例《狮乡狮艺——岭南狮头的制作》在全国劳动教育政策与实践研讨活动中获得好评。

"了不起的纸"作业方案

设计者：陈燕贞

一、设计意图

本作业基于统编版语文三年级下册第三单元的课文《纸的发明》而设计，结合单元主题"中华优秀传统文化"，叙述了没有纸之前人们用文字记录事件的不便以及纸的发明过程，说明中国的造纸术极大地促进了人类社会的进步和文明的发展，是中国对世界文明的伟大贡献之一。在劳动教育与学科课程融合的理念下，"了不起的纸"作业方案融合了综合实践活动、劳动、科学等多个学科的知识，通过创设真实的学习情境，以有趣的任务驱动，设计了探究纸在生活中的应用，尝试体验造纸的过程并制作纸浆灯笼，并结合广州版《小学综合实践活动·劳动》三年级下册主题三"花样编织真有趣"的内容，设计了编织纸花篮等实践作业内容，引导学生综合运用学科知识解决劳动问题。学生在探究中劳动，在劳动中创造，进一步深入理解中华传统文化，增强文化自信，培养跨学科的思维素养和综合素养。

二、实施对象

本次活动的实施对象是小学三年级的学生。他们对生活中的事物充满好奇，喜欢观察与探究身边的事物。经过两年多的学习，学生的实践能力有一定的提升，能围绕主题活动提出探究性问题，懂得根据任务要求进行观察、记录。本次作业设计，基于《纸的发明》的学习以及结合学生在生活中对纸的认识，探究纸在生活中的应用，以及通过亲身体验造纸的过程，尝试设计制作纸浆灯笼，感悟造纸术的伟大，通过与劳动课相结合，编织创意纸花篮，应用于生活，装点生活。

三、作业目标

1. 通过上网查阅资料、生活观察与调查等方式，了解纸的制造过程以及在生活中的应用，提升探究能力。

2. 通过动手实践，体验造纸的过程，尝试设计制作纸浆灯笼，提高动手实践能力，感悟造纸术的伟大，增强文化自信。

3. 将纸的应用与传统工艺相结合，编织创意纸花篮，满足生活的需要，美化

生活，养成热爱生活的态度，提高设计制作能力。

四、作业内容

1. 通过观察与调查，了解纸的特性、类型及在生活中的应用。
2. 动手实践，体验造纸的过程，制作一个纸浆灯笼。
3. 结合传统工艺，编织纸花篮。

五、作业实施

任务一

生活中，我们都离不开纸！你们都知道有哪些纸？它们有什么作用？让我们一起来探究一下吧！

讨论区

我们在生活中多观察，看一看，摸一摸，生活中的纸有什么特点，可以用来做什么？

我们可以比一比，看看哪种纸吸的水更多，哪种纸是防水的。

科学老师说，我们还可以做实验，在不同的纸上放东西，看看哪种纸承重更大。

同学们，你们还有什么探究的方法呢？与小伙伴一起来分享吧！

**实践坊**

调查纸在生活中的应用

同学们，生活中我们用过哪些纸？它们有什么特点，有什么本领？我们一起来调查，并记录下来吧！

调查时间	调查地点	发现纸的类型	纸的本领	材料特点	用途
6月8日	家里	牛奶盒	不漏水	增加PE膜	增加了PE膜，可以装含液体的物品。

任务二

小广学习了《纸的发明》以后，对中国造纸的过程很感兴趣，很想尝试做一做，你有什么好建议呢？

讨论区

我们可以尝试收集一些废旧纸张，尝试做纸浆，参与造纸的过程，感受造纸术的伟大。

我们还可尝试做一些纸浆用品，如纸浆灯笼、纸浆明信片等。

同学们，我们开展一次设计制作活动，感受造纸术的伟大！

实践坊

制作纸浆灯笼

材料与工具：

1. 材料：气球、白乳胶、废旧纸料、干花、麻绳。

2. 工具：剪刀、喷壶、水盆、搅拌棍、手套。

步骤与方法：

1. 用白乳胶1：1兑水，放于水盆中备用。

2. 把废旧纸料撕成小块，投入水盆中，用棍子每隔1~2小时搅拌一次，浸泡半天。

3. 戴上手套，在水盆里把浸泡的纸进行搓洗，让纸块融成纸浆。

4. 吹一个气球，把纸浆贴满整个气球，挂在阳台上自然晾干。

5. 把气球放气后拿出，用剪刀修剪并挂上麻绳。

6. 通过粘贴绘画作品或利用干花等材料进行装饰。

安全提示：

1. 使用刀尖是圆形的小剪刀。

2. 剪刀不能对着自己或他人，如果要传递剪刀，要先把剪刀合拢，手握住合拢的刀尖，剪刀柄对着他人。

3. 用完后要及时把剪刀收纳好。

我们还可以回收不同类型的纸张，进行设计制作，变废为宝。如回收牛奶盒，制作收纳盒和小玩具等。同学们，发挥你的创意，试一试吧！

任务三

中国的手工编织历史悠久，小穗家里就有一个竹编的工艺品，她想，我们日常使用的纸能不能用来编织呢？你能做一做吗？

讨论区

我在博物馆看过纸编工艺品，它是劳动人民智慧的结晶。美丽的纸编作品，使我们的生活更加色彩斑斓。

在传统文化中，纸在能工巧匠的手里能变成很多美丽的工艺品呢！如纸编花篮，既好看，又可以收纳小物品！

编织纸花篮需要哪些工具和材料？它是如何制作的？

在我们身边，有许多编织匠人，运用其巧手，编织出各种民间历史文化瑰宝。随着时代的发展，纸编走进了我们的生活，今天让我们一起动手，尝试运用卡纸编花篮，为我们的生活增添乐趣吧！

 实践坊

编织纸花篮

材料与工具：

1. 材料：卡纸。

2. 工具：剪刀、尺子、双面胶、固体胶。

步骤与方法：

1. 制作步骤

第一步：裁剪纸条；

第二步：编织篮底；

第三步：编织围框；

第四步：编织篮身；

第五步：插贴封口；

第六步：制作提手。

2. 难点与注意事项

（1）纵横编条之间的规律，十字交叉法的技术要点是挑、穿、拉。

（2）制作篮身、围框要注意和篮底大小一样，对准篮底边沿，借助尺子压折痕。

安全提示：

使用剪刀时注意安全。

六、作业评价

1. 开展作业成果交流分享会，并根据他人的建议修改、完善作业。

2. 在这次作业实践中，你对自己的表现满意吗？对照下面的评价表说一说自己的表现，听一听同学、教师、家长的意见，请用描述性语言进行评价。

评价内容	自评	同学评	教师评	家长评
认真调查				
积极探究				
技法熟练				
富有创意				
耐心细致				
乐于分享				
做工精美				

【设计者简介】

　　陈燕贞，广州市番禺区钟村中心小学教师，综合实践活动高级教师，广州市小学名教师工作室主持人，广州市综合实践活动十佳指导教师，广东省小学综合实践活动课程专业委员会理事，广东省创新教育专业委员会理事，广州市小学综合实践活动课程专业委员会理事，广州市综合实践活动特约教研员，番禺区名教师。在广东省第二届青年教师教学技能大赛中荣获一等奖，参与《广州市中小学劳动教育指导纲要》《广州市科技实践教材》和广州版《小学综合实践活动·劳动》教材及教学用书的编写。

"让我自己来整理" 作业方案

设计团队：郭淑珺　郭　晋　王洁清

一、设计意图

　　"让我自己来整理"是人教版小学道德与法治一年级下册第三单元的学习内容，主要是让学生了解自己的物品自己要及时整理归类，学会自己的事情自己干，提高生活自理能力与意识。"让我自己来整理"作业设计融合了道德与法治、综合实践活动、劳动等学科知识，在生活化情境中动手劳作，注重品德的熏陶、能力的提高及习惯的养成，设计了对常用物品进行正确摆放的方法探究、动手实践，整理书包，分类整理收纳书本和文具等物品，收拾整理房间等作业内容，旨在提高学生的动手实践能力，培养学生的生活自理能力与意识，让学生养成整理与收纳的好习惯，充分感悟关心帮助家人、自己的事情自己做的意义，帮助学生树立正确的劳动观，让学生在力所能及的劳动中体会劳动给生活带来的美好与改变。

二、实施对象

　　本次活动的实施对象是小学一年级的学生。对于一年级的学生来说，平时离不开各类生活用品、学习用品及各种玩具，但物品使用后，怎样整理更科学、更合理的方法还未掌握，进行有序归类、整理的习惯仍在养成中。帮助学生学会动手动脑，尝试自主整理与自己生活密切相关的物品，逐渐做到物归原位和定时整理，能使学生更善于安排自己的生活，为家庭承担更多的责任，有助于学生美好德行的形成。本次作业设计以此为依据，提供了对常用物品进行归类摆放、整理书包、整理房间等实践操作的方法指导及实践动手劳动情境，让学生学习整理学习和生活用品的方法，掌握基本的生活自理技能，养成整理的好习惯，将道德与法治的学科学习与生活实际劳动相结合。

三、作业目标

　　1. 通过对经常使用的物品进行正确摆放的实践操作，认识到自己的事情应该自己做，学会整理物品，让生活有条理。

　　2. 通过动手实践整理书包活动，掌握整理书包的方法，学会熟练整理书包、整理物品，提高动手实践能力，感受劳动给生活带来的美好和改变。

3．通过在课堂上掌握整理书包、整理物品的方法，学会迁移方法，拓展延伸到整理房间的劳动实践中，体会物品的有序摆放、收纳能让居住环境整洁舒适，提高学生的生活自理能力，牢固树立劳动光荣、自己的事情自己做的意识与品质。

四、作业内容

1．了解认识及实践常用物品如何摆放才整洁有序。

2．整理书包，将书本和文具等分类整理收纳。

3．收拾整理房间。

五、作业实施

任务一

小雪想知道经常使用的物品应该如何摆放、收纳，才能使我们的居住环境显得更加整洁、有序。

○讨论区

我们要自己的事情自己做，自己的东西自己及时整理。

我们要把用过的物品放回原位，物品脏了要动手清洁。

我们可以向老师、同学及爸爸妈妈学习如何摆放物品、整理物品，掌握整理物品的方法。

同学们，你们还有什么好方法呢？我们一起来探究吧！

○实践坊

整理家里的物品

同学们，家里的物品都是我们的"小伙伴"，它们应该摆放在哪里呢？让我们把它们都"送回家"吧！

任务二

以前，小明的书包都是妈妈帮忙整理的，现在在道德与法治课上，他认识到了自己的事情要自己做。他想把自己比较乱的书包整理好，怎样整理才能又快又好呢？大家和小明一起想想办法吧！

○讨论区

我们先把书包里的课本、作业本、笔等进行归类整理好，再把它们都放进书包里。

课本、作业本要按学科、大小的顺序摆整齐，装入大文件袋，再把大文件袋装入书包的大格，把笔、橡皮擦、卷笔刀放入文具盒（袋），把文具盒（袋）放入书包的小格中。

同学们，现在我们进行整理书包行动，看谁能整理得又快又好，成为整理小达人。

实践坊

整理书包

材料和工具：

书包、课本、作业本、文具盒（袋）、文具。

步骤与方法：

1. 把书包里的物品进行分类摆放。

2. 把书本、作业本按学科、从大到小的顺序，分别装入袋中。

3. 把分类装袋的书本、作业本放在书包的大格里。

4. 把文具放入文具盒（袋），文具袋放入书包的小格。

5. 其他物品放置在书包合适的位置。

任务三

星期六，小东想把自己住的小房间好好整理一下，你有什么小妙招吗？

讨论区

把不需要再用的东西清理掉。

把物品归类好，摆放整齐。床上叠好被子，放好小枕头；书桌上的物品摆放整齐；把衣服叠好，放入衣柜。

我们房间里的玩具也不能乱扔乱放，可以把它们放在固定的位置或者放在玩具箱里。

房间里面的东西脏了也要及时清洗。我们可以在家人的指导下，和家人一起完成房间的收拾整理。让我们养成整理的好习惯，劳动会让我们的生活更美好。

实践坊

收拾整理房间

步骤与方法：

1. 把房间里不需要再用的东西清理掉。

2. 把物品归类，摆放整齐。床上的被子叠好，放好小枕头；书桌上的物品摆放整齐；把衣服叠好，放入衣柜；心爱的玩具放在固定位置或者玩具箱里。

3. 房间内需清洁的东西拿出去清洗，脏的地方擦干净，搞好清洁卫生。

温馨提示：可以在家人的指导下一起动手完成。

六、作业评价

1. 跟老师、同学及家人分享劳动作业。

2. 劳动作业每项评价获三颗星，老师（家长）评价为优，并且将劳动成果拍照至班级群"道德与法治劳动作业"文件夹里，达标后可以获得"整理小达人"的称号。

劳动作业评价表

学校：　　　　班级：　　　　姓名：　　　　学号：

我收拾整理的劳动内容是（　　　　　　　　　　　　　　　）

评价内容	自我评价			同学评价		
	☆☆☆	☆☆	☆	☆☆☆	☆☆	☆
整理的方法						
整理的熟练度						
整理后的满意度						
整理中的积极参与度						
整理中的团结协作度						
老师（家长）评价	优（　　）		良（　　）		需努力（　　　）	
劳动成果拍照至"道德与法治劳动作业"文件夹	是（　　）		否（　　）			
评为"整理小达人"	是（　　）		还需努力（　　　）			

【设计团队负责人简介】

郭淑珺，广州市天河区沙河小学教师，综合实践活动高级教师，广东省教育学会中小学综合实践活动教育研究专业委员会常务理事，广州教育学会中小学综合实践活动教育研究专业委员会理事、学术委员会委员，广州市教育研究院首届特聘研究员、第十九届特约教研员，广州市名教师工作室主持人，天河区劳动教育核心组成员。

"我与植物共成长"作业方案

设计团队：陈佩凤　董玲舒

一、设计意图

　　《我的植物朋友》是部编版小学语文三年级下册第一单元的习作题目，要求学生用眼看、耳听、手摸、鼻闻等方式细致观察植物，借助观察记录卡，按照一定的顺序，写清楚植物的样子、颜色、气味等要点，同时写出观察时的感受。"我与植物共成长"作业设计融合了综合实践活动、劳动、科学、美术等多个学科的知识，注重生活性、探究性和实践性，设计了观察植物，填写记录卡，应用搜集的资料制作植物名片，种植自己喜欢的植物等作业内容。学生交流观察到的植物，在交流中丰富和完善记录卡的内容，并将观察和感受写清楚，加深对植物的认识，提升观察能力和搜集资料的能力。学生学习种植，精心养护植物，初步学会种植和养护的知识和技能，懂得劳动是光荣的，劳动创造美好生活的道理。同时也激发学生热爱植物、热爱大自然的思想感情，让学生体会到大自然的美好。

二、实施对象

　　本次活动的实施对象是小学三年级的学生。他们对生活中的事物比较感兴趣，已经具有一定的搜集资料的能力，而且在三年级上学期习作指导时，教师已就如何观察、养成留心观察的习惯等对他们进行过指导，但学生对观察方法的应用还比较生疏。本次作业设计以此为起点，加强对观察方法的运用，提升学生搜集和整理资料的能力及创意物化能力，激发学生对调查、探究大自然的兴趣，再通过实践探究活动让学生了解植物生长的知识，将科学知识与生活实际结合起来。

三、作业目标

　　1. 通过观察、探究、设计与制作等方式，了解植物的相关知识，激发探究植物的欲望与兴趣，提高搜集、整理资料的能力。

　　2. 通过设计制作个性化的植物名片，培养学生的创造性思维，提高学生的设计能力和动手实践能力，从而提高学生的审美意识。

　　3. 在生活中自己动手种植、观察、记录和养护植物，在实践中学习，在实践中成长，形成对种植劳动的初步认知，初步养成热爱劳动、热爱生命、热爱生活的态度。

四、作业内容

1. 了解观察植物的方法，搜集自己喜欢的植物的资料，填写观察记录表。

2. 通过整理和提炼搜集的资料，制作"塑封"植物名片，介绍植物朋友。

3. 尝试种植、养护一种自己喜欢的植物，感受和体会生命成长的意义。

五、作业实施

 任务一

小美想搜集自己喜欢的一种植物的资料，可以通过哪些方式搜集资料？

讨论区

我们可以通过上网和查阅书籍来搜集关于自己喜欢的植物的资料。

我们可以通过实地考察的方式观察植物，在眼看、鼻闻、手摸的基础上对植物的样子、颜色、气味等方面的特点进行深入了解。

我们可以向劳动老师、科学老师、花匠请教关于植物的相关知识。

 实践坊

观察植物一要用眼观其形，二要用鼻嗅其气味，三要用手感其质，四要用心记。观察植物的主要目的是将看到的情况记录下来，现在记录的手段是多样的，如笔和纸、相机、录音笔等。可以记录本次观察所得，包括植物的形状、气味、质感以及当时的感受等，为事后整理文字材料准备第一手素材。请将自己观察所得填入观察记录表中。

植物观察记录表

植物名称				植物图片
有序观察	看一看	远看： 从整体观察		
		细看： 观察颜色、形状、 姿态、根茎叶		
	闻一闻			

（续表）

有序观察	摸一摸			
	发现的变化			
查阅资料	功效 特点 诗词 ……			

任务二

　　小广查阅资料后，发现资料繁杂琐碎，如何用简洁的语言准确介绍某种植物的主要特点，让更多人了解它呢？

讨论区

　　植物名片就是介绍植物的指示牌，上面有文字、图案等内容，一般插在植物旁边的土壤里，有说明、广告乃至警示的作用。它能让人对这种植物的主要信息有所了解。

　　植物名片书写的内容包括名称、别名、科属、习性、主要特征、原产地等。书写时，一般采用并列表达的方式，有重点地介绍它的主要特点，没有统一的规定。

　　同学们，让我们为自己喜欢的植物朋友做一张名片，也就是替它编写一张"身份证"，让更多的同学了解它，和它交朋友。

实践坊

制作"塑封"植物名片

材料与工具：

1. 材料：彩色卡纸、彩色笔、小木棍、胶水。

2. 工具：塑封机、剪刀。

步骤与方法：

1. 按创意设计图裁剪卡纸。设计个性化的植物名片（如从名片卡片的形状、颜色、材质、装饰设计等方面着手，或在名片里加上植物的种子图片、花的图片，让其他人更全面地了解植物的信息），并绘制创意设计图。

2. 在卡纸上填写植物信息。植物信息力求简洁、准确，书写要工整，布局美观。

3. 美化、装饰绘制的名片。

4. 将制作好的植物名片塑封。

5. 将名片裁剪出合适的大小（注意留出一点边，计算合适的长、宽）。

6. 用胶水把木棍粘在名片背后的正中间，准备插进植物的盆里。

安全提示：

1. 使用刀尖是圆形的小剪刀，用完后要及时把剪刀收纳好。

2. 塑封机温度很高，小心烫伤。塑封也可交由专业人士去做。

任务三

　　小穗没有种过植物，开展以上活动后，他突然对种植植物特别感兴趣，你有什么好办法可以和他分享吗？

○ 讨论区

　　我们种植植物时要注意地方朝向、日照时间、通风情况、湿度等。

　　种植完之后，可以填写种植观察表，记录植物的生长情况。

　　了解完植物知识，我们一起种植、观察和养护我们的植物朋友吧！

**○ 实践坊**

我是种植小能手

材料与工具：

1. 材料：植物种子、泥土、花盆、清水。

2. 工具：铁铲、喷水壶。

步骤与方法：

1. 选择种植地点。根据植物所需要的阳光来选择植物生长的地点。

2. 挑选优良的种子。

3. 在花盆里装入适量的泥土。

4. 把种子埋进泥土里。

5. 在花盆里浇上适量的水，等待种子发芽。

安全提示：

1. 使用铁铲时最好在家长的指导下进行。

2. 用完后要及时把铁铲收纳好。

六、作业评价

1. 跟老师和同学交流分享作业成果，并根据他人的建议修改、完善作业。

2. 在这次作业实践中，你对自己的表现满意吗？对照下面的评价表说一说自己的表现，听一听同学、教师、家长的意见，请用描述性语言进行评价。

"我与植物共成长"作业评价表

班级：	小组名称：						学生姓名：		
评价指标	学生自评			组内互评			教师评价		
	优秀	良好	加油	优秀	良好	加油	优秀	良好	加油
认真观察									
积极探究									
操作熟练									
富有创意									
团结协作									
乐于分享									
质量较好									
活动感受									

【设计团队负责人简介】

陈佩凤，广州市海珠区宝玉直实验小学教师，小学综合实践活动副高级教师，广东省特级教师，华南师范大学兼职教授，广东省综合实践活动学科带头人，广东省优秀劳动教育指导教师，首批"粤派名师"劳动学科工作坊主持人，广州市基础教育系统"百千万人才培养工程"教育专家培养对象，广州市特聘研究员，广州市特约教研员，广州市十佳教师，广州教育学会中小学综合实践活动教研会常务理事兼副秘书长，海珠区教育系统名教师，海珠区教育科研先进个人，海珠区教育学会综合实践活动教研会会长，《广州市中小学劳动教育指导纲要》副主编，《广州市中小学劳动教育成果集》副主编，参与编写广州版《小学综合实践活动·劳动》、《初中综合实践活动·劳动》教师教学用书、《广州市小学科技实践教材》。获首届广东省中小学青年教师教学能力大赛一等奖，指导多项学生成果入选省、市优秀成果展示，被多家新闻媒体采访报道。

"生活中的表面积"作业方案

设计团队：曾连好　谭格霞

一、设计意图

"长方体和正方体的表面积"是人教版小学数学五年级下册第三单元的学习内容，主要是让学生正确理解长方体和正方体的表面积定义并掌握表面积计算公式（方法），通过实际操作，深化对长方体和正方体表面积的应用意识和解决策略。"生活中的表面积"作业方案基于数学学科中长方体和正方体的表面积计算的知识，运用到综合实践活动、劳动、美术等多个学科的知识和方法，让学生更好地理解并掌握表面积的计算。本作业方案注重生活性、探究性和实践性，设计了观察生活中的长方体和正方体物品并计算其表面积，应用表面积知识制作正方体储物盒、包装长方体礼品盒等作业内容，加深学生对长方体和正方体的表面积的理解，激发学生的兴趣与探究欲望，培养学生的动手能力、实践探究能力，发展学生比较、分析的思维能力和综合运用学科知识解决问题的能力。

二、实施对象

本次活动的实施对象是小学五年级的学生。他们对生活中的事物比较感兴趣，有一定的空间观念和动手能力，正从具体的形象思维向抽象的逻辑思维过渡，但仍然同直接经验与感性经验相联系，仍然具有很大成分的具体形象性，仍习惯于模仿实际动作。学生对长方体和正方体已经有了一定的认识，了解其各部分名称，了解表面积的定义，对长方形和正方形的面积计算已经非常熟练，并且具备了一定的概括推理能力。本次作业设计让学生观察并计算生活中长方体或正方体物体的表面积，感受知识与生活的联系，激活学生已经积累的有关长方体和正方体的表面积定义、特征的认识，再通过实践探究活动让学生掌握长方体和正方体的表面积计算，将数学学习与生活实际结合起来。

三、作业目标

1. 通过观察并计算生活中长方体和正方体物体的表面积，了解长方体和正方体的表面积在生活中的应用，加深对长方体和正方体的表面积定义和计算方法的理解，感悟数学与生活的联系。

2. 应用长方体和正方体的表面积定义、正方体的展开图特点，制作一个正方体储物盒，并求出储物盒的材料面积，感悟立体图形与平面图形的联系，激发学生的兴趣与探究欲望，培养学生的动手操作能力，发展学生比较、分析的思维能力。

3. 根据长方体的表面积的特征和实际生活情况，在不裁剪的情况下，为一个长方体礼品盒进行包装，发展学生的创新能力和综合运用学科知识解决问题的能力。

四、作业内容

1. 观察并计算生活中长方体或正方体物体的表面积。

2. 动手制作一个正方体储物盒，并求出储物盒材料的面积。

3. 在不裁剪的情况下，为一个长方体礼品盒进行包装，并求出包装纸的面积。

五、作业实施

任务一

小悠想知道生活中有哪些物品是长方体和正方体的，它们的表面积是多少，可以通过哪些方式来了解？

讨论区

我们可以上网查阅一下，了解生活中的长方体和正方体物体，理解计算表面积的方法。

我们可以先寻找一下社区和家庭里的长方体和正方体物体，然后进行测量，再计算。

表面积分外表面积、内表面积两类，可以根据需要求相应的表面积。

 实践坊

计算长方体或正方体物体的表面积

同学们，我们寻找并观察一下社区和家庭里的长方体或正方体物体，然后测量出它的长、宽、高或棱长，把它记录下来，并求出它的表面积吧！

观察时间	观察地点	观察的物体名称	测量观察的物体			观察的物体表面积	运用的知识
			长	宽	高		
4月7日	家里	简易布衣柜	105厘米	45厘米	160厘米	57450平方厘米	长方体的表面积计算公式

任务二

星期天到了，小茗看到自己有一些小物品不好摆放，想要把这些小物品用一个正方体储物盒装起来收好，你有什么好办法？

讨论区

我们可以上网查阅一下制作储物盒的方法，有视频的话会更容易学会。

我们也可以问问爸爸妈妈或朋友们，请教他们制作储物盒的方法。

我们可以先确定正方体的展开图，将展开图折叠起来成为正方体，再设计自己的储物盒。

同学们，让我们开展一次设计制作活动，做一个漂亮的正方体储物盒吧！

实践坊

制作正方体储物盒

材料与工具：

1. 材料：纸皮、透明胶或双面胶、卡纸、彩色笔。

2. 工具：剪刀。

步骤与方法：

1. 先将正方体的展开图在纸皮上画好，可以适当添加一些梯形的粘贴处。

2. 将展开图剪下来。

3. 将展开图沿着线折叠，用透明胶或双面胶将储物盒粘贴固定。

4. 最后用卡纸和彩色笔对储物盒进行美化。

安全提示：

1. 使用刀尖是圆形的小剪刀。

2. 剪刀不能对着自己或他人，如果要传递剪刀，要先把剪刀合拢，手握住合拢的刀尖，剪刀柄对着他人。

3. 用完后要及时把剪刀收纳好。

正方体储物盒的表面积我知道：

（1）正方体储物盒的棱长是：＿＿＿＿＿＿＿＿＿＿＿＿＿＿＿＿＿＿＿。

（2）正方体储物盒的表面积是：＿＿＿＿＿＿＿＿＿＿＿＿＿＿＿＿＿＿。

任务三

小钰的好朋友的生日快到了，她准备送一个礼物给好朋友，礼品盒正好是长方体的。现在，小钰想把这个长方体的礼品盒用漂亮的包装纸包起来，你有什么好办法？

讨论区

 我们可以上网查阅一下，学习如何用包装纸包装礼品盒。

 包装礼品盒不是单纯地把包装纸剪下来贴在礼品盒的表面，需要进行折叠等步骤。

 包装纸是长方形的，而且它的面积比礼品盒的表面积大，需要提前预留好尺寸。

同学们，让我们行动起来，用漂亮的包装纸包装长方体礼品盒吧！

实践坊

包装长方体礼品盒

材料与工具：

1. 材料：包装纸、透明胶或双面胶。

2. 工具：剪刀。

步骤与方法：

1. 将包装纸铺在桌面上，然后将礼盒放在包装纸的中央。

2. 将右边的纸沿礼盒向内折叠，纸的边缘保持在礼盒的中央；将左边的纸向内折叠，和右边的纸有一点点重叠；然后用透明胶或双面胶将纸重叠固定。

3. 将前面的纸沿着盒子先左右向内对折，然后上下向内对折，将纸对折后叠成漂亮的梯形，再用透明胶或双面胶固定接缝处。

4. 将后面的纸也按第3步的方法折好固定。

安全提示：

使用剪刀时注意安全。

包装纸的面积我知道：

（1）包装纸展开的图形：_____。

（2）包装纸的面积：_____。

六、作业评价

1. 跟老师和同学交流分享作业成果，并根据他人的建议修改、完善作业。

2. 在这次作业实践中,你对自己的表现满意吗? 对照下面的评价表说一说自己的表现,听一听同学、教师、家长的意见,请用描述性语言进行评价。

评价内容	自评	同学评	教师评	家长评
认真观察				
积极探究				
操作熟练				
富有创意				
团结协作				
乐于分享				
质量较好				

【设计团队负责人简介】

曾连好,广州市花都区新华街棠澍小学教师,综合实践活动高级教师,广州市十佳综合实践活动指导教师,广州教育学会中小学劳动教育研究专业委员会常务理事,广州版《小学综合实践活动·劳动》教材及教师用书编委。

"Design a dinner menu" 作业方案

设计团队：庄倩玉　马晓丽

一、设计意图

"Design a dinner menu"是广州版小学英语五年级上册Module 5 Foods we need 的学习内容，主要是让学生了解中西方饮食文化的差异，通过探究中西方饮食差异，让学生学会针对不同的人群和饮食习惯，设计晚餐菜单并制作晚餐。"Design a dinner menu"作业设计融合了英语、综合实践活动、劳动、美术等多个学科的知识，注重生活性、探究性和实践性。设计一份晚餐菜单并学会烹饪其中一道菜式，能让学生把所学知识运用到生活中，加深学生对单词、句型以及中西方饮食文化差异的理解，激发学生探究的欲望与兴趣，培养学生的实践探究能力和综合运用学科知识解决问题的能力。

二、实施对象

本次活动的实施对象是小学五年级的学生。五年级的学生有一定的生活经验，对饮食文化也比较感兴趣，已经具有一定的探究能力，且在一年级下册Unit 6 I want an ice-cream! 的学习中，他们初步认识了生活中常见食物的单词。本次作业设计以此为起点，呈现了一组中西方食物和餐具的图片，让学生直观且充分地了解中西方文化的差异，从而能够在实践探究活动中针对不同的人群设计菜单，将英语学习运用到生活实际中。

三、作业目标

1. 通过网上查阅资料、实地调查等方式，了解中西方饮食文化的不同，加强学生对食物单词的理解和句型的运用，培养学生的探究能力。

2. 运用所了解的中西方饮食文化差异的知识，设计一个晚餐菜单，培养学生的动手能力，激发学生的探究欲望与兴趣。

3. 尝试根据自己设计的晚餐菜单，学习烹饪一道菜，满足学生生活需要的同时，提高学生的动手能力。

四、作业内容

1. 调查了解中国和英国、美国的饮食文化（食物、餐具、烹饪方式等）的差异。
2. 设计一份适合中英两国学生的晚餐菜单。
3. 根据自己设计的晚餐菜单，学习烹饪一道菜。

五、作业实施

任务一

美丽乡村港头村迎来了一群来自英国的学生，为了欢迎他们，我们将举办一次晚会，晚会上的晚餐由我们设计和制作。

讨论区

我想了解中西方饮食文化的差异，我可以通过哪些方式来了解？

我们可以到学校阅览室或图书馆查找中外食物的单词和资料，还可以通过网络查找资料。

我们可以查阅五年级上册Module 5 Foods we need的内容，把中国人和英国人、美国人喜欢的食物用表格的形式进行对比，了解中西方饮食文化的差异。

没错！我们可以将中西方饮食中最常吃的食物进行对比。

实践坊

中西方饮食文化的差异调查表

同学们，我们通过查阅资料将中西方饮食文化的差异记录下来吧！

中西方		餐具的差异	饮食的差异	烹饪的差异
中国	南方	例：筷子chopsticks	例：米饭rice	
	北方			
西方	英国	例：叉子fork		
	美国			
调查方式：查阅英语书（　　） 上网查阅资料（　　） 采访老师、长辈（　　）				

任务二

了解了中西饮食文化的差异后，我们要结合即将到来的英国同学和我们的饮食习惯设计一份晚餐菜单。

讨论区

我们应该如何设计一份晚餐菜单?

我们可以根据中西方饮食文化的差异调查表进行设计。

我们可以通过调查英国同学的饮食喜好,了解他们想品尝哪些我们本地的美食,来设计晚餐菜单。

结合中西方同学的饮食喜好来设计一份晚餐菜单吧!

 实践坊

设计晚餐菜单

材料与工具:

1. 材料:铅笔、彩色笔、勾线笔、A4纸1张、食物图片。

2. 工具:剪刀、胶水。

步骤与方法:

1. 根据中西方饮食差异,确定晚餐菜单的样式。

2. 用铅笔绘画,用剪刀剪下食物图片,设计菜式并排版。

3. 用彩色笔上色,用胶水粘贴食物卡。

安全提示:

1. 设计完成后,及时将文具整理收纳好。

2. 在使用剪刀的过程中要注意安全,用完后要及时把剪刀收好。

任务三

在家长的指导下先到港头村的田里采摘蔬菜,再到菜市场购买食材,并根据菜单学习制作一道美食。

 讨论区

我想做一道我们港头村的特色美食——无花果煲鸡汤,应该如何做呢?

先跟着爸爸妈妈到果园采摘新鲜的无花果,再到菜市场买鸡和配料。

接下来,我们可以在爸爸妈妈的指导下制作无花果煲鸡汤这道菜。

同学们,请你们选择菜单中的一道菜,在家长的指导下进行烹饪吧!

 实践坊

无花果煲鸡汤

材料与工具：

1. 材料：无花果七个、鸡一只。

2. 工具：烹饪工具（炖锅、锅铲）。

步骤与方法：

1. 采摘无花果，到菜市场买鸡。

2. 清洗无花果和鸡。

3. 水开后把鸡放到锅里。

4. 20分钟后放入无花果。

5. 10分钟后加入适量的盐。

安全提示：

1. 在家长的指导下安全地使用刀具。

2. 在烹饪的过程中，注意汤锅温度高，以防烫伤。

六、作业评价

1. 与老师和同学交流分享作业成果，并根据他人的建议修改、完善作业。

2. 在这次作业实践中，你对自己的表现满意吗？对照下面的评价表说一说自己的表现，听一听同学、教师、家长的意见，请用描述性语言进行评价。

评价内容	自评	同学评	教师评	家长评
认真观察				
积极探究				
操作熟练				
富有创意				
团结协作				
乐于分享				
质量较好				

【设计团队负责人简介】

　　庄倩玉，广州市花都区花东镇港头小学教师，小学一级教师，广州市综合实践活动中心组成员。2020年至2022年，两次参加广州市电视课堂的录制工作。近年来，有多篇综合实践活动论文和跨学科教学案例在市、区获奖。

"Fruit paradise水果乐园"作业方案

设计团队：罗尔文　区楚姬　谭竹君

一、设计意图

"Fruits"是教科版（广州版）小学英语三年级下册第四单元的学习内容，主要是让学生学习常见的水果词汇，能对水果进行简单的描述，并表达自己喜爱的某种水果及其喜爱的原因，在使用英语进行交际活动中表达请求和愿望，能用英语简单表达用水果进行创作的过程。通过设计一个以水果为主题的小学三年级作业方案，培养学生的劳动意识和英语语言能力，并提供一个综合性的学习体验。通过劳动教育与英语学科的融合，让学生体验到跨学科学习的乐趣和价值。具体包括：

1. 综合性学习：通过将劳动教育与英语学科相结合，使学生在实践中学习英语，加强他们在不同学科领域的综合能力。

2. 实践与体验：通过实际的水果研究、手工制作、市场模拟和故事创作等活动，让学生亲身参与，提高他们的实践能力和学习体验，培养他们对劳动的兴趣和积极性。

3. 语言能力提升：通过英语书写、口语交流、故事创作等活动，培养学生的英语语言能力，提高他们的听、说、读、写的综合运用能力，同时加深对水果名称和描述词汇的记忆。

4. 创造力培养：通过水果故事创作，激发学生的创造力和想象力，鼓励他们以水果为主题进行故事创作，提高他们的表达能力和批判性思维能力。

5. 团队合作：在水果市场模拟和小组比赛等活动中，学生需要进行合作和交流，促进彼此之间的合作意识和团队合作能力的培养。

二、实施对象

本作业方案的实施对象是小学三年级的学生。他们已经掌握了基本的语言表达和阅读能力，并开始接触到综合学科的知识。因此，适合通过综合性的作业方案来提高他们的语言能力、实践能力和团队合作能力。此外，由于这个作业方案将劳动教育与英语学科相结合，所以也适合那些需要加强劳动意识和实践能力，同时提高英语语言能力的学生。通过实际的劳动活动和英语语言的运用，可以促进学生的全面发展和综合素质提高。

三、作业目标

1. 水果知识与理解：通过研究水果，了解不同水果的名称、外观、口感、产地等相关知识，并能够用英语进行简单的介绍和描述。

2. 语言表达与交流：通过英语书写、口语交流和故事创作等活动，提高英语语言表达能力，包括听、说、读、写的综合运用，以及词汇量的扩展和语法的正确应用。

3. 劳动意识与实践能力：通过手工制作水果沙拉、模拟水果市场等活动，培养劳动意识和实践能力，包括动手能力、创造力、团队合作能力和问题解决能力。

4. 创造力与想象力：通过水果故事创作，发挥他们的创造力和想象力，培养故事编写能力、形象思维和批判性思维。

5. 综合能力与综合素质：通过综合性的学习活动，培养综合能力和综合素质，包括综合分析能力、问题解决能力、合作与交流能力，以及对劳动和英语学科的兴趣与积极参与能力。

四、作业内容

1. 水果研究

（1）自由选择一种水果，并收集关于该水果的信息，例如名称、外观、口感、产地等。

（2）绘制所选水果的图片，并用英语书写一段简短的介绍，制作该水果的文章小海报。

2. 水果手工制作

（1）学习如何制作水果沙拉，并在课堂上进行实际制作。

（2）用英语进行沟通和分享，描述制作过程和味道。

3. 水果市场模拟

（1）分成小组，扮演水果买家和卖家的角色。

（2）卖家准备各种水果样品，并用英语介绍水果的特点和价格。

（3）买家用英语进行交流，询问水果的价格、产地等。

4. 水果故事创作

（1）以水果为主角，创作一个有趣的故事。

（2）用英语描述水果的外貌、性格和冒险故事等。

（3）可以用插图或图片辅助故事讲述，并在课堂上用英语分享自己的故事。

五、作业实施

任务一

水果研究

自由选择一个水果，收集关于该水果的信息，制作一个小海报，展示该水果的信息。

讨论区

水果乐园里有那么多的水果，我们可以利用图书馆、互联网或其他资源，收集关于水果的信息。

制作海报时，我们可以画出水果的图案，用英语介绍水果的名称、外观、口感、产地等信息。

实践坊

I like watermelons !

It looks :
It's round.

Colour :
It's green.

Where it grows :
It grows on vines.

It tastes :
It's sweet.

任务二

水果沙拉制作

选择自己喜欢的水果，在老师的指导下自己动手制作水果沙拉，使用英语进行相关交流，并与同桌分享自己的成果。

讨论区

我喜欢香蕉、葡萄、哈密瓜，但怎样把它们做成水果沙拉呢？

水果沙拉很简单，我们只要按照老师的制作方法去做，就可以做出美味的水果沙拉了。

同学们，你们已经对水果有了一定的了解，现在就跟着老师一起制作美味的水果沙拉吧！

○ 实践坊

How to make fruit salad?

【What we need】材料与工具：

fruits，salad dressing，knife

【How to do】步骤与方法：

1. Wash the fruits.（洗一洗）

2. Peel the fruits.（削一削）

3. Cut the fruits.（切一切）

4. Add fruit dressing.（加酱汁）

5. Stir and mix.（拌一拌）

【Be careful】注意事项：

1. Right size.（大小合适）

2. Watch the knife.（用刀安全）

3. Clean and tidy.（干净卫生）

任务三

水果市场模拟

模拟水果市场的场景，在课堂上组成小组，扮演水果买家和卖家，进行买卖。

○ 讨论区

我要当水果卖家，我知道很多水果的特点和价格，还能用英语去表达呢！

我们之前学习了购物用语，我来当买家吧！

同学们，你们是不是迫不及待想进行模拟市场呢？我们一起来体验吧！

○ 实践坊

Hello! What fruit do you have?

We have bananas，apples，oranges...

Can I have some bananas and pears?

Of course. Here you are!

They are fresh! Thank you!

任务四

水果故事创作

以水果为主角，创作一个有趣的故事。

 讨论区

我脑子里马上呈现出水果乐园里各种各样水果的样子和表情，我要把它们都画出来。

我也想到了一个水果冒险故事，我们一起合作绘制一个有趣的故事吧！

同学们，你们还想到什么生动有趣的故事呢？我们一起分享一下吧！

实践坊

I want to be pretty!		

Hello! I'm a strawberry, I'm red and sweet!	I want to be pretty!	Oh no! I am a tomato now!

六、作业评价

在这次作业实践中，你对自己的表现满意吗？对照下面的评价表说一说自己的表现，听一听同学、教师、家长的意见，请用描述性语言进行评价。

作业评价表

评价内容	评价标准	自评 A/B/C	同学评 A/B/C	教师评 A/B/C	家长评 A/B/C
参与度	积极主动参与活动				
	合作精神				
	参与讨论的能力				
知识与理解	水果知识掌握程度				
	对水果的认识深度				

（续表）

评价内容	评价标准	自评 A/B/C	同学评 A/B/C	教师评 A/B/C	家长评 A/B/C
语言表达	听力理解能力				
	口语表达能力				
	阅读和书写能力				
劳动实践	手工制作技巧				
	市场模拟交流表达能力				
创造力与想象力	故事情节设置				
	角色刻画				
	语言表达的巧妙运用				
综合能力	综合分析能力				
	问题解决能力				
	合作与交流能力				

【设计团队负责人简介】

罗尔文，广州市番禺区大石小学教师，小学英语一级教师，广州市劳动教育中心组成员，番禺区北片教育指导中心综合实践活动中心组成员，番禺区大石小学劳动科组长，2023年获第二届番禺区中小学青年教师教学能力大赛一等奖。

"家乡美食"作业方案

设计团队：冯德灿　徐倩云　周艳婷

一、设计意图

　　"中国美食"是部编版小学语文二年级下册识字单元的学习内容。本课生字基本上是带有"火""灬"的字，而这些生字都藏在美味的菜肴之中。语文学习的魅力应该始于课本教材，而成于生活中的大语文。"家乡美食"作业方案从广度了解我国的饮食文化，纵向深入了解家乡的美食，曾经的一句"食在广州"，将家乡美食推向更广阔的世界，应该是小小少年努力的一个方向。本案例中的作业设计，让学生的学习过程具体化、可视化、重实践、强体验、增情感，既有书本与生活的融合，又有学生与家长的协作，更有小我与大国文化的碰撞，真正发挥作业为学生服务、为学生树立情感价值观的作用。

二、实施对象

　　本次活动的实施对象是小学二年级的学生，设计符合二年级学生的生理、心理水平。二年级的学生天真烂漫，活泼好动，对一切新鲜事物充满了好奇心，他们的可塑性非常强。只要老师愿意给他们学习、模仿、展示的机会，他们定会带给老师无限精彩。

三、作业目标

　　1. 结合课文所学，知道美食的同时，了解各种烹饪方法。

　　2. 知道偏旁是"火"和"灬"的字都与火有关。

　　3. 了解我国的传统饮食文化，知道中国的八大菜系，从而拓宽视野，增长见识。

　　4. 能说出自己家乡的美食，知道家乡美食的特点，学会推介家乡美食。

　　5. 尝试做一做自己喜欢的美食，取一个好听的名字，画一幅闻得到香味的画。

四、作业内容

　　1. 走近中国的八大菜系，学习制作美食名片。

　　2. 回顾烹饪方法。

3. 感受家乡美食特色。

4. 制作家乡美食。

五、作业实施

 任务一

小谢想知道中国美食有哪些菜系，可以通过哪些方式来了解？

讨论区

> 我们可以先收看《舌尖上的中国》，挑逗味蕾，初步了解中国的八大菜系。

> 我们可以问问爸爸妈妈，家里平时做的家乡菜是属于什么菜系。

> 我们还可以上网搜索中国的八大菜系，选择其中一种菜系中的美食，制作美食名片。

> 同学们想到的方式真多！那么就跟爸爸妈妈一起为自己的家乡美食制作名片吧！

实践坊

制作美食名片

1. 电脑版制作方法：在手机上搜索选择高质量、清晰、诱人的美食图片，用PS软件为图片配上简洁的文字介绍。

2. 手绘版制作方法：用彩笔把美食画下来，简洁明了地描述美食特点和口感，注意要配上清晰的字体和颜色。

 任务二

小谢学习了中国美食的相关知识后，对烹饪方法还不是很理解，我们一起想办法吧！

讨论区

> 在我们制作的美食名片里找有关烹饪方法的字，并且观察那些字的特点（带"火"和"灬"的字）。

> 我们可以观察家人做菜时用的是什么烹饪方法，并问问家人各种烹饪方法的异同，还可以查一下字典。

> 同学们，结合你们的方法，让我们实践一下，加深对烹饪方法的理解吧！

实践坊

（1）连一连，说说下列美食都用了哪些烹饪方法。

| 蛋炒西红柿 | 北京烤鸭 | 小鸡炖蘑菇 | 耳朵眼炸糕 |

煮　　炸　　煎　　炒　　炖　　爆　　烤　　蒸

| 煎饼果子 | 清蒸螃蟹 | 宫保鸡丁 | 水煮鱼片 |

（2）读上述各种烹饪方法，说一说你的发现。（偏旁是"火"和"灬"的字都与火有关）

任务三

小谢想感受一下家乡美食的特色，你觉得可以怎么做？

讨论区

我会跟爸爸妈妈一起，走上街头，寻找一至两家酒店或餐馆，拍下家乡的美食名称或美食图片，品尝几道家乡的美食。

 我会选一道美食，拍摄视频，宣传家乡的美食。

 同学们的建议不错！与父母一起品尝家乡美食，幸福不只在唇齿之间，那么大家赶紧去体验吧！

 实践坊

我为家乡美食代言

任务四

小谢品尝了家乡特色美食后，想尝试制作，你能给他一些建议吗？

讨论区

我觉得他可以在美食软件上学习怎么制作特色美食，还可以去采访饭馆的厨师或者会做这道菜的家人。

我觉得制作完美食后，名称自己来定，美食的样子自己来画，想取什么名字就取什么名字，想画成什么样子就画成什么样子，这是一份美食自由！

同学们，结合校本课程"客家美食小达人"，大家也可以选择一种自己喜欢的美食，如艾粄、马蹄糕、炒米饼等，动手做一做，并在学校开展的"春暖花开季，我们一起赶集吧"活动上义卖哦！

 实践坊

制作马蹄糕

制作工具和食材：

1. 马蹄粉：这是马蹄糕的主要原料，可以在亚洲食品店或在线购买。

2. 砂糖：用于增加甜味。

3. 水：用于调配成糊状。

4. 蒸锅：用于蒸煮马蹄糕。

5. 蒸架或蒸盘：用于放置马蹄糕。

6. 刀具：用于分切马蹄糕。

制作步骤：

1. 准备一个合适大小的容器，在容器底部涂上油（以防粘住）。

2. 将适量的马蹄粉和砂糖放入容器中，按照个人口味添加适量的水，搅拌成糊状。

3. 将混合物倒入蒸锅，大火蒸20～30分钟，直到糊状变得坚实。

4. 用刀将马蹄糕切成小块或条状。

安全注意事项：

1. 在制作马蹄糕时要小心使用蒸锅和热源，以避免烫伤。

2. 在操作刀具时要小心，避免割伤手指。

3. 确保使用新鲜并符合食品安全标准的原料。

4. 妥善保存和处理制作好的马蹄糕，在食用前注意检查是否过期或变质。

六、作业评价

在这次作业实践中，你对自己的表现满意吗？对照下面的评价表给自己打星，并说一说自己的表现。

"家乡美食"作业评价表

作业内容	自我评价	
	积极参与	技能熟练
走近中国的八大菜系	☆ ☆ ☆	☆ ☆ ☆
回顾烹饪方法	☆ ☆ ☆	☆ ☆ ☆
感受家乡美食特色	☆ ☆ ☆	☆ ☆ ☆
制作家乡美食（选做）	☆ ☆ ☆	☆ ☆ ☆

【设计团队负责人简介】

冯德灿，广州市白云区谢家庄小学教师，高级教师，广州市小学思政课程研究核心组成员，广州市小学德育课程研究工作室成员，白云区中小学劳动教育研究会副会长，白云区中小学德育研究会理事，主持参与市级以上课题3项，在省级刊物发表论文12篇。多次受邀到广州大学、广州市中小学校长培训中心、重庆、湛江、花都、增城开设讲座，致力于劳动教育研究。

"三角形的应用"作业方案

设计团队：张丽娟　王晓丽

一、设计意图

"三角形"是人教版小学数学四年级下册第五单元的学习内容，主要让学生认识三角形的特性，了解三角形的稳定性及其在生活中的应用。"三角形的应用"作业设计融合了综合实践活动、劳动、科学等多个学科的知识，注重探究性和实践性，设计了观察三角形在生活中的应用，为学生理解三角形的稳定性积累感性经验，感受三角形的应用价值。制作三角形，通过实验证明三角形具有稳定性等实践作业，加深学生对三角形具有稳定性的理解，激发学生探索学习的兴趣，培养学生的实践能力和创新精神。

二、实施对象

本次活动的实施对象是小学四年级的学生。学生在一年级的时候就学习过三角形，在日常生活中对三角形也有比较丰富的感知，为感受、理解抽象的概念，自主探索图形的性质打下了基础。在此基础上，本次作业设计先让学生说一说生活中常见的三角形的应用，展示相关图片，引起学生对探究学习三角形的兴趣，再通过探索活动，制作三角形。学生探索发现三根筷子只能做出一种形状的三角形，深刻理解三角形的稳定性。在设计作业方案时，要留给学生充分进行探索、实验、发现、交流的空间，让学生切实感受到数学知识与现实生活的密切联系。

三、作业目标

1. 通过观察、网上查阅资料等方式，了解三角形在生活中的应用，认识三角形的特性。

2. 动手制作三角形，在实践中加深对三角形具有稳定性的理解，培养学生的实践动手能力，激发学生探索学习的兴趣。

3. 应用三角形稳定性的特点，尝试动手制作，把其他形状的图形例如四边形、五边形也变得稳定，不易变形，将三角形的稳定性应用到生活中，发展实践创新意识。

四、作业内容

1. 了解三角形在生活中的应用。

2. 通过用小棒制作三角形，动手实践，证明三角形具有稳定性。

3. 通过三角形稳定性的特点，动手改造容易变形的正方形，使其变得稳定。

五、作业实施

任务一

你了解生活中有哪些应用三角形具有稳定性的例子？我们可以通过什么方式来了解？

讨论区

 我打算通过上网查找的方式了解生活中应用三角形具有稳定性的例子。

我打算在生活中观察周围的事物，寻找我们身边应用三角形稳定性特点的例子。

 我们也可以回家问问家人，看看他们对三角形稳定性的了解情况，三角形稳定性这个特点为我们生活带来了什么便利？

同学们，你们还有什么好方法呢？我们一起来探究学习吧！

实践坊

观察三角形在生活中的应用

同学们，让我们认真观察在生活中应用三角形稳定性特点的例子，把它们记录下来吧！

观察时间	观察地点	发现的例子	观察到的现象	运用的知识
5月23日	马路上	自行车	自行车的三角形车架	应用三角形的稳定性特点

任务二

同学们，小智对于三角形具有稳定性这个特点还不是很理解，怎么帮助小智呢？请大家一起讨论一下吧！

讨论区

我们可以通过制作三角形，实际操作拉动三角形，来理解三角形具有稳定性的特点。

我们可以观察生活中应用到三角形的物品，去感受三角形的稳定性。

同学们，我们开展一次设计制作活动，加深对三角形稳定性特点的理解吧！

 实践坊

制作三角形

材料与工具：

1. 材料：同样的一次性筷子、橡皮筋。

2. 工具：尺子、笔。

步骤与方法：

1. 用尺子测量出距离筷子两端两厘米的位置，用笔做好记号。

2. 用橡皮筋在记号的位置绑好两根筷子，按照这个方法，依次绑好三根筷子，得到一个三角形。

3. 不管怎么拉，三角形的形状都不变。

安全提示：

1. 操作时，小心被一次性筷子扎伤手指，一定要注意安全。

2. 使用后要把工具放回原位。

任务三

正月十五元宵节时，然然做了一个灯笼，它的底部框架是一个正方形，在制作过程中很容易变形，现在然然想使底部框架更牢固，你能帮她想想办法吗？

 讨论区

我们可以用硬纸板固定好底部框架的形状，这样就不容易变形了。

我们可以在底部框架四边形的对角再加一根木条，这样利用三角形的稳定性，就可以使它更牢固。

同学们，你们在实践操作时，可以自己动手做一个四边形来操作，一起来试试吧！

○实践坊

固定灯笼正方形底部框架

材料与工具：

1. 材料：一次性筷子、橡皮筋。

2. 工具：尺子、笔。

步骤和方法：

1. 用尺子测量出距离筷子两端两厘米的位置，用笔做好记号。

2. 用橡皮筋在记号的位置绑好两根筷子，按照这个方法，依次绑好四根筷子，得到一个四边形。

3. 用尺子测量出正方形对角的长度。

4. 在一次性筷子中间部分量出一样的长度，用笔做上记号。

5. 用橡皮筋把筷子按照记号的位置绑到正方形的对角处。

安全提示：

1. 操作时，小心被一次性筷子扎伤手指，一定要注意安全。

2. 使用后要把工具放回原位。

六、作业评价

1. 跟老师和同学交流分享作业成果，并根据他人的建议修改、完善作业。

2. 为了进一步总结这次作业实践的成功和失败，在反思中调整，在调整中提高，请对照下面的评价表评一评自己的表现，听一听同学、教师、家长的评价，相信你会有更大的收获。

评价内容	自评	同学评	教师评	家长评
认真观察				
积极探究				
操作熟练				
富有创意				
团结协作				
乐于分享				
质量较好				

【设计团队负责人简介】

张丽娟，广州市白云区良田第二小学教师，综合实践活动高级教师，广州市第三届十佳综合实践活动指导教师，白云区名教师工作室主持人，白云区综合实践活动教学研究会副会长。

"探究汉字的奥秘"作业方案

设计团队：梁诗婷　高敏斐

一、设计意图

"遨游汉字王国"是统编版小学语文五年级下册第三单元的学习内容，本单元是综合性学习，本单元的活动分为"汉字真有趣"和"我爱你，汉字"两大板块。本单元通过课内课外探究性学习实践活动，让学生感受汉字的魅力，树立规范使用汉字的意识，增强学生对汉字及汉字文化的情感，提升语文素养。"探究汉字的奥秘"作业设计融合了综合实践活动、劳动、美术、书法等多个学科的知识，根据语文学科的特点及探究内容的安排，设计了我是汉字研究员、我是小小篆刻师、制作书法艺术扇子等作业内容，激发学生的探究欲望与兴趣，了解汉字演变的进程及汉字使用的过去和现状，感受汉字的趣味性和艺术性，传承优秀的汉字艺术文化，让学生在课内课外的学习实践探究活动中，提升综合运用学科知识解决问题的能力。

二、实施对象

本次活动的实施对象是小学五年级的学生。五年级的学生有着强烈的好奇心和探究欲望，并且具备一定的自学探究能力。经过前几年的学习，他们已经初步感受到了汉字的趣味，认识了近三千个汉字，也对汉字文化有了一些了解。本作业设计，以探究汉字的有趣现象作为项目的引入点，加强启发式引导，合作与交流，撰写研究报告，探究姓氏的演变，体验篆刻的趣味，创造性地制作书法艺术品，学习搜集资料和科学整理资料的方法，加深学生对汉字和汉字文化的认识，发展学生比较、分析、创造等思维能力。

三、作业目标

1. 学习搜集资料和科学整理资料的方法，并能从整理的资料中客观地分析问题，培养学生信息整理和加工的能力。

2. 了解橡皮刻字的基本方法并尝试用橡皮雕刻自己的姓氏，培养学生的创意设计能力。

3. 融合书法与其他艺术手法设计并制作精美的书法艺术扇子，培养学生创新合作意识和审美的能力与情操。

4. 通过实践探究活动，加深学生对汉字和汉字文化的认识，增强文化自信，培养学生热爱祖国文字的情感。

四、作业内容

1. 了解汉字的特点，探究汉字中的有趣现象。

2. 探究姓氏的由来和演变过程，了解雕刻印章的字体，学习雕刻自己的橡皮姓氏印章。

3. 了解汉字书法艺术，制作书法艺术扇子，感受汉字文化的魅力。

五、作业实施

任务一

汉字趣味多，我是汉字研究员，汉字是我们日常生活中经常使用到的，读书、看报、写文章，都离不开汉字。你对汉字有哪些了解？你可以怎样搜集到汉字的有趣现象？

讨论区

我们可以到学校阅览室、图书馆或书店查找图书。大家可以按类别找书，如搜集汉字故事；也可以按书名、目录、内容简介等快速找到相关书籍。

我们可以在网上搜集资料，关键词很重要。如搜集汉字故事，可以检索关键词"汉字故事"。检索后还可以根据题目、显示内容等判断哪些是需要的资料。

我们还可以请教别人，想想谁可能会有自己需要的资料。但是我们要先想好问题，再去请教合适的人。

实践坊

寻找体现汉字特点的趣味现象

同学们，让我们一起观察生活中那些体现汉字特点的现象，如字谜、古诗、歇后语、对联、故事等，把它们记录下来吧！

有趣的汉字文化

	谜面	谜底
字谜	1.	1.（　　　）
	2.	2.（　　　）
	3.	3.（　　　）

（续表）

古诗	
歇后语	
对联	
汉字故事	

任务二

探究姓氏的演变，争做小小篆刻师

每个人都有自己的姓氏。你知道怎么来的吗？那怎么探究姓氏的由来和演变过程呢？

讨论区

我知道"李"姓源于上古时代的官名，历史上"李"姓名人辈出，如诗仙李白、药物学家李时珍……

我通过上网查阅资料，了解到"余"姓的由来和演变。余姓是一个多民族、多源流的姓氏。据考，余姓起源于现陕西凤翔一带，可考据的余姓始祖以姬姓余氏为多。

我的爸爸是一位大学教师，喜欢研究汉字文化。我通过向爸爸请教，了解到梁姓是中国典型的南方姓氏，源流较多，或出自嬴姓、姬姓，或以国为氏、以地为氏、以邑为氏。

实践坊

探究（　　　）姓的来源和演变

类别	内容
姓氏来源	
历史名人	
现状	
汉字演变	（　　　）→（　　　）→（　　　）→（　　　）→（　　　） 　甲骨文　　　　金文　　　　小篆　　　　隶书　　　　楷书

同学们，我们开展一次有趣的探究活动，可根据自己的探究，设计一个有趣的姓氏印章。

<h3 style="text-align:center">制作姓氏橡皮章</h3>

材料与工具：

1. 材料：橡皮、宣纸。

2. 工具：刻刀、铅笔、印泥、刮片。

步骤与方法：

1. 在小片宣纸上描上要刻的字，将宣纸反扣在橡皮上，用刮片刮一下，将图案印在橡皮上。

2. 看着图案沿线斜切，可以选择篆刻阳文或阴文。

3. 用印泥拍上颜色，印在纸上看看效果。

安全提示：

1. 使用篆刻刀时要注意安全，不能对着自己或他人。如果要传递刻刀，请先给刻刀套上刀帽，再传递。

2. 用完后要及时把刻刀收纳好。

任务三

制作书法艺术扇子

汉字有着悠久的历史，蕴含着丰富的文化。夏天到了，你能制作一把书法艺术扇吗？同学们还可以根据自己的创意，用上日常的废旧物品，变废为宝。

<h3 style="text-align:center">书法艺术扇子我设计</h3>

我的作品	设计介绍

同学们，我们可以设计不同的扇形，还可以用上一些日常废旧的物品进行装饰，一起来制作一把与众不同的书法艺术扇吧！

六、作业评价

1. 跟老师和同学交流分享作业成果，并根据他人的建议修改、完善作业。

2. 在这次作业实践中，你对自己的表现满意吗？对照下面的评价表说一说自己的表现，评一评能获得几颗星。再听一听同学、教师、家长的意见，还可以用描述性语言进行评价。

评价内容	自评	同学评	教师评	家长评
认真观察	☆☆☆☆☆	☆☆☆☆☆	☆☆☆☆☆	☆☆☆☆☆
积极探究	☆☆☆☆☆	☆☆☆☆☆	☆☆☆☆☆	☆☆☆☆☆
操作熟练	☆☆☆☆☆	☆☆☆☆☆	☆☆☆☆☆	☆☆☆☆☆
富有创意	☆☆☆☆☆	☆☆☆☆☆	☆☆☆☆☆	☆☆☆☆☆
团结协作	☆☆☆☆☆	☆☆☆☆☆	☆☆☆☆☆	☆☆☆☆☆
乐于分享	☆☆☆☆☆	☆☆☆☆☆	☆☆☆☆☆	☆☆☆☆☆

【设计团队负责人简介】

　　梁诗婷，广州市番禺区大石中心小学教师，广州市综合实践活动中心组成员，广州市骨干班主任，番禺区综合实践活动中心组成员，番禺区第三批骨干教师，番禺区优秀教师，番禺区教学新秀。

"我们的春节"作业方案

设计者：符和熠

一、设计意图

《北京的春节》为部编版小学语文六年级下册第一单元中的第一篇课文，老舍先生在文中为我们描绘了一幅老北京的民俗画卷，展示了春节的温馨和美好。课文配上了两张内容丰富的插图，为学生直观展现了老北京春节的民俗活动与丰富的民间手工艺制品。

课后题"再说说你是怎样过春节的"，要求学生结合自身民俗活动经历自主交流，正是呼应了本单元的"民风民俗"主题。这要求教师以此问题为切入点，让学生从课本走向生活实际，自主感受春节这一传统节日中浓郁的民俗风情，发掘其背后深厚的文化内涵，充分体会中华优秀传统文化的博大精深，感受中华传统习俗中蕴含的人情美、文化美，激发学生对祖国传统文化的热爱。

但在实际教学活动中，学生在课后题的交流中往往会遇到以下两个难题：1.因大多数学生生活在同一文化区域，春节民俗体验极为相似，交流的内容往往重复度较高，导致沉闷乏味。2.学生对民俗活动经历的交流只停留在口头层面，无法具象化地展示民俗活动的本来面貌，进而难以感受到其民族文化内涵。

由此，"我们的春节"作业设计应运而生，它融合了劳动、综合实践、语文、数学、美术等多个学科的知识，在原有语文学科课文学习的基础上，忠于原学科教学目标要求与知识点，以生活中的真实问题情景为驱动任务，以学生的真实兴趣为动力源，以创造提升生活品质的劳动成果为目的，设计了头脑风暴、手工艺制作、成果装饰与介绍等作业内容。在学生通过有趣的动手实践创造具象化的民俗工艺的活动过程中，激发学生跨越历史、文化等多维度探索劳动创造的兴趣，加深学生对中国传统民俗文化的认识与理解，激发学生对祖国传统文化的热爱，并培养学生综合运用学科知识解决问题与积极动手实践探究问题的能力。

此外，按一般进度，学习此篇课文时仍处于春节期间，此为本作业设计的"天时"；本单元的其他课文篇目均适宜开展同在民俗工艺主题下的劳动实践，如《腊八粥》——传统美食腊八粥烹饪，《藏戏》——藏戏脸谱制作，便于构成跨学科的大单元整体设计，此为本作业设计的"地利"；由此，我们借助综合实践活动和劳动教育的理念、方法、知识，来解决本次语文学科课程教学中的问题，进行学科融合设计，具有得天独厚的优势。

二、实施对象

本次作业设计的实施对象是小学六年级的学生。

1. 经验基础。六年级学生经历了小学五个学年的学习，已具有一定的学科知识基础，并具备了一定的跨学科融会贯通的智力水平。同时，通过此前的生活劳动与学校劳动教育，已基本树立了热爱劳动、劳动光荣的基本观念；已在多元化的劳动主题下体验过多种多样的生产劳动，基本能够根据劳动任务选择合适的材料与方法有效开展劳动；已初步养成包括精益求精、持之以恒的劳动品质，已初步形成乐于挑战、探索创新的精神。结合校内外生活经验，学生对许多传统工艺已有初步了解与简单学习。此阶段正是开展具有一定难度与复杂性、考验跨学科主题探究和综合劳动素养的"传统工艺制作"的大好时机。

2. 学生特点。六年级学生年龄在11～12岁，以"埃里克森的人生发展理论"为参考，正处在"勤奋感对自卑感"的最后阶段，他们渴望尝试与挑战、倾向于主动承担集体事务，并对他人的评价较为关注和敏感，正是开展包含日常劳动在内的跨学科教育，能够通过解决生活实际问题，培养信心、树立能力品质的"最后黄金期"。

3. 局限性。六年级学生仍处于小学阶段，分析能力、筹划思维等理性思维能力发展尚不完全，个体间的注意力品质差距较大，进行自主实践与小组合作时容易分心，所积累的学科经验仍时常受到跨学科综合性任务的挑战，在遇到困难时容易产生畏难情绪。因此，活动过程中的驱动任务、情景设计、作业各环节的紧密衔接更显得至关重要。

三、作业目标

1. 通过课前收集资料、小组分享、头脑风暴等方式，在学习课文《北京的春节》的基础上，进一步了解我国春节期间丰富多彩的民俗活动与工艺。

2. 在春节期间需要装饰课室的驱动任务要求下，能够恰当选择并学会制作自己喜爱的春节期间的民俗工艺品，激发学生的探究欲望，培养学生的动手实践能力。

3. 使用自己喜爱的春节期间的民俗工艺制成品装饰课室，并进行介绍与评价，培养学生的表达能力，发展学生的筹划思维，提高学生的审美能力。

四、作业内容

1. 了解我国春节期间丰富多彩的民俗工艺。

2. 选择与制作自己喜爱的春节期间的民俗工艺品。

3. 使用自己喜爱的春节期间的民俗工艺制成品装饰课室并进行介绍与评价。

五、作业实施

任务一

学了《北京的春节》这篇课文，同学们也想用春节的民俗工艺品来装扮课室，让新学期更有年味。请你也一起来参与头脑风暴，共同出谋划策吧！

讨论区

既然是过年，就得选取最具代表性、最有年味的民俗工艺品来装饰。

我在网上看到过一种利用旧红包制作的手工灯笼，精致小巧，还变废为宝。

真有意思！它是怎么做的呢？需要哪些材料和工具？制作分为几个步骤？

为了方便小组制作，我们需要先完成一个民俗工艺制作表。

实践坊

我的建议	与春节的相关性	美观度	制作难度	选取理由（寓意）	组员意见
	☆☆☆	☆☆☆	☆☆☆		
	☆☆☆	☆☆☆	☆☆☆		
	☆☆☆	☆☆☆	☆☆☆		

任务二

以小组为单位，选择一项春节民俗工艺，明确工具材料与制作方法，完成民俗工艺装饰品的制作。

讨论区

同学们，你们建议使用哪些春节装饰品来装扮课室呢？

红灯笼、春联、窗花、中国结……这些都是非常具有代表性的春节装饰品。

让我们一起来装扮春节主题的课室吧！大家都有什么好的想法？

最终，我们选择了＿＿＿＿＿＿＿＿＿（以"红包灯笼"为例）作为我们小组为班级制作的春节装饰品，现在开始制作民俗工艺装饰品。

 ○ 实践坊

制作"红包灯笼"

我从＿＿＿＿＿＿＿＿＿学到了如下制作方法。

材料与工具：

1. 材料：八个以上大小一致的旧红包、细红绳。

2. 工具：剪刀、尺子、铅笔、订书机。

步骤与方法：

1. 制作灯笼体：将红包纸两次对折再展开，将四角顶着长边折线向内折，用订书机将红包纸折角订在一起。

2. 制作灯笼穗：选取一封红包，剪去红包盖，沿长边距边缘1厘米处画直线，粘上双面胶；从另一边缘每隔1毫米剪开直至直线；粘上一根红绳，撕开双面胶，沿直线卷起红包。

3. 系红绳连接：将灯笼体上端对称的两处钻孔，用红绳穿过并打结，将灯笼穗系上红绳，从灯笼体中穿过，在钻孔红绳中间打结。

安全提示：

1. 剪刀：使用圆头小剪刀。剪刀尖不能对着人。如要传递剪刀，须先合拢，再握住剪刀头，将剪刀柄递给他人。用完后要及时把剪刀收纳好。

2. 订书机：不能将手指放入订书口。订书钉提前装好。

3. 铅笔：铅笔不能削得过尖，铅笔不能立着放置。

任务三

将制作完成的民俗工艺品装饰在课室的合适位置上，并进行介绍，同时也对其他小组的装饰与介绍进行评价。

 ○ 讨论区

终于完成制作了，让我们赶紧把这些民俗工艺品给装饰起来吧！

装饰可不只是简单的张贴、悬挂，我们应该想清楚装饰的位置和方法，并且能向同学们介绍我们制作的民俗工艺品背后的美好寓意。

让我们通过下面的两个表格来进行民俗工艺成品的装饰、介绍与评价吧!

民俗工艺品装饰介绍表

装饰名称	装饰位置	作用	寓意

民俗工艺品装饰评价表

装饰美观	寓意美好	做工精致	步骤清晰	连贯通顺
☆☆☆	☆☆☆	☆☆☆	☆☆☆	☆☆☆

六、作业评价

"我们的春节"作业评价表

制作完成时间(　　　　)分钟

评价项目	评价标准	自己评 (涂色)	同桌评 (涂色)	教师评 (涂色)
劳动观念	1. 听讲制作,不玩材料。 2. 积极合作,全力以赴。	▽ ▽	▽ ▽	▽ ▽
劳动能力	制作步骤清楚,行动高效迅速,少差错。	▽ ▽	▽ ▽	▽ ▽
劳动精神	1. 爱护材料与用具。 2. 专心制作,不捣乱。	▽ ▽	▽ ▽	▽ ▽
劳动习惯	1. 没有意外事故。 2. 做完收拾干净。	▽ ▽	▽ ▽	▽ ▽
劳动品质	成果精致美观,无瑕疵。	▽ ▽	▽ ▽	▽ ▽
自我反思				
同桌评价				
教师点评				

【设计者简介】

　　符和熠,广州市越秀区杨箕小学教师,广州市劳动学科中心组成员,杨箕小学劳动学科带头人,第二届广州市中小学劳动学科中心组专业能力测试及教学新秀评选一等奖获得者。

"健康营养的粽子"作业方案

设计团队：陈建雄　张梓航

一、设计意图

"营养午餐"是人教版小学数学四年级下册第八单元综合与实践的学习内容。"健康营养的粽子"作业设计融合了数学、综合实践活动、劳动等多个学科知识，体现了数学学科的生活性、实用性。设计利用数学学科中统计与概率，引导学生进行数据分析，计算粽子原材料的营养含量，加深对营养健康的理解。结合将要到来的端午节，为自己和家人设计一款合适的营养粽子，进一步激发学生的探究欲望与兴趣，养成科学饮食的习惯。进而把自己所设计的营养粽子制作出来，培养学生的实践操作能力，让学生在悦中学、在做中悟。

二、实施对象

本次活动的实施对象是小学四年级的学生。他们已经历了数据统计过程，认识了复杂的条形统计图，有一定的分析统计能力。他们的好奇心比较强，对事物有探究的兴趣，有较强的动手操作能力。本次作业设计以此为起点，把数学知识运用到生活中，去分析市场上粽子原材料的热量、脂肪、蛋白质等含量，在此基础上为自己和家人设计一款健康的粽子，并动手制作出来，将数学学习与生活结合起来。

三、作业目标

1. 了解健康常识，知道部分粽子配料的热量、脂肪、蛋白质等含量高低，学会科学合理搭配饮食。

2. 应用分析和统计结果，为不同人群设计出健康营养的粽子原材料方案。

3. 学会创造性地开展劳动实践，初步掌握包粽子的方法和步骤，并在学习与实践中不断提高实践操作能力。

4. 经历数据分析、营养搭配、包粽子的过程，体验营养师工作的喜悦和成就感。

四、作业内容

1. 调查日常生活中的粽子有哪些原材料，并调查这些粽子原材料的营养含量参考值是多少。

2．根据粽子原材料营养含量调查结果，为自己和家人搭配合适的粽子原材料，设计一款健康营养的粽子。

3．动手把已经搭配好的健康营养的粽子制作出来。

五、作业实施

任务一

日常生活中的粽子有哪些原材料？这些原材料的营养含量又是多少？可以通过什么方式来了解？

 讨论区

我们可以上网查阅一下日常生活中的粽子有哪些不同原材料，还能查阅到粽子里原材料的营养含量。

我们可以去市场调查一下日常生活中的粽子有哪些不同原材料，调查一下哪种原材料热量最高。

 我们还可以问问爸爸妈妈，在南方端午节包粽子一般都会用什么原材料。

 实践坊

同学们，我们通过上网查阅和市场调查等方式，调查市场所售粽子用到的原材料及其营养含量，把它们记录下来吧！

粽子原材料营养调查表

序号	粽子原材料	热量/千焦	脂肪/克	蛋白质/克
1	糯米	1464	2	7.3
2	五花肉	1460	35.3	
3	咸蛋黄	1115		
4	红豆			
5	虾米			
6	香菇			

任务二

调查到粽子原材料的各种营养含量后，你能否为自己和家人搭配粽子原材料，设计一款合适的端午营养粽子？

讨论区

我的爸爸爱健身，经常消耗很多很多的热量，所以需要搭配热量和蛋白质比较高的粽子。

我的爷爷年龄较大，不能吃高热量高脂肪的粽子，不然很容易引发疾病，所以要选择低热量低脂肪的配料。

我的妈妈比较胖，如果再吃高脂肪的粽子，对身体不好，所以我要搭配低脂肪的原材料。

孩子们，根据下面不同的人群平均每天每餐需摄入的热量、脂肪、蛋白质参考表，我们一起来搭配搭配，设计一款适合家人的粽子吧！

实践坊

不同人群平均每天每餐需摄入的热量、脂肪、蛋白质参考表

序号	人群	热量/千焦	脂肪/克	蛋白质/克
1	健身人群	3000～4000	60～80	40～50
2	肥胖人群	2940～3598	30～50	20～35
3	老年人群	1519～2937	50～60	15～25

我设计的粽子

粽子名称	原材料名称	热量/千焦	脂肪/克	蛋白质/克

我设计的粽子热量是：____千焦；脂肪含量是____克；蛋白质含量是____克。

任务三

孩子们，端午节快到了，根据调查的粽子原材料营养含量，搭配了一款适合家人的健康营养粽子，我们动手把它做出来吧！

讨论区

放各类原材料时，放到差不多溢出来的样子最合适了。

粽叶封口时要压实折叠，可以用大拇指压住，再用绳子绑紧。

同学们，大家一起来动动手，包出适合自己家的粽子，与家人一起分享吧！

 实践坊

包三角粽子

材料与工具：

1. 材料：粽叶、绳子、粽子原材料。

2. 工具：勺子、碗等器皿。

步骤与方法：

1. 首先用2~3张粽叶进行折叠，在距离叶柄三分之一处折叠成圆锥的形状（漏斗形），并尽量保持圆锥的顶端密封不漏。

2. 接着依次放入糯米和配料，最后再铺上一层糯米，注意要压实压紧。

3. 用圆锥以外多余的粽叶进行折叠封口，并尽量保持每个角都是密封不漏的，若再有剩余的就向尖端折叠。

4. 最后用绳子对粽子进行捆绑，注意要绑紧。

安全提示：

用剪刀剪去多余的绳子时要注意安全，用完后要及时把剪刀收纳好。

六、作业评价

1. 跟老师和同学交流分享自己制作的劳动成果。

2. 在这次作业实践中，你感觉自己的表现如何？请对照下面的评价表评价一下自己的表现。

评价内容	自我评价	同学评价	老师评价	家长评价
认真调查				
积极探究				
搭配计算				
成果质量				
分享成果				

【设计团队负责人简介】

陈建雄，广州市南沙区莲塘小学教师，广州教育学会中小学劳动教育研究专业委员会理事，广州市优秀教师，广州市首期卓越中小学校长培养对象，南沙区首批骨干教师，南沙区基础教育第二批名教师。曾参加广州市道德与法治优质课评比，并获一等奖。

"中华小厨神"作业方案

设计者：陈沐希

一、设计意图

"中国美食"是统编版小学语文二年级下册第三单元识字课的内容。本课是以形声字为主体的归类识字，形声字分布在美食名中，主要包括"艹""火""灬"三个偏旁。本课以图片配汉字的方式呈现了七种菜肴名称，以列举的方式呈现了四种主食名称。在菜肴名称中又包含了带"火"和"灬"两个偏旁的多种烹饪方法，以及带"艹"的蔬菜名称，让学生在识菜名的同时了解制作方法、理解字义，一举多得。此外，本课还主张基于学生经验的美食种类拓展，让学生说出更多的家乡美食，了解丰富的中国美食，感受中国特有的饮食文化。"中华小厨神"作业设计融合了语文、劳动、道德与法治等多个学科知识，设计了"一日食谱我定制""家乡美食我宣传""美味佳肴我烹饪"三个任务，引导学生巩固所学知识，激发学生探索家乡美食的欲望与兴趣。

二、实施对象

本次作业方案的实施对象是小学二年级的学生。低年段的识字认字是语文学科教学过程中的重点，而低年段的学生具有好玩、好奇、好动、好胜的心理，让学生在探索、分享美食及了解不同烹饪方式的过程中识字，能够很好地激发学生的学习兴趣。本次作业紧扣"美食"，引导学生根据荤素、营养搭配为家人设计一日食谱，通过多种渠道探索、宣传家乡美食，结合自己的能力及家中已有资源动手尝试烹饪一道简单的佳肴，不仅能够激发学生广泛识字的兴趣，将语文学习与其他学科知识、生活实际结合起来，更能唤醒学生的主人翁精神，认识到自己也是家中的小主人，能够主动承担一部分事务，用双手和大脑创造美好、幸福的生活。

三、作业目标

1. 复习文中出现的烹饪方法，拓展更多带"火""灬"的烹饪方式，并能根据荤素、营养搭配为家人设计一日食谱，加深对各类烹饪方式的理解。

2. 了解家乡美食，运用手抄报的方式宣传家乡美食，培养学生设计、动手能力的同时，使学生进一步了解丰富的中国美食，感受中国特有的饮食文化，提升文化自信。

3. 尝试与大人合作制作一道简单的佳肴，发展劳动技能，树立正确的观念，培养良好的习惯和品质。

四、作业内容

1. 认识更多带"火""灬"偏旁的烹饪方式，以表格形式设计菜谱。

2. 了解家乡美食，运用手抄报的方式宣传家乡美食。

3. 尝试与家人合作制作一道简单的佳肴。

五、作业实施

任务一

一日食谱我定制

在《中国美食》一课中，我们认识了以下这些烹饪方式，在此基础上你还能想到哪些烹饪方式？

	偏旁	课内积累	课后拓展
烹饪方式	火	烧 烤 爆 炖 炸 炒	
	灬	煎 煮 蒸	

讨论区

结合日常在家及餐馆吃饭时了解的菜名，从菜名中学习新的烹饪方式。

我们可以上网查阅一下中国多元的烹饪方式，或者通过观看美食类纪录片拓展自己关于烹饪方式的知识。

我们可以采访家人、朋友和专业人员等，了解中国美食的烹饪方法。

实践坊

"中华小厨神"们，动动脑筋，结合中国居民平衡膳食宝塔图，为自己和家人定制一日食谱吧！

温馨提示：①结合用餐人数确定菜肴数量。②做好荤素搭配更健康。

我家一日食谱

类别	主食	配菜
早餐		
午餐		
晚餐		

任务二

家乡美食我宣传

我国地大物博，美食丰富多彩，你的家乡在哪里？说起家乡你会想起哪些美食？它们的味道如何？有何特色？请你结合经验，或通过采访家人、上网搜索、观看纪录片等形式了解家乡的传统美食，并以手抄报的形式向大家展示、宣传家乡的美食。

讨论区

我的家乡在广州，都说食在广州，这里美食可多啦！有肠粉、姜撞奶、艇仔粥、煲仔饭……

我的老家在武汉。在武汉，人们早上常常会选择热干面作为早餐，它的味道鲜美，面很筋道，因为拌有芝麻酱，所以吃起来特别香！

家乡美食真诱人，大家不妨化身为家乡美食宣传大使，为家乡的美食做一张手抄报，然后粘贴在展示栏，让更多同学了解到你家乡的美食。

实践坊

家乡美食手抄报

材料与工具：

硬白纸（8开）若干张，所需要的相关照片和文字资料，书写和绘图工具。

步骤与方法：

1. 设计版面：根据文章的篇幅进行排版，并画好方格或格线。

2. 粘贴照片，抄写文字材料：照片粘贴牢固，文字书写工整，标题和文章中不能出现错别字。

3. 美化版面：完成抄写后，进行插图、花边的绘制等美化版面工作。

注意事项：

使用剪刀等工具时请注意安全。

任务三

美味佳肴我烹饪

学习了《中国美食》，让我们利用周末的时间与家人一起合作完成一道菜肴的烹饪，掌握一道菜肴的烹饪步骤和方法，让中国味道代代传承下去吧！

讨论区

> 我和家人打算通过煮、煎、炒三种不同的烹饪方法来处理食材鸡蛋，做成水煮蛋、煎蛋、西红柿炒蛋。

> 我们一家都爱吃饺子，周末我要和家人一起包饺子！

> 大家的想法都不错，实践的过程中别忘了将过程记录下来，期待你们的精彩分享！

 **实践坊**

劳动任务单

佳肴名称	
食材与工具	
烹饪方法	
成果展示 （粘贴照片、绘图）	

六、作业评价

1. 中华小厨神们，请跟家人、老师、同学分享交流作业成果，并根据他人的建议修改、完善作业。

2. 请结合评价表，说一说、评一评自己在每一个任务中的表现，并邀请家人、同学也评一评，并听一听他人的建议。

任务一

一日食谱我定制

评价项目	自己评	伙伴评	家长评
数量合理不浪费	☆ ☆ ☆	☆ ☆ ☆	☆ ☆ ☆
荤素搭配有营养	☆ ☆ ☆	☆ ☆ ☆	☆ ☆ ☆
字迹工整有态度	☆ ☆ ☆	☆ ☆ ☆	☆ ☆ ☆
教师总评	评语： 星级：　☆		

任务二

家乡美食我宣传

评价项目	自己评	伙伴评	家长评
内容丰富吸引人	☆ ☆ ☆	☆ ☆ ☆	☆ ☆ ☆
布局合理有规划	☆ ☆ ☆	☆ ☆ ☆	☆ ☆ ☆
字迹工整有态度	☆ ☆ ☆	☆ ☆ ☆	☆ ☆ ☆
教师总评	评语： 星级： ☆		

任务三

美味佳肴我烹饪

评价项目	自己评	家长评
主动参与有兴趣	☆ ☆ ☆	☆ ☆ ☆
安全操作有意识	☆ ☆ ☆	☆ ☆ ☆
菜品质量有保障	☆ ☆ ☆	☆ ☆ ☆
教师总评	评语： 星级： ☆	

【设计者简介】

陈沐希，广州市越秀区小北路小学教师。

"三角形在生活中的应用"作业方案

设计者：陈鸿茂

一、设计意图

"三角形的特性"是人教版小学数学四年级下册第五单元的学习内容，主要让学生知道三角形各部分名称，认识三角形的底和高，会画和测量三角形的高，并通过制作三角形，提高动手操作能力，培养创新意识，发展空间观念。"三角形在生活中的应用"作业设计融合了综合实践活动、劳动、科学等多个学科的知识，设计了观察三角形在生活中的应用，应用三角形稳定性的特点制作生活用品等作业内容，加深学生对三角形稳定性的特点的理解，激发学生的探究欲望与兴趣，培养学生的实践探究能力和综合运用学科知识解决问题的能力，进一步激发学生对"空间与图形"的兴趣。

二、实施对象

本次活动的实施对象是小学四年级的学生。在一年级下册，学生认识了长方形、正方形、平行四边形、三角形和圆等五种平面图形，能够在众多的平面图形中辨认出三角形。学生在此基础上进行学习，理解三角形的含义，掌握三角形的特征。他们对生活中的事物比较感兴趣，已经具有一定的空间思维能力。三角形在生活中的应用，激活学生已经积累的有关三角形的感性认识，再通过实践探究活动让学生了解三角形稳定性的特点，将数学学习与生活实际结合起来。借助学具的制作，让学生进一步思考，体会三角形的底和高的相互依存关系。

三、作业目标

1. 联系生活实际，认识三角形，理解三角形的底和高的含义，理解三角形的底和高的相互依存关系，知道三角形具有稳定性。

2. 通过网上查阅资料、实地调查等方式，了解三角形在生活中的应用，加深对三角形稳定性的特点的理解。

3. 应用三角形具有稳定性的特点，制作一个三角形或三角形生活用品，培养学生的动手操作能力，激发探究欲望与兴趣，发展空间观念和创新能力。

四、作业内容

1. 了解三角形在生活中的应用。

2. 利用三角形稳定性的特点，改造生活用品，使它变得牢固。

3. 应用三角形稳定性的特点，制作一个三角形或三角形生活用品。

五、作业实施

任务一

小明想知道生活中有哪些应用三角形稳定性这一特点的事例，可以通过哪些方式来了解？

○ 讨论区

我们可以上网查阅生活中应用三角形稳定性的特点的事例。

我们可以观察一下社区和家庭里面应用三角形稳定性的特点的事例。

我们可以问问家长，一些三角形物品给我们的生活带来了什么便利？

○ 实践坊

观察三角形在生活中的应用

同学们，我们观察一下社区和家庭里面应用三角形稳定性的特点的事例，把它们记录下来吧！

观察时间	观察地点	事例名称	观察到的现象	运用的知识
5月25日	自己家的楼下	空调支架	空调支架可以将空调固定在墙上，避免因外力作用而移动。	应用三角形稳定性的特点。

任务二

家里的椅子摇晃，不牢固了，怎样才能使椅子变得牢固？

○ 讨论区

我们可以利用三角形稳定性的特点，用一根木条和椅子的两条边形成一个三角形，把它钉牢固。

家里的一些用具坏了，我们可以利用三角形稳定性的特点，使它变得牢固。

○ 实践坊

利用三角形具有稳定性的特点，尝试让家里的物品变得牢固。

任务三

　　小冬学习了三角形稳定性的特点后，对这个特点不是很理解，大家帮小冬想想办法吧！

○ 讨论区

　　我们可以用薄木条先做一个平行四边形，通过拉动平行四边形，发现它容易变形，再在平行四边形的对角线上加装一条薄木条，发现平行四边形拉不动了，从而发现三角形具有稳定性。

　　我们可以制作一个三角形，发现三角形具有稳定性。

　　同学们，我们开展一次设计制作活动，制作一个三角形，加深对三角形稳定性的特点的理解吧！

○ 实践坊

制作三角形

材料与工具：

1. 材料：薄木板（硬纸板）、螺丝钉。

2. 工具：剪刀、直尺、锯子或美工刀。

步骤与方法：

1. 把薄木板（硬纸板）锯成三根长分别是25厘米、23厘米、20厘米，宽1厘米的长方形木条，切割的木条不要太长，否则会在合成三角形时影响外观，并保持三根长方形木条的宽度尽可能均匀。

2. 把这三根木条首尾连接，用螺丝钉钉起来，这样一个牢固的三角形就做好了。

安全提示：

1. 使用刀尖是圆形的小剪刀。

2. 使用锯子时，一手握紧锯子的把手，一手摁住木板。

3. 用完后要及时把剪刀、美工刀、锯子等收纳好。

六、作业评价

1. 跟老师和同学交流分享作业成果，并根据他人的建议修改、完善作业。

2．在这次作业实践中，你对自己的表现满意吗？对照下面的评价表说一说自己的表现，听一听同学、教师、家长的意见，请用描述性语言填写下表。

活动评价表

评价内容	自评	同学评	家长评	教师评
认真观察				
积极探究				
操作熟练				
质量较好				

【设计者简介】

陈鸿茂，广州市白云区蓝山小学教师，具有良好的协调沟通能力与设计制作能力，荣获2023学年太和镇小学劳动课程作业设计与实践成果评比获三等奖，在太和镇中小学"五个一"劳动教育实践活动成果（教师劳动技能）评比中获三等奖，在学校劳动教育中起示范引领作用。

"爱心护绿牌"作业方案

设计者：傅　敏

一、设计意图

"让生活多一些绿色"是部编版道德与法治四年级上册第四课的内容，主要是让学生观察周围的生活，了解气候发生变化对环境和人类造成了怎样的伤害和影响。同时让学生树立环保意识，懂得环境保护要从每个人做起，从身边的每一件小事做起。"爱心护绿牌"是其中一个紧密关联的非常有意义的内容，作业设计融合了综合实践、劳动、信息技术、语文、数学、美术等多个学科的知识，注重综合性、实践性、创意性和生活性，设计了解生活中的护绿牌的种类及特点，为身边的花草树木设计制作爱心护绿牌等作业内容，深化和延伸了爱护树木的主题，引导学生发散奇思妙想，学会照顾身边的植物，关爱生命，热爱自然。

二、实施对象

本次活动的实施对象是小学四年级的学生。四年级是培养学生创造性的关键期。对于四年级的学生而言，他们已具备了一定的信息技术素养，学会了在Word文档上进行文字的编辑，插入艺术字、图片等。本次作业设计基于以上特点，提供了一组护绿牌的图片，让学生感受护绿牌的作用，激发学生对身边事物的关注和认识，再通过实践探究让学生了解护绿牌的基本构成特点，将信息技术、美术、数学等知识与实际生活结合起来，动手实践设计制作护绿牌。

三、作业目标

1. 通过网上查阅、实地调查等方式，了解护绿牌在日常生活中的应用，加深对护绿牌作用和功能的理解。

2. 利用KT板制作一个爱心护绿牌（框架），培养学生的动手操作能力，激发学生探究和创造的热情。

3. 根据制作好的护绿牌（框架），利用Word图文编辑功能设计护绿牌的内容，打印张贴后形成一个完整的爱心护绿牌，培养学生的创新及审美能力。

四、作业内容

1. 考察探究护绿牌在日常生活中的应用。
2. 利用KT板设计制作一个爱心护绿牌框架。
3. 利用Word图文编辑功能设计制作适合粘贴在框架内的护绿牌内容。

五、作业实施

任务一

小粤想知道生活中的护绿牌有哪些不同的样式和作用，可以通过哪些方式来了解？

○ 讨论区

 我们可以上网查阅资料，找到各种各样有关护绿牌的图片和视频。

我们可以观察一下社区、公园、校园里的花草树木或草地，了解身边护绿牌的特点。

 我们可以询问父母或老师，了解护绿牌有什么作用和功能。

○ 实践坊

观察生活中的护绿牌

观察时间	观察地点	护绿牌的外形特点	护绿牌的内容	护绿牌的作用
6月2日	小区花园	脚印形状	请勿践踏，我正成长	提醒、警告

任务二

小广从网络和生活中查找了大量的护绿牌之后，发现做一个护绿牌并不容易，你们可以帮小广出出主意吗？

○ 讨论区

 我们要先准备好KT板和做支撑用的木棍（或挂绳），设计好宣传画面，才能做好一个护绿牌。

我们可以先在稿纸上设计好护绿牌的外形和画面，这样就可以事半功倍啦！

⊙实践坊

制作爱心护绿牌框架

材料与工具：

1. 材料：KT板、PVC管或挂绳。

2. 工具：尺子、笔、剪刀（戒刀）、乳胶、颜料笔。

步骤与方法：

1. 在KT板上用铅笔画出已设计好的护绿卡的形状。

2. 用剪刀、戒刀等工具把护绿卡裁剪出来。

3. 把支撑管和牌接合在一起，或者在牌子上打个小孔，用挂绳穿好。

安全提示：

1. 使用刀尖是圆形的剪刀。

2. 剪刀和戒刀不能对着自己或他人，如果要传递剪刀或戒刀，要先合拢，手握刀尖部分，把刀柄传给别人。

3. 用完的工具要收拾好，放回原位。

4. 要把裁剪掉的材料做好清洁处理。

制作爱心护绿牌画面

材料与工具：

电脑、打印机、A4纸、双面胶、剪刀

步骤与方法：

1. 在电脑里打开Word文档。

2. 用插入艺术字的功能编辑好宣传标语。

3. 插入适量的图片、边框等装饰元素。

4. 把设计好的画面文档打印出来。

5. 裁剪好之后贴在制作好的爱心护绿牌框架上。

安全提示：

1. 注意用电安全。

2. 不宜长时间看电脑，每隔30分钟要让眼睛休息10分钟。

3. 注意剪刀的使用安全。

六、作业评价

1. 跟老师和同学分享交流作业成果，并根据他人的建议修改、完善作业。

2. 在此次作业实践中，你对自己的表现满意吗？对照下面的评价表说一说自己的表现，听一听同学、老师、家长的意见，并请大家为你打星评价吧！

评价内容	自评	同学评	教师评	家长评
积极参与				
乐于合作				
操作熟练				
富有创意				
解决问题				
制作精良				

【设计者简介】

　　傅敏，广州市越秀区云山小学教师，综合实践活动一级教师，广州市教研院第十八届特约教研员，广州教育学会中小学综合实践活动研究专业委员会理事，广州版《小学综合实践活动·劳动》教材及教师用书编委，曾获广州市第二届中小学青年教师教学能力大赛一等奖。

"宝藏蛋世界"作业方案

设计团队：冯敏芳　肖一娇　杨颖诗

一、设计意图

"认识其他动物的卵"是教科版科学三年级上册第二单元第2课的学习内容，主要让学生通过观察与比较，认识鸡卵的内部结构，对动物卵产生探究的兴趣。

"宝藏蛋世界"作业设计融合了科学、劳动、美术、语文、信息技术、音乐等多个学科的知识，鼓励学生通过亲身体验"磕鸡蛋""煎鸡蛋"等劳动活动，从而观察、比较生鸡蛋与熟鸡蛋，了解鸡蛋的内部结构，全面提升学生的学习能力和综合素质。往常，有些孩子在家观察生鸡蛋的时候，因为不懂得"磕鸡蛋"，蛋壳划破蛋黄，导致多次尝试才能成功观察。所以，我们设计了"学会磕鸡蛋"的作业。观察后，剩余的鸡蛋液又可以用来做什么呢？我们又设计了"煎鸡蛋"的实践活动，提高学生的动手能力，在多个科学与劳动学科融合的实践活动中，发现鸡蛋的奥秘。"推测鸡蛋各部分有什么作用"也是本课的学习内容，我们引导学生探究碎蛋壳的实用价值，尝试用碎蛋壳制作一幅蛋壳画，让学生在美术创作和劳动实践中探究科学问题。在"美食小主播"实践中，引导学生运用语文知识，撰写和播报详细而具有吸引力的菜谱介绍，让观众更加了解食材的搭配和烹饪技巧。在视频制作中，引导学生运用信息技术和音乐学科的知识，简单剪辑视频，添加合适的配乐，使视频更具艺术感。

二、实施对象

本次活动的实施对象是小学三年级的学生。鸡蛋是他们司空见惯的事物，"煎鸡蛋"这个主题活动本身也易操作，具有较强的趣味性。小学三年级学生对未知的事物总是充满着好奇心，而鸡蛋的世界中蕴藏着丰富的知识和秘密，可以激发学生进行积极的探索与尝试。小学三年级学生有一定的动手能力，通过闯过关卡一步步解锁机关，最终获取宝藏，使学生的动手能力得到更充分的发挥。同时，一个个探秘小分队需要进行集体协作，共同完成一个个主题任务，这也增强了孩子们的社交意识、团队意识，从而达到团结协作、共同成长的目的。

三、作业目标

1. 能熟练"磕鸡蛋"，观察生鸡蛋的内部结构。

2．能熟练地用锅铲给食材翻面，学会"煎鸡蛋"，观察熟鸡蛋的内部结构。

3．体验担任一次美食小主播，提升书面与口头表达能力，完成视频的后期制作。

4．观察对比鸡卵和鱼卵，了解鸡卵硬壳的作用，并探究碎蛋壳的实用价值，尝试用碎蛋壳制作一幅蛋壳画。

四、作业内容

1．练习"磕鸡蛋"。

2．练习锅铲的使用，能够熟练应对不同食材，轻快均匀地翻炒。

3．体验当一次美食小主播，把煎鸡蛋的美食知识和制作技巧用视频的方式介绍给大家。

4．奉行环保理念，通过多种方式探究碎蛋壳的实用价值，并向身边的人宣传。再发挥个人创意，尝试用碎蛋壳制作一幅蛋壳画。

五、作业实施

鸡蛋奥秘我探究——磕鸡蛋

大家知道磕鸡蛋的技巧吗？说说你们在实践中的发现。

讨论区

> 先准备一个碗，鸡蛋往碗沿上轻轻敲打。不能太用力，不然会磕破蛋黄。

> 蛋壳出现裂缝或破口时，双手大拇指对准蛋壳的裂缝或破口，稍稍用力往两边掰开，这样就能看到完整的蛋黄，并观察生鸡蛋的内部结构了。

> 同学们，观察生鸡蛋后，你们有什么发现？在生活中，你还观察了哪些动物卵呢？我们把观察到的分类记录下来吧！

观察与对比不同的动物卵

动物卵分类	
分类标准：根据卵外是否有硬壳	
有硬壳	无硬壳

探究鸡蛋液能做出什么样的美味菜肴

同学们，我们观察一下生活中都有什么与鸡蛋相关的菜肴，都是运用什么烹调方式的？根据提示，把你观察到的记录下来吧！

与鸡蛋相关的菜肴	烹调方式	需要的工具和材料
煎鸡蛋		
虾仁炒鸡蛋		
蒸鸡蛋		

任务二

锅铲翻炒大比拼

厨房里，妈妈正忙着将切好的肉放进锅里煸炒，煸炒时需要不断翻动，确保每一块肉都均匀受热，避免炒焦或炒煳。小粤心生疑惑，使用锅铲到底有哪些技巧呢？

讨论区

生活中我见过不同类型的锅铲，它们是不是都有各自不同的作用呢？

不同的烹饪需要使用不同类型的锅铲，例如煎炸需要使用平底锅，而炒菜则需要用到炒锅，应该选择适合自己使用习惯及食材的锅铲。

使用锅铲时需要掌握翻炒的技巧，让食材能够均匀受热，达到熟而不煳的状态。

同学们，让我们开展一次锅铲练习大比拼的劳动实践，熟练使用劳动工具吧！

实践坊

"小小锅铲手"技艺大比拼

活动准备：

准备锅铲、抹布、青菜、豆子等操作物品。

活动内容：

在本次活动中，学生需要由易到难分别使用锅铲，完成对抹布、青菜和豆子三种操作物品的翻炒任务。翻炒时只需要练习动作，不用打开燃气灶。

活动环节：

1. 抹布翻炒：学生需要迅速抓住锅铲，翻炒手中的抹布，操作流程要流畅，并且要让抹布在空中翻转。

2．青菜翻炒：学生需要将任意一片青菜用锅铲铲起，然后翻转锅铲，重复这个动作，最后将青菜铲回原处。

3．豆子翻炒：学生需要将锅铲放在豆子下方，然后反复将豆子翻炒，最后将豆子铲回原处。

评分标准：

1．时间：能否在规定的时间内完成操作？如果不能，可能需要加强练习。

2．准确性：能否正确地握住锅铲？能否准确地掌握力度和角度？这关系到烹饪的效果和安全性。

3．动作流畅性：能否顺畅地完成整个操作流程？是否有不必要的停顿或动作上的瑕疵？

4．锅铲操作技巧：能否正确地掌握各种锅铲的使用技巧？例如，能否正确地翻炒、搅拌和铲取食材？

任务二

煎蛋主播展风采

小广觉得煎鸡蛋实在是太有趣了，他想当一回美食小主播，把自己煎鸡蛋的过程用视频的方式拍摄下来，再分享给同学们。你们觉得有哪些要注意的问题呢？

讨论区

我觉得视频的内容和形式都很重要，能够引导观众理解煎鸡蛋的制作过程和技巧。

主播丰富而恰当的肢体语言能让讲解更加生动形象，增加吸引力。

视频拍摄完成后，可进行一些简单的加工处理，如配背景音乐、添加字幕等。

让我们体验当一次美食小主播，把煎鸡蛋的美食知识和制作技巧用视频的方式介绍给大家吧！

实践坊

我是美食小主播

主要内容：

1．介绍鸡蛋的营养价值。

2．介绍煎鸡蛋的工具。

3．演示煎鸡蛋的步骤。

注意事项：

1．肢体语言：主播的肢体语言要求简单明了，不夸张生硬，自然大方，传递出自信、亲和的形象，拉近与观众之间的距离，让观众获得更好的体验和感受。

2．语气、语调和语速：主播的语气要温和自然，可以运用适量的语调变化，强调重点或展示自己的热情。语速适中，音量控制得当，情感表达充沛。

3．动作示范要准确规范：主播动作展示要干净利落，并将主要动作逐步分解，向观众逐一展示。注意要根据食材和步骤的难度来调整动作的节奏。同时，还要配合讲解清楚每个动作的要点。

拍摄要求：

1．视频拍摄要求清晰，光线明亮，色彩还原度高，画面稳定。

2．拍摄角度要适当，可以从不同角度展现食物质感和色彩。

3．拍摄完成后可对视频进行一些加工，可加入动画特效，添加背景音乐和字幕。

任务四

玩转蛋壳妙趣多

在"宝藏蛋世界"探究活动中，小广产生了疑问：除了蛋黄和蛋清具有很高的食用价值外，被丢弃的蛋壳究竟有没有利用价值呢？

讨论区

我收看《生活小百科》电视节目时，知道了鸡蛋壳具有很好的去污效果，能去除顽固的食物污渍，如咖啡、茶渍和酒渍等。将鸡蛋壳研磨成粉末，加入水调匀，可以作为天然洗涤剂使用。

我上网查阅资料，知道鸡蛋壳富含钙和其他矿物质，将研磨后的鸡蛋壳喷洒在花草和蔬菜上，可以为植物提供养分和钙质。

美术老师说碎鸡蛋壳可以作为美术材料，制作一些独特的艺术品和装饰品呢！

让我们一起动动手，发挥碎蛋壳的美术功用，来制作一幅美丽的蛋壳画吧！

实践坊

美丽的蛋壳画

材料与工具：

碎蛋壳、画纸、颜料、画笔、胶水、剪刀。

步骤与方法：

1．将蛋壳用剪刀剪碎。

2. 用画笔蘸取颜料，将颜料均匀地涂在画纸上。

3. 将碎蛋壳粘在涂有颜料的画纸上，要注意形状和颜色的搭配，做出好看的图案。

4. 等干透后，可以再次涂上一层胶水或透明漆，增加贴纸的固定性和光泽度。

安全提示：

1. 使用剪刀和画笔时要注意安全。

2. 剪蛋壳时注意不要伤到手，碎蛋壳边缘可能很锐利。

3. 注意胶水和颜料的毒性，避免误食或接触眼睛，万一不慎进入眼睛，应立即用清水进行冲洗。

六、作业评价

1. 跟老师和同学交流分享作业成果，并根据他人的建议修改、完善作业。

2. 在这次作业实践中，你对自己的表现满意吗？给下面的评价表涂上"☆"，并说一说自己的表现，然后再听一听同学、教师、家长的意见，记得不要忘了用描述性语言进行评价哦！

评价内容	自评	同学评	教师评	家长评
认真观察	☆ ☆ ☆ ☆ ☆	☆ ☆ ☆ ☆ ☆	☆ ☆ ☆ ☆ ☆	☆ ☆ ☆ ☆ ☆
积极探究	☆ ☆ ☆ ☆ ☆	☆ ☆ ☆ ☆ ☆	☆ ☆ ☆ ☆ ☆	☆ ☆ ☆ ☆ ☆
操作熟练	☆ ☆ ☆ ☆ ☆	☆ ☆ ☆ ☆ ☆	☆ ☆ ☆ ☆ ☆	☆ ☆ ☆ ☆ ☆
富有创意	☆ ☆ ☆ ☆ ☆	☆ ☆ ☆ ☆ ☆	☆ ☆ ☆ ☆ ☆	☆ ☆ ☆ ☆ ☆
团队协作	☆ ☆ ☆ ☆ ☆	☆ ☆ ☆ ☆ ☆	☆ ☆ ☆ ☆ ☆	☆ ☆ ☆ ☆ ☆
乐于分享	☆ ☆ ☆ ☆ ☆	☆ ☆ ☆ ☆ ☆	☆ ☆ ☆ ☆ ☆	☆ ☆ ☆ ☆ ☆
质量较好	☆ ☆ ☆ ☆ ☆	☆ ☆ ☆ ☆ ☆	☆ ☆ ☆ ☆ ☆	☆ ☆ ☆ ☆ ☆

【设计团队负责人简介】

冯敏芳，广州市海珠区实验小学教师，综合实践活动高级教师，广州市十佳综合实践活动指导教师，广州教育学会中小学劳动教育研究专业委员会常务理事，海珠区综合实践活动研究会副会长，广州版《小学综合实践活动·劳动》教材及教师用书编委。

"情是故乡美"作业方案

设计团队：黄艳钏　梁琼菲　张秋怡

一、设计意图

"感受家乡文化，关心家乡发展"是部编版道德与法治四年级下册第四单元的主题，主要包括"我们当地的风俗""多姿多彩的民间艺术""家乡的喜与忧"三个方面的教学内容，旨在让学生感受家乡的文化形态与家乡的整体发展变化，提升学生对社区和家乡生活领域的社会性学习。"情是故乡美"作业设计融合了综合实践活动、劳动、科学、美术等多个学科的知识，以"故乡景致美、故乡特产美、故乡名片美"三个目标维度，设计了观察和用照片或图画记录故乡之景致美，品尝和制作故乡的美食特产，设计和制作故乡名片等作业内容，把思政小课堂与社会大课堂结合起来，把教材内容与学生的真实生活融合起来，促进学生理解和感受家乡文化形态、关注家乡发展，激发学生的探究欲望和兴趣，最终发展政治认同、责任意识、道德修养和健全人格等学科核心素养。

二、实施对象

本次活动的实施对象是小学四年级的学生。作为新广州人，学生在三年级下册"我在这里长大"单元中已经对生活的家乡社区有了初步认识，但是了解不深，对故乡的风俗、民间艺术、家乡发展变化的了解程度较弱，但是他们对祖辈的家乡、对自身生活的第二故乡广州同样充满热忱。本次作业设计以此为起点，为学生提供关于"寻美故乡、造片故乡"的学习指导，激活学生对故乡的认知，激发学生通过实践探究活动探寻故乡文化，探寻故乡景致美、特产美和通过劳动实践制作名片美的热情，把道德与法治的学科学习与生活实际以及劳动教育结合起来。

三、作业目标

1. 通过实地考察、查找资料等途径，了解和感受故乡的景致美，激发学生热爱家乡、热爱中华优秀传统文化、热爱祖国的情感。

2. 通过实地考察、品尝、制作等方式，了解美食特产的原材料、制作工序、文化寓意，并尝试制作，提升学生热爱家乡、热爱中华优秀传统文化、热爱祖国的情感。

3．通过动手制作，以图文结合、立体实物等形式给自己的故乡制作一张名片，发展学生的审美能力和创新能力。

四、作业内容

1．用照片或图画记录故乡之景致美。

2．品尝和尝试制作故乡的美食特产。

3．设计制作一张平面或立体的故乡实物名片。

五、作业实施

任务一

小穗想了解自己家乡的名胜古迹，可以通过什么方式来了解？

 讨论区

我们可以在周末或者假期和爸爸妈妈一起实地探寻家乡的名胜古迹，感受家乡的景致美。

我们可以通过上网搜索家乡的宣传视频，了解家乡的名胜古迹，感受家乡的景致美。

我们可以问问爸爸妈妈，或者咨询公园、景区的工作人员，这些名胜古迹有什么历史和内涵？

同学们，你们还有什么好方法？下面让我们一起来开展一次"家乡美景我来拍"的实践活动吧！

实践坊

故乡景致美——家乡美景我来拍

学习指引：

建议通过查找资料、实地考察等途径，以拍照的方式呈现故乡的景致美，并配上一段文字说明，可以根据自己的实际情况采用横版或竖版形式呈现，也可以组图。

材料与工具：

1．材料：A4纸或彩色卡纸、彩色笔、胶水。

2．工具：相机或手机、打印机、剪刀。

步骤与方法：

1．查找资料或实地考察拍照，选择一张表现家乡美景的图片。

2．打印或冲洗照片（大小4R或4D，也可组图）。

3．把照片粘贴在"故乡景致美——家乡美景我来拍"作品卡上（可横向也可竖向，见下表）。

4．在作品卡上配上一段文字说明。

5．沿作品卡的边线剪下来，用彩色卡纸托底，留边1厘米。

安全提示：

1．外出实地考察时，必须有家长的带领与指导，注意财物与交通的安全。

2．使用剪刀剪贴照片和作品卡时注意剪刀尖不能对着自己或别人。

3．剪刀用完后要及时收纳好。

故乡景致美——家乡美景我来拍

粘贴照片处	作品名称： 作者： 家乡美景我来拍：

任务二

小穗知道自己的家乡特产丰富，他很想了解一下家乡的美食，可以通过什么方式来了解？

讨论区

 我们可以在周末或者假期和爸爸妈妈一起到美食街、商场或景区特产店等实地探寻、品尝家乡的美食，感受家乡的特产美。

我们也可以通过查阅书籍、上网搜索家乡特产的宣传资料，了解家乡的美食，感受家乡的特产美。

 我们还可以到酒店、餐馆采访厨师或美食家，了解家乡的特色菜品，感受家乡的特产美。

同学们，你们还有什么好的方法？下面让我们来尝试做一样家乡的糕点吧！

实践坊

故乡特产美——美味马蹄糕我来做

学习指引：

建议通过查阅资料、实地考察和品尝或试做等方式，了解家乡特产的原材料、制作工序、营养价值、文化寓意等，以绘画、拍照或视频等方式呈现家乡的特产之美，并配上一段文字说明，可以根据实际情况采用四宫格或九宫格形式呈现。

材料与工具：

1. 食材：马蹄粉200克、清水500毫升、细砂糖80克、椰浆50毫升等。

2. 工具：刀、砧板、筷子、大碗、锅、蒸盘。

步骤与方法：

1. 将马蹄粉放入一个大碗中，加入适量的水搅拌均匀，确保没有结块。

2. 将水和细砂糖一起倒入锅中，用中小火煮沸，搅拌至糖完全溶化。

3. 将第2步中的糖水慢慢倒入第1步的马蹄粉混合物中，边倒边搅拌均匀，直到没有颗粒。

4. 将混合物倒入一个蒸盘中，用大火蒸20～30分钟，直到糕熟透。

5. 取出蒸好的马蹄糕，待凉后切成小块。

安全提示：

1. 本次实践活动须在家长的陪同与指导下完成。

2. 使用刀具切糕时注意安全，用完后要及时把刀收纳好。

3. 注意用火安全及防止烫伤。

任务三

小穗认识了一个外国小朋友，他想给这个外国小朋友送一张名片，介绍自己的家乡，你能帮他想想怎么设计吗？

讨论区

提到家乡，你首先想到什么？我们可以把独具家乡特色的文化习俗、传统美食、标志性建筑、自然景观或文化遗址画上去，让名片可以更直观地展示家乡文化。

还可以上网收集并整合相关的文字材料，编写一段简洁的文字，图文结合，向外国小朋友介绍家乡。

运用我们四年级美术学习的色彩搭配，给我们的名片涂上颜色，还能用手工剪纸把名片设计成立体的，更美观、有创意。

同学们，你们还有什么好方法把家乡名片做得更好看，让外国的小朋友看了也能喜欢你们的家乡呢？下面我们来开展一次"家乡名片我设计"的实践活动吧！

 实践坊

资源包： 家乡名片是指一张介绍自己家乡的宣传卡片。它可以包括家乡的历史文化、美食特产、民俗习惯、优美的自然环境等信息，展示家乡的优美风貌，吸引更多人前来游玩，并认识、了解、喜欢和宣传家乡。家乡名片是一种地方旅游宣传方式，也是一种记录家乡历史文化、传承家乡记忆的文化载体。

故乡名片美——家乡名片我设计

学习指引：

可采用图文结合、立体或平面等形式制作一张家乡名片。

材料与工具：

1. 材料：卡纸、折纸等。

2. 工具：尺子、铅笔、橡皮、马克笔、儿童剪刀、电脑或手机、打印机。

步骤与方法：

1. 收集资料。收集家乡的信息，包括地理位置、历史文化、名胜古迹等方面的内容。

2. 整理和筛选信息，将最具代表性的内容挑选出来。可以用文字、图片、图表等形式呈现，以便更好地吸引人们的注意力。

3. 设计家乡名片的布局和样式。可以使用电脑软件或手工绘制，根据自己的创意进行设计。可以考虑使用明亮的颜色和有趣的图案，使名片更加生动有趣。

4. 打印或制作家乡名片。可以选择打印在纸上再剪下来，或者使用卡片、海报等材料手工绘制名片。可以把制作好的家乡名片展示给同学、老师和家人，分享你对家乡的了解和喜爱。

安全提示：

1. 使用剪刀时注意刀尖不能对着自己或别人。

2. 用完后要及时把剪刀收纳好。

六、作业评价

1. 在汇报交流中分享本次作业成果，并根据他人的建议修改、完善作业。

2. 本次的作业实践，你会为自己的表现打几颗星呢？请你根据下面的评价项目，和同学、老师一起评价自己这次的表现吧！

最亮的星

评价项目	评价内容	评价等级		
		自评	同学评	教师评
情感态度	积极参与活动	☆ ☆ ☆	☆ ☆ ☆	☆ ☆ ☆
	主动提出建议	☆ ☆ ☆	☆ ☆ ☆	☆ ☆ ☆
	不怕困难和辛苦	☆ ☆ ☆	☆ ☆ ☆	☆ ☆ ☆
学习技能	会用多种方法收集信息	☆ ☆ ☆	☆ ☆ ☆	☆ ☆ ☆
	实践方式方法多样	☆ ☆ ☆	☆ ☆ ☆	☆ ☆ ☆
	展示方式多样，汇报内容质量好	☆ ☆ ☆	☆ ☆ ☆	☆ ☆ ☆

【设计团队负责人简介】

黄艳钏，广州市天河区天英小学教师，小学语文高级教师，广东省创新教育研究专业委员会常务理事，广州市教育研究院首届特聘研究员、第十九届劳动教育特约教研员，第二届广州教育学会中小学劳动教育研究专业委员会副理事长和学术委员会成员，天河区劳动教育指导委员会副组长，天河区劳动教育学科核心组成员。

"中华传统文化——端午节"作业方案

设计团队：黄淑华　方淑贤　陈秀芬　陈文娣

一、设计意图

在人教版小学语文三年级下册第三单元的学习中，教材安排了"综合性学习"，这是本套教材中首次出现综合性学习栏目。本单元要求学生在了解传统节日及相关风俗的基础上，写一篇习作，同时以各种方式展示综合性学习的成果。"中华传统文化——端午节"作业设计融合了综合实践活动、劳动、语文等多个学科的知识，注重生活性、探究性和实践性，激发学生的探究欲望与兴趣，培养学生的实践探究能力。

二、实施对象

本次活动的实施对象是小学三年级的学生。三年级学生需要学会观察大自然，观察社会，积极思考，运用书面和口头方式，并尝试用表格、图像、音频等多种媒介，呈现自己的观察和研究所得，他们需要在活动中学习语文、学会合作。同时能提出学习和生活中的问题，有目的地搜集资料，共同讨论，尝试运用语文并结合其他学科知识解决问题。本次作业设计以了解中华传统文化为起点，通过搜集传统节日端午节的有关资料，合作包粽子、制作创意香囊，让学生在实施的过程中培养实践探究能力和动手能力，感受中华优秀传统文化蕴含的思想与智慧。

三、作业目标

1. 运用网上查阅资料、询问长辈等方式了解端午节的由来，记录端午节的相关风俗，使学生在活动中进一步了解身边的中华优秀传统文化。

2. 通过小组制订活动计划表，按照分工计划学习包粽子，培养学生的动手操作能力，激发学生的探究欲望与兴趣。

3. 对传统香囊进行改造，发展学生的创新能力。

4. 培养学生用文字记录生活的能力，促进学生对传统节日的了解。

四、作业内容

1. 了解端午节的由来，记录端午节的相关风俗。

2. 制订活动计划表，按照分工计划学习包粽子。

3. 对传统香囊进行升级改造，班级举行香囊展览大会。

4. 写一写自己家过端午节的过程或者节日里发生的故事。

五、作业实施

 任务一

知端午渊源　话端午习俗
了解端午节的由来，记录其相关风俗，可以通过哪些方式来完成？

 **讨论区**

可以上网查阅端午节的由来，了解端午节相关的故事和传说。

可以和爸爸妈妈到现场观看赛龙舟，感受端午节的地方特色，感受节日的独特氛围。

可以询问长辈，家乡过端午节都有哪些独特的习俗？

同学们，你们还有什么好方法？我们一起来探究学习吧！

实践坊

知端午渊源　话端午习俗

同学们，又是一年的端午节。千百年来，端午文化凝结着中华民族的血脉和思想精华，让我们一起走进这一蕴含深邃的中国传统节日，一起去探究端午节的由来吧！把你搜集到的资料记录下来，和小组成员们一起分享吧！

端午的由来	端午的习俗	我家过端午

 任务二

包百味粽子　承传统习俗
小组内制订好活动计划表，按照计划表分工合作，一起来学习怎么包粽子吧！

讨论区

可以向有经验的长辈请教，学习包粽子的方法，并尝试自己动手。

制订计划，可以从搜集制作方法、购买所需材料、寻找会包粽子的长辈等方面进行分工。

开展包粽子活动之前，让我们先完成活动计划表，加深对端午节习俗的认识吧！

 **实践坊**

珍馐百味粽子宴

活动分工表

活动项目	粽子种类	粽子口味	需要购买的材料	寻求长辈协助
组员安排				

活动登记表

粽子种类	
粽子口味	
购买的材料	
活动当天协助的长辈	

珍馐百味粽子宴

材料与工具：

1. 材料：糯米、红豆、粽叶、草绳、凉开水。

2. 工具：锅、剪刀、煤气炉。

步骤与方法：

1. 糯米淘洗干净，放入清水里浸泡至能捏碎，备用。

2. 将红豆洗干净，浸泡约1.5小时，再和糯米放在一起拌匀，备用。

3. 粽叶300克洗干净，放入锅内煮约半小时取出，用凉开水浸泡，备用。

4. 取粽叶三四片摆齐，卷成圆锥形的筒状，放入拌好的糯米和红豆，包成粽子形状，用绳扎紧。

5. 将包好的粽子放入锅中，加入清水，用旺火煮约2小时后，改用小火焖约3小时，即可食用。

安全提示：

1. 使用剪刀时，刀尖不能对着同学。

2. 离开活动现场前要检查电、火是否已全部关闭。

任务三

做创意香囊　悟端午情怀

　　端午节除了吃粽子外，我们还有佩戴、赠送香囊的习俗，以达到祈求平安健康、芳香辟秽、驱蚊辟邪的作用。请大家收集家里的碎布料，做一个创意香囊，一起弘扬中华传统文化，感受传统文化之美。

讨论区

> 　　我打算去网上搜集一下关于香囊的样式和做法视频，创作一个独特的香囊。

> 　　可以先收集家里的小碎布，再请教妈妈做香囊的方法和步骤，然后学着做。

> 　　我打算去询问一下身边有经验的老人家，跟他们学习做香囊的方法。

> 　　同学们，那让我们一起动动手，做一个创意香囊吧！

实践坊

创意香囊的制作

材料与工具：

1. 材料：艾草、薰衣草、挂绳、流苏、挂牌、挂绳木珠、香囊布片。
2. 工具：针线包、剪刀。

步骤与方法：

步骤	方法
准备工作	在制作香囊之前，需要准备好工具和材料，并摆放好，同时确保制作区域干净整洁。
对折缝合	将挂绳放在布中间，注意布料正面和挂绳方向不要弄反了，对折后开始缝合第一条边。
放置配饰	第一条边缝完后开始缝合第二条边，第二条边缝合完后把流苏放进去。
缝合翻转	继续缝合，放流苏的位置多缝合几遍，这样牢固些，不容易掉。缝合完毕后，将包翻转过来，翻转的时候注意角要平整。
发挥创意	在布料上画上或者绣上具有端午气息的字画，创作出独特的香囊。

安全提示：

1. 使用针线时，一只手用拇指和食指按住针，一只手拿稳布料，注意针口。
2. 使用剪刀剪线的时候，注意对准线条。
3. 用完后要及时把针线和剪刀收纳好。

任务四

"粽"情体验 欢乐记"粽"

粽叶飘香五月五，浓情端午共安康。让我们拿起手中的笔，把端午的节日活动记录下来吧！

习作自评表

作文结构完整	
场面描写生动	
展现节日文化	
书写端正美观	

六、作业评价

1. 跟老师和同学交流分享作业成果，并根据他人的建议修改、完善作业。

2. 在这次作业实践中，你对自己的表现满意吗？对照下面的评价表进行自我评价，听一听同学、教师、家长的意见，请用描述性语言进行评价。

评价内容	自评	同学评	教师评	家长评
认真搜集				
积极探究				
熟练操作				
团结协作				
乐于分享				
富有创意				

【设计团队负责人简介】

黄淑华，广州市白云区白天鹅京溪实验小学教师，广州市第十七届中小学综合实践活动特约教研员，广州教育学会中小学劳动教育研究专业委员会常务理事、学术委员会主任。

"我们的传统节日"作业方案

设计团队：叶佩辉　梁丽珍

一、设计意图

"传统节日"是统编版小学语文二年级下册第三单元的学习内容，主要是让学生了解中华七大传统佳节和相关习俗，体会中华传统文化之美，培养民族自豪感。"我们的传统节日"作业设计结合了综合实践活动、劳动教育及语文等多个学科知识，通过跨学科的融合与探究，开展优秀传统文化教育专题活动研究，旨在激发学生通过考察和探究的方式深入了解传统节日的习俗，并学会设计制作传统节日的手工艺品。

二、实施对象

本次活动的实施对象是小学二年级的学生。在前期的学习中，学生已积累了一定的小组合作探究经验，但是运用问卷调查法和访谈法进行探究仍有难度与挑战。本次设计将以统编版语文教材《传统节日》韵文为起点，调动学生在语文课堂中已有的认识，通过设计实践活动让学生拓展更多与传统节日相关的知识，鼓励学生进行主题探究和劳动实践，从而实现语文课堂、综合实践活动和劳动教育相融合。

三、作业目标

1. 通过主题活动，了解传统节日，初步形成作为中华儿女的自豪感。

2. 围绕传统节日习俗开展调查、访谈等活动，明确分工，初步学习与他人合作，初步养成自理能力、自立精神和热爱生活的态度。

3. 在教师的引导下，通过上网检索材料、查阅书籍、问卷调查等方式，了解传统节日的相关习俗和人们的过节习惯。初步了解文献查阅法、访谈法、问卷调查法的步骤，初步学习运用这些方法搜集资料、解决问题，形成记录表等活动成果。

4. 通过动手实践操作，初步掌握环保灯笼的手工设计与制作的基本技能，并提升自己的设计创作能力。

四、作业内容

1. 了解传统节日以及相关习俗。

2. 了解身边人对传统节日及相关习俗的态度与认识。

3. 制作传统节日手工艺品：中秋环保灯笼。

五、作业实施

任务一

主题阅读

根据课文《传统节日》完成表格，掌握课文中的基础知识，提炼传统节日的名称以及相关习俗，并通过网上查阅资料，补充拓展表格内容。

讨论区

 同学们能找到课文中的节日名称与习俗吗？除了从课文中找答案，我们还有什么办法？

我们可以用上之前的学习方法，上网查找资料。

实践坊

传统节日名称	时间	习俗
春节	正月初一	贴窗花、放鞭炮

任务二

问卷调查

观察调查问卷样例，了解调查问卷的一般格式和设计要求，围绕小组活动主题设计简单而规范的调查问卷，在校内进行调查，并初步统计调查数据。

讨论区

 课本中提到七个有代表性的中国传统节日及其相关习俗，我们可以从哪里获得现在人们庆祝节日的方式？

我们可以通过上网检索的方式查阅当代人过节的习俗。

 我们还可以通过校园、社区访谈的方式，了解身边人过节的方式。

我们可以尝试做问卷调查，现在就让我们一起实践起来吧！

○ 实践坊

关于传统节日的调查问卷

你好，我是来自二年级_____班第_____小组组员，想了解_____的情况，耽误您宝贵的时间，请问您能抽出一点时间完成这份问卷吗？

性别：

● 男   ● 女

年级：

● 一年级   二年级   三年级   四年级   五年级   六年级

1. 你了解中国传统节日吗？

A. 是   B. 否

2. 你了解传统节日的习俗、时间和来源吗？

A. 只知道时间   B. 大多数都知道（超过50%）

C. 有些知道，有些不知道（少于40%）   D. 完全不清楚

3. 你了解传统节日的方式有哪些？

A. 自己有兴趣，特意了解   B. 从长辈、亲戚或朋友处得知

C. 有过特定的强制性学习   D. 其他

4. 你喜欢的传统节日风俗有哪些？（多选）

A. 赛龙舟   B. 踏青   C. 赏月   D. 贴窗花

E. 放鞭炮   F. 看花灯   G. 其他（_____）

5. （自行设计）

任务三

合作采访

七个活动小组选择不同的传统节日主题，通过访谈了解身边人对传统节日的认知。

○ 讨论区

通过问卷调查与网上查找资料，能得到我们想要的信息。如果想要获取身边人对传统节日更具体的看法，该怎么做呢？

那就需要亲自去问身边的人！

那么我们也需要提前准备好问题和分工安排。

我们要明确采访目的，确定采访内容，设计采访问题，分小组模拟访谈，然后课外实施访谈。

 实践坊

访谈表

组别	
小组主题	
访谈对象	
访谈目的	
访谈内容	1. 说清来意
	2. 你最喜欢的传统节日是什么？
	3. 能否介绍这个节日的来源与风俗？
	4. 自行设计一个问题

任务四

设计制作

围绕传统手工艺品进行创作。了解制作灯笼所需材料，明确制作的相关步骤，掌握制作的基本手法，完成设计图纸，动手制作中秋节环保灯笼。

讨论区

我们探究了中国传统节日习俗，老师发现同学们对中秋灯笼都很有兴趣！

灯笼很漂亮，但是我没有零花钱买灯笼。

我们可以用身边的材料做一个环保灯笼呀！只可惜缺少制作灯笼的方法。

你可真是个环保小达人，老师带来了环保灯笼的制作方法，我们一起"变废为宝"吧！

 实践坊

巧手制作中秋环保灯笼

材料与工具：

1. 材料：泡沫布、灯穗、电子灯、一次性筷子、灯谜卡片、绳子。

2. 工具：热熔胶水、剪刀、双面胶、尺子、彩色笔。

步骤与方法：

1. 用尺子、铅笔标记泡沫布，并用剪刀剪裁出四块14cm×12cm大小的泡沫布。

2．在泡沫布的四条边上贴上双面胶，长边和短边分别粘好一次性长筷子和短筷子，重复以上操作。

3．用彩色画笔在泡沫布上画上自己喜欢的图案。

4．在泡沫布长边筷子上打上热熔胶，将四块布围成灯笼侧面。

5．在底部用两根筷子交叉固定，完成底面。

6．用四根绳子绑住四个角，绳子的另一端绑在一起当作把手。

7．将灯谜卡片打孔，用穗儿系在灯笼下端，最后在灯笼里放上电池灯。

安全小提示：

1．使用剪刀时要注意安全。

2．使用热熔胶水时要注意安全，避免被烫伤。

六、作业评价

1．跟老师和同学分享作业成果，并根据其他人的建议完善作业。

2．在本次的作业实践中，你对自己的表现满意吗？对照下面的评价谈一谈自己的表现，听一听同学、老师、家长的意见，在表格中用星级进行描述，并写几句自己的收获与反思。

评价内容	自己评	同学评	老师评	家长评
积极探究	☆ ☆ ☆	☆ ☆ ☆	☆ ☆ ☆	☆ ☆ ☆
操作熟练	☆ ☆ ☆	☆ ☆ ☆	☆ ☆ ☆	☆ ☆ ☆
富有创意	☆ ☆ ☆	☆ ☆ ☆	☆ ☆ ☆	☆ ☆ ☆
团结协作	☆ ☆ ☆	☆ ☆ ☆	☆ ☆ ☆	☆ ☆ ☆
乐于分享	☆ ☆ ☆	☆ ☆ ☆	☆ ☆ ☆	☆ ☆ ☆
质量较好	☆ ☆ ☆	☆ ☆ ☆	☆ ☆ ☆	☆ ☆ ☆
我的收获与反思：				

【设计团队负责人简介】

　　叶佩辉，广州市八一实验学校教师，广州市劳动学科小学中心组成员，越秀区劳动学科中心组成员，曾参与广州市"一课两讲"越秀试点区《综合实践活动/劳动教学指南》编写，获第二届广州市中小学综合实践/劳动学科中心组专业能力测试及教学新秀评选小学劳动组三等奖、越秀区第三届"青越杯"中青年教师技能大赛一等奖、2023年越秀区中小学劳动教育教师教学技能比赛二等奖。

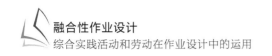

"三角形稳定性在生活中的应用"作业方案

设计者：汤婉华

一、设计意图

"三角形的稳定性"是人教版小学数学四年级下册第五单元的学习内容，主要是让学生了解三角形的基本概念及特性，通过实践操作让学生认识三角形具有稳定性的特点。"三角形稳定性在生活中的应用"作业设计融合了综合实践活动、劳动等学科的知识，设计了观察三角形在生活中的应用，应用三角形的稳定性为植物搭建篱笆，加固生活中容易变形或脱落的生活物品等作业内容。通过实践活动，学生进一步掌握了三角形具有稳定性的特点，发展了知识迁移的能力、创造性思维能力及综合运用所学知识解决实际问题的能力，体会到学科知识来源于生活、服务于生活。

二、实施对象

本次活动的实施对象是小学四年级的学生。他们对生活中的事物比较感兴趣，也具有一定的空间思维能力。在四年级上册的学习中，学生已经对平行四边形的特点有了基本的认识，懂得应用平行四边形的特点制作生活用品，固定容易变形的平行四边形生活物品，积累了一定的探究实践、动手操作的能力。本次作业设计以此为起点，出示一组隐含三角形的实物图片，让学生感受三角形在生活中的应用，激活学生已经积累的探究平行四边形特点的实践经验，重点培养学生知识迁移的能力。

三、作业目标

1. 通过上网查找资料、实地考察、访问等方式，了解三角形在生活中的应用，加深对三角形具有稳定性的特点的理解。

2. 应用三角形具有稳定性的特点，为藤蔓植物搭建一个篱笆，培养学生综合应用学科知识、动手操作的能力，激发学生的探究欲望与学习兴趣。

3. 观察生活中容易变形或脱落的物品，应用三角形稳定性的特点加固物品，发展学生的创造性思维。

四、作业内容

1. 了解三角形在生活中的应用。

2. 应用三角形具有稳定性的特点，为藤蔓植物搭建一个篱笆。

3. 寻找生活中容易变形或脱落的物品，应用三角形稳定性的特点加固物品。

五、作业实施

任务一

　　小穗想知道生活中有哪些应用了三角形稳定性这一特点的事例，可以通过哪些方式来了解？

讨论区

　　上学期我们探究过平行四边形容易变形的特点，你们还记得用了哪些方法吗？

　　我们通过上网查找资料和观察社区与家庭的方式，找到了生活中应用平行四边形容易变形的特点的事例。

　　我们还问了爸爸妈妈，这些平行四边形物品给我们的生活带来了哪些便利。

　　同学们，你们的知识掌握得真扎实！你们能用同样的方法探究三角形稳定性这一特点吗？还有其他好方法吗？

实践坊

观察三角形在生活中的应用

　　同学们，生活中有很多三角形的影子，你能够在社区或家庭里找到应用三角形稳定性特点的事例吗？把它们记录下来吧！

观察时间	观察地点	事例名称	观察到的现象	运用的知识
6月20日	小区停车场	自行车	自行车车身的主要支架是三角形的	应用三角形稳定性的特点

任务二

　　小粤在阳台上栽种的牵牛花长势喜人，现在需要给牵牛花搭建一个篱笆。篱笆应该怎样搭建才不容易倒下？大家帮小粤想想办法吧！

讨论区

　　我在学校的植物园里看到过园林叔叔搭建的篱笆，从中可以找到三角形。

　　我们也可以搭建一个这样的篱笆，看看三角形篱笆是否不容易倒下。

同学们，我们尝试开展一次搭建植物篱笆的设计制作活动吧，不仅可以帮小粤解决问题，还可以加深对三角形稳定性特点的认识。

为藤蔓植物搭建篱笆

材料与工具：

1. 材料：竹子若干根、较长的丝线。

2. 工具：剪刀、劳动手套。

步骤与方法：

1. 在植物两侧约10厘米处，分别将两根竹子斜插进泥土，两根竹子交叉。

2. 在竹子交叉位置用丝线绑紧、打结，用剪刀剪掉多余的丝线。

3. 用同样的方法搭起多个类似的小篱笆。

4. 在离地约10厘米处、竹子交叉位置、距离竹子末端10厘米处，分别横架一根竹子，并分别用丝线将横放的竹子与搭好的小篱笆绑在一起，让竹篱笆形成多个三角形。

安全提示：

1. 使用刀尖是圆形的小剪刀。

2. 剪刀不能对着自己或他人，如要传递剪刀，要先将剪刀合拢，手握合拢的刀尖，将剪刀柄递给他人。

3. 剩余的材料及用完的工具要放回原位。

4. 操作时需佩戴劳动手套，并在家长或老师的指导下进行，确保安全。

任务三

小广发现奶奶家的木凳子四个脚有点松动了，坐上去不平稳，非常不安全。他想帮奶奶加固凳子，你有什么好办法？

同学们，尝试操作一下吧！生活中还有哪些容易松动或脱落的物品可以采用同样的方法来加固呢？找一找、试一试。

加固松动的凳子

材料与工具：

1. 材料：小木条、钉子。

2. 工具：尺子、笔、小锯子、小锤子、劳动手套。

步骤与方法：

1. 用尺子测量凳子面与凳脚对角线的距离。

2. 在小木条上量出同样的长度，画上记号线。

3. 用小锯子沿着记号线把小木条锯断。

4. 沿着凳子面与凳脚的对角线钉上小木条。

安全提示：

1. 使用锯子时，一手握紧锯子的把手，一手摁住木条的一端。

2. 使用锤子时，一手握紧锤子的把手，一手拿稳钉子，小心锤子不要锤到手。

3. 剩余的材料及用完的工具要放回原处。

4. 操作时需佩戴劳动手套，并在家长或老师的指导下进行，确保安全。

六、作业评价

1. 与老师和同学分享作业成果，交流你完成实践作业的心得体会，并根据他人的建议修改、完善作业。

2. 在这个作业实践中，你对自己的表现满意吗？对照下面的评价表说一说自己的表现，听一听同学、教师、家长的意见，并用描述性语言进行评价。

评价内容	自评	同学评	教师评	家长评
认真观察				
操作熟练				
富有创意				
注意安全				
清洁整理				
物归原处				

【设计者简介】

汤婉华，广州市花都区花东镇七星小学教师，花都区小学综合实践活动/劳动中心组成员，执教广州共享课堂课例《手绘广州美食地图》，协助多位老师准备广州共享课堂课例。

"时间计量"作业方案

设计团队：伍新宁　蔡绮媚　叶梓媚

一、设计意图

"时间计量"是教科版小学科学五年级上册第三单元的学习内容。通过对计时发展史上不同阶段燃香钟、水钟、摆钟等典型的计时工具的制作、观测及研讨等活动，探究这些计时工具的特点及计时原理，认识人类计时工具的发展进程，体会重大的发明和技术会给人类社会发展带来的深远影响和变化。在认识并研究古代水钟、摆钟等计时工具的基础上，学生设计、制作自己的水钟、摆钟等计时工具。他们根据教科书提出的任务，结合所学知识，进行设计，评估完成一个产品的可行性，预测使用效果，然后将自己的创意转化为可以实际用来计时的工具，并通过测试发现问题，提出进一步改进的设想。最后引导学生调查和比较人类计时工具的演变，关注计时和我们生活的关系。作业设计融合了综合实践活动、劳动等学科知识，在设计和制作活动中提高学生发现问题、解决问题的能力。

二、实施对象

本次活动的实施对象是小学五年级的学生。对于五年级学生而言，关于时间及现代计量时间的工具，他们有比较丰富的、直观的认识，但对各种计时方法和计时工具是怎样逐步发展的、在现代钟表发明之前古人是如何计时的这些问题，学生可能有所思考，但认识不太清晰。根据上述情况，本次作业设计旨在让学生了解人类计时工具发展的几个比较典型的阶段：燃香钟→水钟→摆钟。学生要学会观察、研究这些不同计时工具的差异性，以及保障计时准确的科学原理，并在此基础上模拟设计和制作水钟、钟摆等计时工具。如同古人一样，学生通过亲历科学实践活动，会发现一些计时方法的局限和不足，于是便会产生改进计时工具的内在需求。

三、作业目标

1. 燃香、水流在一定情况下匀速变化，单摆具有等时性，这些具有周期性运动特点的事物可以用来计时；计时工具准确性的提高主要依靠设计、材料等的改进。

2. 观察和记录燃香长度变化的信息，辨别和控制实验中的可变因素，会用图表等记录、整理、交流信息，会设计、制作和改进水钟、摆钟等简易计时器。

3．发展探究时间和计时工具的兴趣，欣赏前人在测量时间和解释自然现象方面所做的贡献，初步体验到科学技术与人们生活的密切关系。

4．体会社会的需求是计时工具发展的动力，计时技术的发展和应用影响着社会发展；意识到人们一直在寻求精确的计时方法。随着科学和技术的发展，人们制作的计时工具越来越精确。

四、作业内容

1．研究一炷香的时间，观测记录燃香时间的相关数据。

2．利用剪刀、塑料瓶等工具和材料，设计、制作一个简易的水钟，并在实际运用过程中对自己的方案进行改进。

3．用测量与比较的方法，研究摆绳长度如何影响摆动快慢；通过不断调整摆绳长度，制作每分钟摆动60次的摆。

五、作业实施

小粤想知道古人曾用燃香来计时，它的燃烧速度是均匀的吗？怎样来研究？

 讨论区

我们可以将燃香等分为四段，分别记录燃烧每一段所需的时间。

我们开展测量燃香时间的活动之前，要先弄清楚需要什么工具，设计好记录表。

完成后我们还要统计数据和分析数据。

 实践坊

测量燃香的时间

使用的器材：一个秒表、一支香、一盒火柴（或打火机）、一支记号笔。

安全提示：请在家长或老师的指导下安全使用火源。

燃香时间记录表

燃香的长度	四分之一	二分之一	四分之三	一整支
测量的时间				
我的发现				

每一段燃香的时间一致吗？能用来计时吗？

任务二

小粤想知道水钟是根据什么原理来计时的，大家来帮小粤想想办法吧！

讨论区

我们可以设计和制作一个能计时5分钟的水钟。

我们需要先进行水钟的方案设计，图文并茂更有利于水钟的制作。

我们可以用做好的水钟与秒表对照5分钟，检测水钟计时是否准确。如果不够准确，可以和同学讨论一下改良办法。

实践坊

制作简易水钟

材料与工具：

一把剪刀、一把美工刀、两个塑料瓶、一个秒表（或者手表）、一支记号笔、一把尺子、一颗工字钉、一个铁架台、一卷透明胶带。

步骤与方法：

1. 利用塑料瓶制作简易水钟。

2. 计时前先粘好画着刻度线的纸条（提前标记好0刻度，起始水位）。

3. 计时开始后，每过一分钟，用黑色的记号笔在纸条上画一个刻度来标记水位。

4. 计时的同学与画刻度线的同学互相配合。

5. 小组成员分工合作。

安全提示：

1. 美工刀是锋利的刀具，有条件的话先戴上防护手套再操作。

2. 使用刀尖是圆形的小剪刀。剪刀不能对着自己或他人，如果要传递剪刀，要先把剪刀合拢，手握住合拢的刀尖，剪刀柄对着他人。

3. 用完后要及时把美工刀、剪刀等工具收纳好。

自制水钟活动记录表

设计方案	测试结果	改良方案

造成水钟计时不准确的因素：瓶子的侧壁凹凸不平；瓶子的形状不规则；计时时用手挤压到了瓶子，使水流速度加快；打孔的大小不同；画刻度线时出现误差等。

改进水钟的方法：学生会提出采用形状规则的瓶子，瓶子侧壁要光滑，打孔大小适当，计时时手不要去捏瓶子，画刻度线时视线要和水位线在同一高度等。

任务三

古人虽然有很多计时方法，但都不是非常准确，摆钟的出现大大提高了时钟的精确度。小穗想制作一个摆，让它一分钟摆动60次。我们一起来尝试一下吧！

讨论区

一分钟摆60次的摆，摆绳长度是多少厘米？如果次数有差异如何调节？

为了节约时间，我们可以自制一个20秒摆动20次的摆。

如果相差较少，每次可增加或减少1~2厘米进行调试，如果相差较大，可以取上一次测量数值的一半进行调试。我们也可以根据前几次调试的摆绳长度进行比较。

实践坊

制作一个简单的摆

材料与工具：

一根细长绳、一个铁架台、一只计时器（秒表或者手表）、一个摆锤（金属球、螺母等）。

步骤与方法：

1. 制作一个简单的摆：把线的一端系在螺帽上，另一端系在铁架台上。

2. 利用秒表对摆的摆动次数进行测量。测的时候要注意以下几点：

（1）摆线自然拉直，听到口令后轻轻放开，不能推动摆。

（2）摆的角度不能太小，也不能太大（不能超过90度）。

（3）如果摆锤碰到了铁架台或其他东西，实验要重新做。

（4）注意计时和计数。

安全提示：

测试时注意眼睛和摆保持安全距离。

一分钟摆动次数记录表

	摆绳长度	摆动次数
第一次		
第二次		
第三次		
我的发现		

六、作业评价

1. 跟老师和同学交流分享作业成果，并根据他人的建议修改、完善作业。

2. 在这次作业实践中，你对自己的表现满意吗？对照下面的评价表说一说自己的表现，听一听同学、教师、家长的意见，请用描述性语言进行评价。

评价内容	自评	同学评	教师评	家长评
认真观察				
积极探究				
操作熟练				
富有创意				
团结协作				
乐于分享				
质量较好				

【设计团队负责人简介】

伍新宁，广州市番禺区沙湾中心小学教师，广州市首届十佳综合实践活动指导教师，广州教育学会中小学劳动教育研究专业委员会理事。

"一起种植凤仙花"作业方案

设计者：谢海珍

一、设计意图

"凤仙花的一生"是人教版小学科学四年级下册第一单元"植物的生长变化"中的内容，主要是让学生从种子开始，认识凤仙花的生长发育过程，体会生命的奥秘。"一起种植凤仙花"作业设计融合了综合实践、劳动、美术等多个学科的知识，注重观察性、探索性和实践性，设计了种植凤仙花，观察并图文并茂地记录凤仙花的生长过程，设计制作凤仙花卡片等作业内容，让学生在亲历活动中发现植物生长的条件，观察植物的形态结构，发展学生的观察能力、种植能力和设计制作能力，激发学生研究植物的兴趣和珍爱生命的自觉。

二、实施对象

小学段四年级的学生有着强烈的好奇心和探究欲望，具备观察和记录的能力，有能力进行探究性的科学种植实验。基于此，本次作业设计以种植凤仙花为例，通过实践探究活动让学生认知植物生长需要的条件和过程，认知植物的根、茎、叶、花、果的特点，将科学知识和生活联系在一起。

三、作业目标

1. 通过上网查阅、阅读书本和访问他人的方式，了解种植凤仙花的方法并动手实践种植，培养学生搜集资料的能力和种植植物的能力。

2. 利用观察记录表，记录凤仙花的种植过程，激发学生探究的欲望，培养学生的观察能力和有始有终的劳动习惯。

3. 设计制作凤仙花卡片，把凤仙花的知识介绍给更多人知道，发展学生的创新能力。

四、作业内容

1. 了解凤仙花的种植方法，并动手实践种植。

2. 利用表格的形式，图文并茂地记录凤仙花的生长过程。

3. 制作凤仙花卡片，宣传凤仙花的知识。

五、作业实施

任务一

小穗想种植凤仙花，她可以通过什么途径了解种植方法呢？大家一起来想想办法吧！

讨论区

我们可以通过上网查阅或者阅读科学书上的内容，了解种植凤仙花的方法。

我们可以通过访问老师和家人，了解种植凤仙花的注意事项。

实践坊

同学们，让我们准备好工具和种子，一起种植凤仙花吧！

凤仙花的种植方法与步骤

1. 准备好花盆和土，选取饱满、没有受伤的凤仙花种子。

2. 先把一块小石头放在花盆里的出水孔上，然后放入多半盆土。

3. 用手指在土中挖2～3个洞，深度约一厘米，每个洞里放入一粒凤仙花种子，再用土盖住洞口。

4. 往花盆中浇适量的水，直到土壤湿润，然后把它放在温暖的地方。

安全提示：使用种植工具要小心，用完后要及时收好。

任务二

小穗种植了凤仙花，她想把凤仙花的生长过程记录下来，你有什么办法做好植物的生长记录呢？

讨论区

我们可以每隔三天浇水一次，并观察种植的种子，并用文字记录下来。

我们可以用图画的形式，把生长的过程记录下来。

我们用表格的形式去记录文字和图片资料，图文并茂，记录内容更丰富。

 实践坊

凤仙花生长记录表

日期	做的事情	观察到的现象（文字和图画）	根的长度（毫米）	植株高度（厘米）	叶的形状和数量	记录人
月　日						

任务三

　　凤仙花开得真美啊，小穗想把凤仙花介绍给更多人认识，有什么方法呢？

○ 讨论区

　　我们把种植的过程写成一篇文章，让其他人通过阅读来获取凤仙花的知识。

　　我们可以用观察记录表进行整理，互相交流展示。

　　我们可以设计制作凤仙花卡片，形象生动地介绍凤仙花。

 实践坊

设计制作凤仙花卡片

材料与工具：卡纸、画笔、剪刀。

1. 卡片内容：名称、科属、各部分特征（图文并茂）。

2. 卡片设计：版型独特，体现特点，颜色协调，搭配点缀。

步骤与方法：

1. 制作步骤：整理资料——版型设计——排版绘图——美化裁剪。

2. 制作方法：绘出主图形 —— 各部分介绍 —— 搭配点缀。

安全提示：使用剪刀要注意安全！

六、作业评价

1. 在班上交流分享作业成果，并根据他人的意见完成凤仙花生长记录表。

2. 在这次作业实践中，你对自己的表现是否满意？请对照下面的评价表说一说自己的表现，并虚心听取同学、老师、家长的意见，请用描述性的语言记录评价。

评价内容	自评	同学评	教师评	家长评
搜集资料				
观察记录				
科学探究				
动手实践				
创意设计				

【设计者简介】

　　谢海珍，广州市白云区马务小学教师，小学一级教师，广州市中小学综合实践活动/劳动教育中心组专业能力测试评选一等奖，白云区劳动教育中心组成员，白云区第二批骨干教师（综合实践活动学科），曾参与广州电视课堂线上课程录制。

"快乐过新年"作业方案

设计团队：殷碧玉　钟丽娟

一、设计意图

"快乐过新年"是人教版小学道德与法治一年级上册第四单元的学习内容，主要是让学生了解春节的习俗以及探究不同民族丰富多元的传统节日文化。通过学习探究，让学生感受新年的喜庆，感受春节阖家团圆给每个家庭成员带来的温暖，激发学生对新年的热情与期盼。"快乐过新年"作业设计融合了综合实践活动、劳动、美术等多个学科的知识，设计了调查春节的文化习俗，了解不同民族过春节的文化习俗等作业内容，让学生深刻感受新年的喜庆，感受春节阖家团圆给每个家庭成员带来的温暖，激发学生对新年的热情与期盼。

二、实施对象

本次活动的实施对象是小学一年级的学生。他们对春节很感兴趣，已经具有一定的生活经验，而且在以往的春节中初步了解过年的习俗，有很多还参与了。本次作业设计根据学生的实际情况，让学生通过访谈家人、亲戚等探究春节的习俗，激发学生的学习和实践的欲望，再通过实践操作活动，让学生深入了解不同民族春节的风俗文化，将道德与法治的学习与生活实际结合起来。

三、作业目标

1. 通过网上查阅资料、访谈等方式，了解春节的习俗以及探究不同民族丰富多元的传统节日文化。

2. 通过搜集有关春节的资料，进行贺卡、挂饰等制作活动，培养学生的动手操作以及创造能力，激发学习的欲望与兴趣。

3. 利用制作的贺卡、挂饰，装饰我们的家，感受过年的气氛，发展学生的创新能力。

四、作业内容

1. 了解春节的习俗以及探究不同民族丰富多元的传统节日文化。

2. 通过搜集有关春节的资料，进行贺卡、挂饰等制作活动。

3. 用自己制作的挂饰装饰温暖的家。

五、作业实施

任务一

小明想知道春节有哪些习俗，可以通过哪些方式来了解？

讨论区

关于春节有什么习俗，我们可以问问爷爷奶奶以及亲朋好友。

我们也可以到图书馆查阅一下有哪些关于春节的故事。

我们也可以到网上查阅一下少数民族的春节有什么习俗。

实践坊

"春节习俗知多少"记录表

通过访谈，我们了解了春节的由来以及习俗，现在把它们记录下来吧！

时间	地点	访谈者	被访谈者	访谈内容
5月28日	家里	小明	小明奶奶	春节的故事以及习俗
5月29日	公园	小东	邻居王爷爷	少数民族的春节习俗

任务二

小明和小东通过访谈了解了春节的由来和习俗，他们想让其他人对春节有更深的了解，你们有什么好办法？

讨论区

我们可以制作春节贺卡。

我们也可以制作春节挂饰等手工品。

同学们，让我们开展一次设计制作活动，加深对春节的了解吧！

实践坊

制作春节贺卡

材料与工具：

1. 材料：卡纸、双面胶、橡皮泥等。

2. 工具：剪刀、尺子。

步骤与方法：

1. 用尺子按60cm×40cm的尺寸画好一个长方形。

2. 用剪刀沿着刚画的直线剪出一个长方形。

3. 把剪好的长方形对折，折成一个30cm×40cm的长方形。

4. 用橡皮泥捏出梅花和树枝，做成一枝美丽的寒梅，将它粘贴在对折好的长方形里面，并在旁边配上一首关于春节的诗歌。

5. 捏一个高高挂起的灯笼，将它粘贴在封面上，再用小圆形卡纸写好"春节快乐"四个字贴在封面上。

安全提示：

1. 使用剪刀时，要按紧，刀尖不要向着别人。小心裁剪，不要弄伤手。

2. 用完剪刀后要及时把它收纳好。

任务三

小明通过搜集有关春节的资料，制作了春节贺卡、春节挂饰等，现在想用自己制作的东西装饰家里，我们来给他出出主意吧！

讨论区

我们可以先制作好需要的春节挂饰，如鞭炮、福字、灯笼……

我们可以在玄关、窗户、门等位置挂上挂饰，也可以用这些挂饰来做一面创意墙。

同学们，现在让我们和小明一起用这些挂饰来装饰我们温暖的家，一起行动起来吧！

实践坊

手工创意墙面装饰的制作

材料与工具：

1. 材料：粉色彩卡、毛线、木棍、珠子、白乳胶。

2. 工具：剪刀。

步骤与方法：

1. 先剪一些圆形。

2. 照右图所示折叠。

3. 把折叠好的花瓣用白乳胶固定在一起。

4. 在中间位置粘上珠子。

5. 接着用白乳胶把这些做好的花朵固定在毛线上，做成一串串。每一串的数量也是不一样的。

6．把一串串花固定在木棍上。

安全提示：

1．使用剪刀时，要按紧，刀尖不要向着别人。小心裁剪，不要弄伤手。

2．用完剪刀后要及时把它收纳好。

六、作业评价

1．跟老师和同学交流分享作业成果，并根据他人的建议修改、完善作业。

2．在这次作业实践中，你对自己的表现满意吗？对照下面的评价表说一说自己的表现，听一听同学、教师、家长的意见，请用描述性语言进行评价。

活动评价表

评价内容	具体内容	自我评价	伙伴评价	教师评价	家长评价	统计
观念精神	1．积极主动参与					
	2．主动提出设想建议					
	3．不怕困难和辛苦					
态度合作	1．主动和同学交流					
	2．乐于助人					
	3．为班级和小组做贡献					
知识技能	1．学会简单的劳动技能					
	2．方法、方式多样					
	3．会用多种方法收集资料					
实践探究	1．积极动脑动手动口参与					
	2．会与别人交流合作					
	3．关注社会环境的意识					
成果展示	1．名片、贺卡、美食等					
	2．成果的创意性					

说明：学生在相应的地方填写自己获得的等级：A优秀、B良好、C一般、D及格。

【设计团队负责人简介】

殷碧玉，广州市从化区西宁小学教师，综合实践活动高级教师，广州市第五批骨干教师，广州教育学会中小学劳动教育研究专业委员会理事，广州市劳动教育特约教研员，从化区中小学综合实践活动教研会副会长，从化区中小学劳动教育特约教研员。

"我和诗歌有个约会"作业方案

设计者：徐雪楠

一、设计意图

诗歌是文学宝库中的瑰宝，叩击着一代又一代人的心灵。本次实践活动是部编版小学语文四年级下册第三单元的学习内容，主要是让学生了解现代诗的基本特点，体会诗歌表达的情感，获得个性化的审美体验；通过收集资料，初步学习整理资料的方法；合作编写小诗集，举办诗歌朗诵会。根据以上定位和要求，本作业设计了以"我和诗歌有个约会"为主题的真实情景，激发学生对诗歌的探究欲望与兴趣，帮助学生培养纯正的诗歌鉴赏力和创造力，同时也培养了学生的实践探究能力和综合运用学科知识解决问题的能力。

二、实施对象

本次活动的实施对象是小学四年级的学生。他们对生活中的事物比较感兴趣，并且已经具有一定的收集、整理资料的能力。本次作业设计依托课文学习展开，与阅读教学相辅相成，分步推进："丰富诗歌，我收集"和"雅读诗歌"是本次综合性学习的启动阶段，要求学生从多种途径收集喜欢的诗歌，做一个摘抄本；"我的诗歌，我创编"为本次综合性学习的推进阶段，要求学生试着写诗，表达出自己的感受；"我的诗集，我编排"与"童趣诗歌，我展演"是本次综合性学习的成果展示阶段，要求学生进一步根据需要整理资料，并通过合作编小诗集、举办诗歌朗诵会等方式展示收集和整理资料的成果。

三、作业目标

1. 运用多种方式收集诗歌、积累诗歌、诵读诗歌，深刻感受诗歌的魅力，以及现代诗饱含情感、丰富的想象、语言表达独特等特点。

2. 通过创编诗歌、小组合作编制诗集等活动，使学生对诗歌产生兴趣，提高学生的语言文字鉴赏能力，形成合作探究、实践等学习能力。

3. 了解诗歌的特点，应用丰富的展现形式，感受诗歌文化，传承、理解、实

践应用诗歌特点进行丰富的创作，形成审美鉴赏和创造等综合素养。

四、作业内容

1. 丰富诗歌，我搜集。用不同的方式收集喜欢的现代诗，把它们工整地抄写下来。

2. 我的诗歌，我创编。感受诗歌的特点，并尝试诗歌创作。

3. 我的诗集，我编排。对自己编写和收集的诗歌进行整理，并与同学交流自己收集和创作的小诗，小组合作编成小诗集。

4. 童趣诗歌，我展演。与同学分工合作，举办班级诗歌朗诵会。

五、作业实施

任务一

丰富诗歌，我收集

小粤想收集并摘抄自己喜欢的现代诗，可以通过哪些途径来收集？

讨论区

我们了解现代诗的媒介有诗集、报纸、杂志等。

我们对应搜索的途径有图书馆、书店、报刊亭等。

我们还可以上网查阅并分类收集自己喜欢的现代诗。

还可以借用其他年级的教科书，摘抄语文课本中的现代诗；也可以询问身边的人，通过访谈的形式收集现代诗。

任务二

雅读诗歌

在摘抄现代诗时有哪些注意事项？

讨论区

摘抄前要建立目录，注意格式。

摘抄时要注明作者和出处。

同学们，我们通过不同的途径收集了许多喜欢的诗歌，把它们摘抄下来吧！

 **实践坊**

雅读诗歌目录

诗歌名称	摘抄时间	收集方式	页码
《繁星二〇》	2023年4月11日	图书馆书籍	1

繁星（二〇）

冰 心

幸福的花枝，

在命运的神的手里，

寻觅着要付与完全的人。

任务三

我的诗歌，我创编

同学们收集了很多诗歌，对诗歌产生了浓厚的兴趣。小粤提出想自己创编诗歌，同学们有什么好的建议？

讨论区

 我们可以先读一读收集的现代诗，观察现代诗的特点。

现代诗读起来朗朗上口，悦耳动听，很有节奏感。

现代诗没有固定的形式，并且分行排列，语言表达非常独特。

同学们，现代诗可以怎样分类？我们一起来探究一下吧！

实践坊

我的诗歌，我创编

任务四

我的诗集，我编排

小粤和同学们收集了自己喜欢的现代诗，还一起创编小诗，她想把这些诗歌归类并编排成诗集，大家给小粤出出主意吧！

讨论区

 我们可以先想想编排哪些内容，除了收集的诗和自己写的诗以外，还可以是与诗有关的故事和资料。

 我们可以想想怎么给诗歌进行分类。

 编排好后可以配上插图，还可以用书法形式展示自己喜欢的诗歌。

 最后给小诗集取一个好听的名字，制作封面和目录。

同学们，我们合作编写属于自己的小诗集吧！

实践坊

编写小诗集

材料与工具：

1. 材料：A5大小的纸若干、签字笔、马克笔。
2. 工具：订书机。

步骤与方法：

1. 把诗歌和有关的故事或资料归类誊抄好，在空白处进行配图。
2. 制作封面和目录。
3. 给诗集取一个好听的名字。
4. 进行装订。

小提示：可以充分利用身边的材料，让我们的诗集更加美观。

任务五

童趣诗歌，我展演

小粤和同学们已经把诗集创编出来啦，现在想进行展示，怎样才能使本组的朗诵更精彩呢？你有什么好办法呢？

讨论区

我们可以对喜欢的诗歌进行展演，表情手势要自然。

可以配上恰当的音乐进行诵读，读出诗歌表达的情感。

同学们，大家可以分小组进行商议分工，选出小组最想展演的诗歌以及形式。

实践坊

节目构思

诗歌名称	
展演形式	
准备工作	
我的特色	

任务六

诗歌朗诵会，我组织

同学们已经商量好怎么朗诵自己小组的诗歌了，但是诗歌朗诵会怎么筹备呢？

 讨论区

我们可以通过看电视节目，了解诗歌朗诵会的节目如何安排。

我们可以通过上网查阅资料，了解诗歌朗诵会要做哪些准备工作。

请同学们利用周末的时间筹备诗歌朗诵会，根据商量的结果，大家分头准备。

六、作业评价

1. 跟老师和同学分享交流作业成果，并根据他人的建议修改、完善作业。

2. 在这次作业实践中，你对自己的表现满意吗？对照下面的评价表说一说自己的表现，听一听同学、教师、家长的意见，看看自己能获得几颗星。

评价内容	自评	同学评	教师评	家长评
认真观察	☆☆☆	☆☆☆	☆☆☆	☆☆☆
积极探究	☆☆☆	☆☆☆	☆☆☆	☆☆☆
操作熟练	☆☆☆	☆☆☆	☆☆☆	☆☆☆
富有创意	☆☆☆	☆☆☆	☆☆☆	☆☆☆
团结协作	☆☆☆	☆☆☆	☆☆☆	☆☆☆
乐于分享	☆☆☆	☆☆☆	☆☆☆	☆☆☆

【设计者简介】

　　徐雪楠，广州市荔湾区广雅小学教师，广州市劳动中心组副组长，荔湾区语文中心组成员，荔湾区"五全阅读"秘书组成员。曾获得广东省劳动课例一等奖，多次执教区语文、劳动公开课并获得好评，在区内多次进行劳动和语文专题发言。

"纸与我们的生活"作业方案

设计者：冯艳冰

一、设计意图

"我是一张纸"是部编版小学道德与法治二年级下册第三单元的学习内容。这个单元以"绿色小卫士"为题，包括第9课"小水滴的诉说"、第10课"清新空气是个宝"、第11课"我是一张纸"和第12课"我的环保搭档"。它通过听听小水滴的诉说、认识空气的重要性、纸的来之不易以及寻找自己的环保搭档等内容，引导学生从自己身边可触可感的资源出发，理解自己所处时代倡导的"绿色与环保"的主题，并通过自己的智慧与创造，改善生活环境，遵守相关法律法规，节约资源，文明生活。"纸与我们的生活"作业设计融合了综合实践活动、劳动教育、道德与法治等多个学科的知识，设计了四项作业内容：一是找一找生活中常见的纸，二是调查同学们浪费纸的现象，三是设计与制作草稿本，四是制作环保笔筒。通过这四项作业设计，让学生明白纸张的来之不易，引导学生在日常生活中有创造性地落实节约用纸的行为，由道德认知转化为道德行为，从小做起，从身边做起，爱护纸张，节约用纸，成长为"绿色小卫士"。

二、实施对象

"纸与我们的生活"作业设计的实施对象是小学二年级的学生。二年级的学生年龄小，生活经验少，认识水平低，在他们的意识中，纸是最普通平常的东西，他们还意识不到由于纸张的浪费造成环境污染等问题。他们虽然对绿色环保已有了初步的认识，明白纸与我们的日常学习生活联系比较紧密，但对纸的种类、来源、去处等认识不够全面。考虑到二年级的学生知识水平和动手操作能力还有待提高，因此，本次作业设计针对学生的年龄特点，以童话故事中小鸟寻找大树朋友的故事展开，让学生以小主人的身份帮助小鸟找到自己的朋友大树，以此调动学生的兴趣，让学生通过完成作业，感受纸与环境的关系，增强节约用纸的意识，树立珍惜资源、爱护环境的观念。

三、作业目标

1. 观察生活，找一找生活中的纸，它们出现在哪些地方？知道纸无处不在，而且很重要。

2. 通过调查同学们浪费纸的现象，意识到生活中浪费现象随处可见，树立节约用纸人人有责的责任意识。

3. 通过制作活动，培养学生的动手能力，养成节约用纸的良好习惯。

四、作业内容

1. 找一找生活中的纸出现的地方。

2. 调查同学们浪费纸的现象。

3. 制作草稿本。

4. 制作环保笔筒。

五、作业实施

前言：春天来了，小鸟飞回森林，想找它的大树朋友聊聊自己路上的见闻，再唱歌给大树朋友听。可找遍了森林，都没有找到。在其他小动物的指引下，小鸟知道了大树已经被做成一张张纸了。于是，小鸟飞到一所小学，看到了小朋友正在学习。小鸟请求小朋友帮助她寻找好朋友大树在哪里。

任务一

小眼睛大发现：找一找生活中的纸。

 讨论区

 同学们，你们好！我听说，我的大树朋友被做成了纸张，你们能帮忙找到它吗？

同学们，纸在我们身边，它有很多种类，从用途上可以分为学习用纸、生活用纸和装饰用纸。请大家仔细观察，找找生活中哪里有纸的身影。大家可以把生活中找到的"纸"朋友记录或剪切贴在对话框里。

纸无处不在，我们一起去找找吧！

  实践坊

类别	学习用纸	生活用纸	装饰用纸

○ **作业评价**

评价标准	自评	互评	师评
认真观察并多角度收集			
记录清晰			

任务二

火眼金睛齐观察：观察同学们浪费纸的现象。

○ **讨论区**

真好！原来我的朋友无处不在呢！小朋友们，请带我去看看同学们是怎样和我的朋友相处的，好吗？

同学们，你想知道在我们身边有哪些不节约用纸的行为吗？我们可以细心观察一下，找一下身边浪费纸张的现象。

好的，请跟我来吧！

○ **实践坊**

观察地点	观察时间	我们看到的现象	现象图片	我的感受

 ○ **作业评价**

评价标准	自评	互评	师评
留心观察并完整记录			

任务三

动手动脑巧制作：制作草稿本。

○ **讨论区**

呜呜呜，同学们这么不爱惜"纸"朋友，我太难过了。怎么办呢？

同学们，我们明白了纸与我们的生活密切相关，那我们就应该节约用纸了，你有哪些节约用纸的小妙招？让我们一起来探究一下，一起来制作草稿本吧！

小鸟，你别伤心，我们来想办法节约用纸。

 **实践坊**

制作草稿本

材料与工具：

1. 材料：纸张。

2. 工具：剪刀、订书机、彩笔。

制作步骤：

1. 收集身边还可以用的纸。

2. 把纸张重叠对齐、码好，在一边装订，再把纸边剪齐。

3. 根据自己的喜好，设计封面图案，写上名字。

安全提醒：

1. 装订时，手指与订口保持一定距离。

2. 使用刀尖是圆形的小剪刀。

3. 用完后要及时把订书机和剪刀收纳好。

作业评价

评价标准	自评	互评	师评
独立完成草稿本的制作			
封面设计有创意			

任务四

亲子合作齐创造：变废为宝——环保笔筒的制作。

 讨论区

太棒了，同学们的草稿本真精美，你们真是节约用纸的好孩子。我想，同学们在家里也一定会节约用纸的。

同学们，我们一起来动手做一个环保笔筒吧！下面，我们以可爱的小老虎笔筒为例子，教大家利用卫生纸的卷纸筒创作笔筒，既环保又实用。希望同学们学以致用，发挥聪明才智，创作有创意的笔筒。

当然，同学们经常是小手拉大手，在家里和家长们一起收集卷纸筒，通过自己的双手变废为宝，设计、制作小手工。

○ 实践坊

环保笔筒的制作

材料与工具：

1. 材料：卷纸筒两个、黄色彩纸、硬纸板。

2. 工具：胶水、双面胶、剪刀、笔。

步骤与方法：

1. 设计小老虎笔筒的样子。

2. 收集两个卷纸筒，根据设计的图样用彩纸把纸筒外面包裹起来。

3. 根据设计图样把包裹好的纸筒并排放在硬纸板上，量出所占纸板的大小，并剪下来。

4. 把卷纸筒用胶水粘在纸板上。

5. 画出老虎头、脚、尾巴，并贴在纸筒相应位置上，一个漂亮可爱的小老虎笔筒就完成了。

安全提醒：

1. 使用刀尖是圆形的小剪刀。

2. 用完后要及时把剪刀收纳好。

○ 作业评价

评价标准	自评	师评	家长评
小手拉大手，合作完成环保笔筒的设计与制作			

【设计者简介】

冯艳冰，广州市白云区握山小学教师，综合实践活动和劳动教育教师，多次参加学科竞赛活动并取得优秀成绩。

"比的应用"作业方案

设计团队：包丽丽　梁　珊　邓晞明　黄艳彤

一、设计意图

　　"比的应用"是人教版小学数学六年级上册第四单元的学习内容。"比"在数学中是一个重要的概念，体会"比"的意义和价值是教材内容的核心，主要是让学生理解"比"的意义，通过实际操作让学生学习在具体的生活情境中应用"比"。作业设计引导学生利用"比"的意义，把新问题转化为学过的数学问题，通过独立思考、自主探索按比分配问题的解决办法，感受解决问题策略的多样化。本主题的探究活动设计目的主要是通过综合性探究活动，树立保护绿化、美化环境的环保意识。通过生动活泼的劳动体验课程，让孩子亲自动手、亲身体验、自我感悟，在制作果皮酵素的过程中加深学生对"比"的意义的理解，学习根据具体情况应用"比"，解决生活中的问题。

二、实施对象

　　本主题的活动对象是六年级的学生。此前学生有除法的意义、分数的意义以及分数与除法关系的学习基础，"比"的意义是其学习内容的延伸。教材以一系列情境为学生理解"比"的意义提供了丰富的直观背景和具体案例，但是学生因为生活经验不太丰富，要把"比"与生活现象联系起来，并在生活中应用是有难度的。学生在综合活动的研究学习中已经初步具备针对主题提出问题的能力，学习过一些开展综合探究的方法，如观察法、实验法等。在劳动课的学习中，具备了一些生活中常接触的劳动技能。此次将学习使用对比实验进行探究，实践体验，深化对"比"的学习与应用。

三、作业目标

　　1. 经历从具体情境中抽象出"比"的过程，体会和认识"比"的必要性；在解决实际问题的过程中，进一步体会"比"的意义。

　　2. 能利用"比"的知识解释一些简单的生活问题，感受"比"在生活中的广泛应用；在解释过程中体会数学知识之间的内在联系。

　　3. 能运用"比"的意义解决有关按比分配的实际问题，提高解决问题的能力。

4．了解果皮酵素，在学习制作果皮酵素，用酵素给植物施肥的过程中，应用"比"的知识；对材料比例不同对制作酵素的影响进行观察与实验比较，进行对比分析，内化并提升"比"的应用意义。

四、作业内容

1．探寻生活中的"比"，寻找、列举"比"在生活中应用的例子。

2．环保酵素用有方，不同容量的制作瓶，应用"比"的知识计算对应材料的用量。

3．应用"比"的知识学制果皮酵素，开展不同比例制作酵素的实验研究。

五、作业实施

活动一　探寻生活中的"比"

比，可以表示事物之间量的关系；它在生活中究竟有什么作用？

我们怎么寻找生活中的"比"？

向生活经验丰富的人请教。

观察生活中哪些事物间存在"比"的关系，还可以查找一些产品的使用说明书。

我们一起开展实践探究活动，走进生活中的"比"。

探寻生活中的"比"项目式学习单

探寻生活中的"比"				
"比"在生活中的用处可多啦，国旗无论大小要合乎规范，比赛中评奖的比例等，你在生活中还能找到哪些"比"的妙用？				
序号	地点	生活情景（事物）	事物间的"比"	用"比"的好处
1	学校	调制饮料	蜂蜜与水的比　1∶3	调制出来的蜂蜜水口味一样
2	学校、社区	国旗	长与宽的比　3∶2	不管国旗多大，都符合《国旗制法说明》的要求
……				

活动二　环保酵素用有方

认识环保酵素

酵素是近年非常流行的园艺用品，有"废弃果皮都是宝，自制酵素用处多。方法简单还省钱，蔬菜高产又好吃"的说法。酵素究竟是什么？它真的有用吗？我们通过查阅文字、视频资料来了解神奇的酵素。

　　酵素是以动物、植物、菌类等为原料，添加或不添加辅料，经微生物发酵制得的含有特定生物活性成分的产品。其主要作用是提高植物的抗病、抗虫害能力。加入不同的物质，可以增加酵素的肥力，使之成为园艺上的好帮手。

任务二

学习按比例科学用肥

　　由于果皮酵素浓度高，使用的时候需要按比例稀释。劳动课上，一年级的小同学要给学校的18棵桂花树施肥，浇水施肥不仅要将泥土浇湿浇透，还需用喷壶喷洒叶面。请大家帮他们计算一下，这节课要准备多少酵素肥，要怎么科学用肥？

科学用肥项目式学习单

<table>
<tr><th colspan="6">酵素妙用之科学用肥</th></tr>
<tr><td rowspan="5">【初探】
学习与认知</td><td colspan="5">酵素用肥标准为1：500
请理解用肥标准中的比是什么意思，再根据不同情况填写表格。</td></tr>
<tr><td colspan="3">酵素肥</td><td colspan="2">水（稀释用水量）</td></tr>
<tr><td colspan="3">（　　）份</td><td colspan="2">（　　）份</td></tr>
<tr><td colspan="3">1瓶</td><td colspan="2">（　　）瓶</td></tr>
<tr><td colspan="3">（　　）ml</td><td colspan="2">1壶［500ml］</td></tr>
<tr><td rowspan="5">【再探】
计算与应用</td><td>施肥对象</td><td colspan="2">1棵桂花树</td><td colspan="2">18棵桂花树</td></tr>
<tr><td></td><td>用水量</td><td>酵素用量</td><td>用水量</td><td>酵素用量</td></tr>
<tr><td>浇湿泥土</td><td>1壶500ml</td><td>（　　）ml</td><td>（　　）壶</td><td>（　　）ml</td></tr>
<tr><td>喷洒枝叶</td><td>2壶</td><td>（　　）ml</td><td>（　　）壶</td><td>（　　）ml</td></tr>
<tr><td>合计</td><td>（　　）壶</td><td>（　　）ml</td><td>（　　）壶</td><td>（　　）ml</td></tr>
</table>

活动三　自制酵素体验记

　　就地取材，以学校午餐的水果果皮为原材料，我们一起学习制作果皮酵素。为了保证大家做出来的酵素浓度一样，我们要计算好果皮等材料的用量，提高出肥率。

制作果皮酵素项目式学习单

<table>
<tr><th colspan="5">果皮酵素我会制</th></tr>
<tr><td rowspan="2">【初探】</td><td>材料</td><td>香蕉皮</td><td>红糖</td><td>水</td></tr>
<tr><td>比</td><td colspan="3">（　　）：（　　）：（　　）</td></tr>
<tr><td></td><td>容器</td><td>5L</td><td>4L</td><td>1L（约1000克）</td></tr>
</table>

（续表）

【初探】	实际容量	（　　　）克	（　　　）克	1L×80%＝800ml
	需求量	（　　　）克	（　　　）克	（　　　）ml

【实践】制作过程	我选用的果皮：＿＿＿＿＿＿＿＿＿＿＿　＿＿＿＿＿＿＿＿＿＿＿ 原因：＿＿＿＿＿＿＿＿＿＿＿＿＿＿＿＿＿＿＿＿＿＿＿＿＿＿＿ 制作步骤与要点： □ ➡ □ ➡ □ ➡ □ ➡ □ 贴图

【再探】发酵规律	观察时间	酵素观察记录	观察时间	酵素观察记录
	第＿＿天		第＿＿天	
	第＿＿天		第＿＿天	
	第＿＿天		第＿＿天	

收获与反思	

　　大家制作的酵素成功了吗？如果选用的材料不同，发酵的程度、肥力是否不同？感兴趣的同学可以用对比研究的方式进行探究实验。

六、作业评价

　　评价环节从学生活动的过程和效果两个大方面进行，评价方式有自评、小组评、老师评三类，分别按三个活动板块进行。由于活动时间跨度大，每完成一个活动、小任务后及时进行评价，同时在某些环节还设计了针对单一实践探究任务的评价量表，引导学生通过评价反思学习效果。

学生项目式学习自评表

活动	评价标准	优秀	良好	待改进
活动一	能找到用"比"的事例	四个（以上） ☆☆☆☆☆	两至四个 ☆☆☆☆	两个以下 ☆☆☆
活动二	能用"比"的知识准确计算稀释酵素肥的用水量	☆☆☆☆☆ 能独立准确计算	☆☆☆☆ 在他们协助下完成准确计算	☆☆☆ 计算错误，完不成任务
活动三	通过计算制作酵素需要的材料用量，进行制作探究活动，理解"比"在生活中的应用	☆☆☆☆☆	☆☆☆☆	☆☆☆
	能在分享交流中进行反思	☆☆☆☆☆	☆☆☆☆	☆☆☆

评价：最高为五星，根据情况涂色。

活动后期依据作业清单进行对照与自我评价，有利于学生对整个主题探究活动进行梳理与总结。

"比的应用"探究活动作业清单

活动一	探寻生活中的"比"	（ ）
活动二	1. 神奇的酵素 2. "酵素妙用之科学用肥"作业单	（ ） （ ）
活动三	"果皮酵素我会制"作业单	（ ）

【设计团队负责人简介】

包丽丽，广州市越秀区建设六马路小学教师，综合实践活动高级教师，广州市十佳综合实践活动指导教师，广州教育学会中小学劳动教育研究专业委员会理事、特约教研员。

"毕业联欢会的筹备"作业方案

设计者：谢　瑾

一、设计意图

"难忘的小学生活"是部编版小学语文六年级下册第六单元的综合性学习内容，"筹备毕业联欢会"是这次综合性学习的内容之一。"毕业联欢会的筹备"作业方案设计融合了语文、综合实践活动、劳动、美术等多个学科的知识，注重探究性和实践性。作业设计中，学生围绕"毕业联欢会"这个主题开展探究活动，撰写活动方案；通过查阅资料，了解毕业联欢会节目安排的注意事项；通过访谈，了解同学、教师、家长喜欢的节目；并设计制作毕业联欢会的礼物——手工玫瑰钩花。这份作业设计，能培养学生撰写活动方案的能力，锻炼学生通过查阅资料、访谈等开展探究活动的能力及设计制作能力。

二、实施对象

本次活动的实施对象是小学六年级的学生。小学六年级学生的思维能力、动手能力比较强。他们在开展一次主题活动时，能先撰写好活动策划书，再根据策划书开展活动。学生通过查阅资料、访谈等方式，了解毕业联欢会节目安排的注意事项，并动手设计制作毕业联欢会上送给老师的礼物。

三、作业目标

1. 通过撰写活动方案，做好毕业联欢会的策划，培养学生制订计划、按计划执行任务的能力。

2. 通过查阅资料、访谈等，了解同学、老师、家长喜爱的毕业联欢会节目，锻炼学生围绕主题开展探究活动的能力。

3. 通过设计制作毕业联欢会送给老师的礼物，铭记师恩，学会感恩。

四、作业内容

1. 撰写活动方案，做好毕业联欢会的策划。

2. 了解同学、老师、家长喜爱的毕业联欢会节目。

3. 设计制作手工玫瑰钩花，在毕业联欢会上送给老师。

五、作业实施

任务一

在毕业之前，六年（6）班的学生想举办毕业联欢会，为自己的小学生活画上一个圆满的句号。为了办好联欢会，我们要先做好活动方案设计。可是，班上的同学都没有策划活动的经验，他们该怎么办呢？

讨论区

我们首先要规划好毕业联欢会活动的主题、目的、时间、地点等。

我们还要做好活动分工，每一项内容分工到人。

我们还要预设活动中可能遇到的困难和解决方法。

实践坊

毕业联欢会筹备活动方案设计表

同学们，举办毕业联欢会前，我们需要填写活动方案设计表，这样活动才能更有序地开展。

活动主题		
活动目的		
活动时间		
活动地点		
筹备小组组长	筹备小组组员	
活动分工	负责人	完成时间/实施时间
节目统筹		
会场布置		
道具准备		
主持与串词撰写		
秩序维持		
场地清洁		
活动拍照及宣传		
活动流程	毕业演讲	
	节目表演	
	交换毕业赠言	
预计困难及解决办法		

任务二

　　负责筹备毕业联欢会节目的组员在编排节目时犯了难，到底哪些节目适合在毕业联欢会上表演？哪些节目更受师生喜爱？

讨论区

　　我们可以到图书馆查阅资料，了解成功举办的毕业联欢会的节目清单。

　　我们可以采访老师、同学、家长，了解他们喜欢怎样的毕业联欢会节目。

　　我们还可以设计一份调查问卷，发放给同学和老师填写，回收问卷后统计数据，了解师生对节目的期望。

　　同学们，让我们行动起来，一起去了解、设计属于我们的毕业联欢会吧！

实践坊

（一）上网或到图书馆查阅毕业联欢会节目设计的方法，并填写文献摘录卡。

有关毕业联欢会节目设计的文献摘录卡

摘录人		摘录时间	
文献标题		作者	
有效信息1：（页码或网址）			
有效信息2：（页码或网址）			

（二）采访同学、老师或家长，了解他们喜欢怎样的毕业联欢会节目。

访谈记录表

访谈主题：你喜欢怎样的毕业联欢会节目			
参加访谈人员			
访谈时间			
访谈地点			
访谈对象信息	姓名		访谈对象：同学/教师/家长
访谈记录	问题1：你喜欢哪种类型的节目？ A.语言类　B.歌唱类　C.舞蹈类　D.器乐类　E.以上均可　F.其他_____ 问题2：如果有即兴节目，现场抽到你表演，你会介意吗？ A.会，很乐意　B.不会，拒绝　C.不乐意，也不会拒绝　D.不清楚 问题3：……		
访谈收获			

任务三

　　同学们想设计制作一些手工玫瑰钩花送给老师们，以表达他们对恩师的谢意。他们应该怎么实施这项活动？

讨论区

我们需要先购买制作手工钩花的材料。

在制作前先画好设计图。

　　动手制作时要小心细致，避免出错，精益求精，才能制作出精美的手工钩花作品。

　　同学们能想到用自己勤劳的小手制作礼物送给老师，真让老师感动！不管作品是否精美，你们对老师的一份心意，已经感动了老师。大家动手制作吧！

实践坊

（一）做好玫瑰钩花的构图设计方案

玫瑰钩花构图设计方案

小组成员		设计时间	
作品名称	玫瑰钩花构图设计		
设计意图	1. 培养我们的动手能力（　　　） 2. 培养我们的合作分工能力（　　　） 3. 感受组扣创意的魅力（　　　）		
所需工具	钩针（　）　剪刀（　）　橡皮（　）　铅笔（　）　彩笔（　）		
所需材料	不同颜色毛线若干（　　　）　　玫瑰花支架（　　　）		
设计草图			
人员分工	负责构思： 负责涂色：	负责画图： 负责修整：	

（二）制作玫瑰钩花

1. 观察优秀的钩花作品。

2. 视频学习如何钩花。

3. 和小伙伴们一起归纳制作方法。

4. 尝试制作。

5．修改、完善作品。

6．装饰并写上祝福语。

六、作业评价

1．根据作业方案实施毕业联欢会的筹备，活动结束后进行反思交流，评价自己在这次作业任务中的表现及需要改进的地方。

2．为评价你在这次作业实践中的表现，帮助你下一次能更好地投入实践活动，请你听一听同学、老师、家长的评价，请用描述性语言进行评价。

评价内容	自评	同学评	教师评	家长评
精心设计活动方案				
认真全面查找资料				
用心设计访谈问题				
细心设计构图方案				
认真完成劳动实践				

【设计者简介】

谢瑾，广州市从化区雅居乐小学教师，广州市小学综合实践活动学科（专业）教学研究中心组成员，学校综合实践活动和劳动教育学科组长。

"三角形的应用"作业方案

设计团队：谭　洋　陈淑欣　唐华娥

一、设计意图

　　"三角形的稳定性"是人教版小学数学四年级下册第五单元"三角形"的一个例题内容，主要是为了让学生了解三角形的基本概念以及特征，通过实际操作让学生认识三角形具有稳定性的特点。三角形的稳定性在实践中有着广泛的应用，实际生活中的许多建筑结构都与三角形有关。"三角形的应用"作业设计借助学生在数学学科中获得的知识，融合了综合实践活动、劳动等多个学科的内容，设计了观察三角形在生活中的应用、应用三角形稳定性的特点制作生活用品的作业内容，加深了学生对三角形稳定性的特点的理解，激发学生的探究欲望与兴趣，培养学生的实践探究能力和综合运用学科知识解决问题的能力。

二、实施对象

　　本次活动的实施对象是小学四年级的学生。四年级的学生已经有了较丰富的生活经验和知识基础，学生已经处在由感性经验到理性认识的上升过程中，思维能力逐步提高。同时他们对生活中的事物比较感兴趣，已经具有一定的空间思维能力，而且在一年级下册的学习中初步认识了三角形。本方案实施时教师提供一组含三角形的实物图片，感受三角形在生活中的应用，激活学生已经积累的有关三角形的感性认识，再通过实践探究活动让学生了解三角形稳定性的特点，将数学学习与生活实际结合起来，让不同层次的学生的学习兴趣都能得到满足。本作业设计符合小学四年级学生的年龄特点和认知规律，在实践过程中进一步巩固学生所学知识，达到学以致用的目的。

三、作业目标

　　1. 通过网上查阅资料、实地调查等方式，了解三角形在生活中的应用，加深学生对三角形稳定性的特点的理解。

　　2. 应用三角形稳定性的特点，制作一个简易的三角形，培养学生的动手操作能力，激发学生的探究欲望与探索兴趣。

　　3. 利用生活中的废旧塑料——奶茶吸管制作晾衣架，满足学生在生活中的需要，发展学生的创新能力。

4. 利用生活中的废旧纸袋与废旧纸盒制作简易手机支架。

四、作业内容

1. 了解三角形在生活中的应用。

2. 运用三角形稳定性的特点，制作一个简易三角形。

3. 利用生活中的废旧塑料——奶茶吸管制作晾衣架。

4. 利用生活中的废旧纸袋与废旧纸盒制作简易手机支架。

五、作业实施

任务一

　　小粤想知道生活中有哪些应用三角形稳定性这一特点的事例，可以通过哪些方式来了解这一特点呢？

讨论区

　　我们可以问问爸爸妈妈，这些三角形的物品给我们的生活带来了哪些便利？

　　我们可以上网查阅一下生活中应用三角形稳定性的特点的具体事例。

　　我们可以观察一下社区、家庭和学校里面应用三角形稳定性的特点的事例。

实践坊

观察三角形在生活中的应用

　　同学们，我们一起去观察一下社区、家庭和学校里面应用三角形稳定性的特点的事例，并把它们记录下来吧！

观察时间	观察地点	发现的事例名称	观察到的现象	运用的知识
6月25日	学校操场	篮球架上的篮板支架	篮球架上的篮板支架构成三角形，可稳定支撑。	应用三角形稳定性的特点

任务二

　　小广学习了三角形以后，对三角形稳定性的特点并不是很理解，他非常苦恼，希望大家一起帮小广想想办法吧！

讨论区

我们可以做一个简易的三角形，通过拉动三角形来理解它具有稳定性的特点。

我们可以尝试做一个三角形的生活用品，比如晾衣架和手机支架。

实践坊

制作三角形

材料与工具：

1. 材料：废旧奶茶吸管三根、较长绳子一根。

2. 工具：剪刀。

步骤与方法：

1. 用绳子将吸管串联起来，形成一个三角形结构。

2. 将两端的绳子打结，再用剪刀剪掉多余的绳子，就得到一个简易的三角形。

安全提示：

使用刀尖是圆形的小剪刀，用完后要及时把剪刀收纳好。

制作晾衣架

材料与工具：

1. 材料：废旧奶茶吸管三根、较长的铁丝。

2. 工具：铁钳子。

步骤与方法：

1. 用铁丝把吸管串联起来，得到一个三角形。

2. 把顶端的两条铁丝按照长绕短的方式旋转、弯曲，得到挂钩，用铁钳子剪掉多余的铁丝。

安全提示：

1. 铁钳子不能对着自己或他人，如果要传递铁钳子，要先把铁钳子合拢，手握住合拢的部分，柄对着他人。

2. 用完后要及时把铁钳子收纳好。

制作手机支架

材料与工具：

1. 材料：废旧纸袋一个、废旧快递盒一个。

2. 工具：胶水、剪刀、彩色画笔。

步骤与方法:

1. 用剪刀剪下两块废旧快递纸板。

2. 用胶水将纸板粘在一起,折出手机支架的模型。

3. 用剪刀剪下两块废旧纸袋。

4. 用胶水将两块纸板与纸袋粘在一起。

5. 用彩色画笔将手机支架涂上喜欢的颜色。

安全提示:

1. 使用完彩色画笔后及时盖上笔帽,避免颜料染到课桌等地方。

2. 用完后要及时把剪刀、彩色画笔收纳好。

六、作业评价

1. 跟老师和同学交流分享作业成果,并根据他人的建议修改、完善作业。

2. 在这次作业实践中,你对自己的表现满意吗?对照下面的评价表说一说自己的表现,听一听同学、教师、家长的意见,请用描述性语言进行评价。

评价内容	自评	同学评	教师评	家长评
认真观察				
积极探究				
操作熟练				
富有创意				
团结协作				
乐于分享				
质量较好				

【设计团队负责人简介】

谭洋,广州市白云区英才小学教师,学校综合实践活动科组长,在区、镇开展的学科竞赛活动中多次获奖。

"手工诗集"作业方案

设计者：黄　燕

一、设计意图

　　"诗歌"是人教版小学语文四年级下册第三单元的学习内容，主要是让学生了解现代诗的特征，感受现代诗不拘格式、韵律相对自由等特点，学习创编现代诗歌。"手工诗集"作业设计融合了劳动、语文、美术等多个学科的知识，让学生在经历本单元课内的诗歌品读和课外的诗歌创作后，梳理自己的所思所感，把自己的学习所得外化为一本制作精美的手工诗集，表达自己对现代诗的领悟和理解，彰显出鲜明的个性色彩。在手脑并用的动手实践中，激发学生学习现代诗歌的热情，提高劳动技能，培养正确的劳动观和良好的劳动品质。

二、实施对象

　　本次活动的实施对象是小学四年级的学生。经历了近四个学年的语文学习，学生对文学作品的感悟力及遣词造句的能力有了很大的提升。现代诗的形式自由，意蕴丰富，可以充分表达诗人的各种情感。四年级的学生文字掌控能力较以往更强，且具有丰富、充满童趣的想象力，这与现代诗的创作要求适配。学生制作手工诗集，包括自制封面、自编单元、自撰诗歌、自绘图画等内容，以把个人最欣赏的诗歌及最得意的作品编进自己的诗歌集中，充分发挥自己在语文、劳动、美术等方面的能力，使综合素质得到全面提升。

三、作业目标

　　1. 通过整理、编排收集的现代诗和自己创作的诗歌作品，更深入体会诗歌情感，感受现代诗的特点与魅力，激发对诗歌的热爱。

　　2. 综合以往所学的剪纸、编织等劳动技巧，合理应用多种材料，制作精美的手工诗集，培养学生热爱劳动的态度，提高动手能力、创新能力。

　　3. 通过手工诗集的展示与交流活动，拓展诗歌知识，体会劳动的美丽与光荣，提高审美水平。

四、作业内容

　　把自己整理、收集的现代诗和创作的诗歌作品编汇成册。

五、作业实施

 任务一

手工诗集的内页制作

本单元，我们阅读了很多诗集，收集了自己喜爱的诗歌，也创作了诗歌。想一想，要编排一本个人诗集，我们可以编排哪些内容？

 讨论区

> 可以是自己收集的诗和写的诗。

> 还可以在手工诗集中编入与诗相关的故事或资料，让它的内容更丰富。

 实践坊

制作诗集内页

材料与工具：

1. 材料：质地厚实的白纸（如卡纸、素描纸等）。

2. 工具：打孔器、尺子、铅笔、书写笔、彩笔。

步骤与方法：

1. 把收集的诗和写的诗工整地抄写到白纸上。

2. 根据内容，每页配上精美的插图。

3. 确定书页装订方向，把书页叠放整齐。

4. 在第一页书页左边1厘米处，用铅笔、尺子画出装订线。

5. 用打孔器在装订线上距离均匀地打4个孔。如书页太厚，则少量多次操作。

安全提醒：

1. 使用打孔器时，握紧把手，另一只手辅助用力。

2. 使用打孔器时，勿把手指放入卡槽处，以免受伤。

3. 使用打孔器时，应及时清理底座集屑处的纸屑。

4. 用完后，及时把打孔器收好。

任务二

手工诗集的内容编排可大有讲究。请查阅各诗集目录，了解诗歌是怎样编排的，请记录下你的发现。

诗集名称	出版社	诗歌编排特点
《繁星·春水》	时代文艺出版社	按创作时间编排

同学们，翻阅了这么多诗集的目录，你打算用哪一种方式编排诗集？快行动起来，整理诗集内容，用上我们制作内页的方法，为自己的诗集制作目录吧！

手工诗集的封面制作

我们读过冰心的《繁星·春水》、泰戈尔的《飞鸟集》、金子美玲的《向着明亮那方》、金波的《金波童诗选——梦之歌篇》……一个好听的书名，可以为诗集锦上添花。你想给自己的诗集取个什么书名？根据诗集名，为自己的诗集制作封面和封底。

诗集的封面、封底制作

材料与工具：

1. 材料：硬纸皮、包装纸（礼品纸、牛皮纸等）。

2. 工具：打孔器、裁纸垫、裁纸刀、剪刀、胶水、尺子、铅笔、彩笔。

步骤与方法：

1. 在裁纸垫上，用裁纸刀裁出两张硬纸皮（大小与内页相同）。

2. 取其中一张硬纸皮，放在包装纸上，借助尺子，在纸皮边缘1.5厘米或2厘米处画线，裁出比硬纸皮稍大的包装纸。

3. 把硬纸皮放在包装纸中央，在包装纸露出的边缘部分均匀地涂上胶水，向内折，贴在纸皮上。另一张纸皮也用同样的方式处理。选其中一张纸皮做封面，写上诗集名，可用自己喜欢的材料进一步装饰。

4. 利用打孔器，对比内页孔位，在封面纸皮、封底纸皮对应处打孔。

安全提醒：

1. 裁纸刀锋利，需在家长的监护下使用。

2. 裁纸刀请在裁纸垫上操作，以免刮花桌面。

3. 勿将裁纸刀、剪刀尖端对着自己或他人，使用时要注意安全。

4. 用完后，及时把裁纸刀、剪刀、打孔器收好。

手工诗集的装订

想一想，我们可以利用哪些方法把封面、封底和内页装订成册？

讨论区

我们可以利用活页铁环，把它们装订好。

 我家没有活页铁环，不过上周我过生日，家里还有剩余的彩带。它们一样可以从孔中穿过，把书页绑在一起。

 同学们，找一找家里合适的材料，把手工诗集装订好。我们将在下节课开展手工诗集发布会，期待你们的作品！

六、作业评价

1. 在诗集发布会上，与老师、同学分享、交流手工诗集，学习同学的诗集的闪光点，进一步美化、完善自己的作品。

2. 在这次作业实践中，你对自己的表现满意吗？对照下面的评价表说一说自己的表现，听一听同学、教师、家长的意见，请用描述性语言进行评价。

评价内容	自评	同学评	教师评	家长评
主动探究				
积极参与				
操作熟练				
设计新颖				
制作精良				
乐于分享				

 【设计者简介】

黄燕，广州市天河区天府路小学教师，曾获第三届广州市中小学青年教师教学能力大赛劳动学科一等奖、第二届广州市中小学劳动学科中心组专业能力测试一等奖、广州市"深度学习"教学成果论文类一等奖、天河区第十五届青年教师教学基本功大赛劳动学科一等奖、2020年天河区"育人奖"，曾多次执教市、区劳动课例。

"绘制京剧脸谱"作业方案

设计者：潘燕红

一、设计意图

《京剧趣谈》是统编版六年级语文上册第七单元的阅读课文。课文介绍了我国京剧艺术中的"马鞭"和"亮相"这两种艺术表现形式，让学生不仅了解到关于京剧的知识和我国京剧艺术的独特魅力，也感受到了作者对京剧的喜爱和对传统文化的自豪感。"绘制京剧脸谱"作业设计融合了综合实践活动、劳动、美术、数学等多个学科的知识，设计了观察京剧脸谱的特点、绘制京剧脸谱、展示京剧脸谱等作业内容，加深学生对京剧的了解，激发学生的探究欲望与兴趣，培养学生的实践探究能力，激发学生对传统文化的热爱，增强学生对京剧和传统文化的认同感。

二、实施对象

本次活动的实施对象是小学六年级的学生。在五年级的美术课"彩墨脸谱"一课中，他们已经学会了绘制脸谱的基本方法，对脸谱有一定的了解，具备一定的实践能力与鉴赏能力。本次作业设计以此为起点，由老师提供一组京剧脸谱的实物图片，让学生观察京剧脸谱的特点，激活学生已经积累的有关脸谱的感性认识，再通过动手绘制京剧脸谱，让学生了解京剧脸谱在图案、色彩方面的特点，将京剧脸谱与传统文化融合在一起。

三、作业目标

1. 通过观察京剧脸谱的造型规律，了解京剧脸谱艺术具有图案美，具有鲜明的思想性，激发学生热爱京剧脸谱艺术的情感，培养民族自豪感。

2. 知道京剧脸谱是特有的舞台化妆艺术，乐意去了解、学习京剧脸谱的知识，从而爱上京剧，爱学京剧，增强学生对京剧和传统文化的认同感。

3. 把握脸谱造型的基本规律，学会绘制脸谱，能在老师的引导下，绘制京剧脸谱。

四、作业内容

1. 观察京剧脸谱的特点。

2．绘制京剧脸谱。

3．展示京剧脸谱。

五、作业实施

导语：同学们，在《京剧趣谈》一课中，我们了解了"马鞭"和"亮相"这两种艺术表现形式，感受到了京剧这一传统文化的魅力。在京剧文化中，还有一个特别的艺术表现形式，那就是脸谱。让我们一起动手绘制京剧脸谱，感受传统文化的魅力吧！

任务一

小粤想知道京剧脸谱有哪些特点，可以通过哪些方式来了解？

讨论区

我们可以上网查阅一下京剧脸谱的图片，观察其特点。

我们可以了解一下社区和身边有哪些京剧爱好者，再去采访他们。

我们可以观看京剧表演视频，了解京剧脸谱有哪些特点。

同学们，我们观察了京剧脸谱的特点，把它们记录下来吧。

实践坊

观察京剧脸谱的特点

观察时间	观察地点	发现的脸谱名称	观察到的特点	事例图片	运用的知识
6月6日	家里	红色脸谱	1. 脸形——椭圆 2. 五官——左右对称 3. 图案——左右对称 4. 色彩——有主色、左右对称		美术、数学中左右对称的构图知识。

任务二

小广了解了京剧脸谱的特点后，对绘制京剧脸谱的步骤不是很了解，大家帮小广想想办法吧！

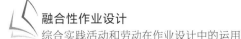
 讨论区

我们可以通过观看京剧脸谱的绘制视频，了解绘制步骤。

我们可以请教美术老师，再自己尝试画一画。

同学们，让我们开展一次绘制京剧脸谱的活动，加深对中国传统文化的了解吧！

 实践坊

绘制京剧脸谱

材料与工具：

1. 材料：一次性椭圆纸盘、马克笔。

2. 工具：橡皮、铅笔、尺子。

步骤与方法：

1. 画脸型。用铅笔在纸盘的底部画一个椭圆形的脸。

2. 定五官。在脸部正中，画一条从头部到下巴的中轴线；然后在额头上方发根位置，画一条水平发际线；接着画两条水平线，把发际线到下巴部分大致分为三个等分；最后根据人物的五官造型规律，画上眉毛、眼睛、鼻子、嘴巴，要注意左右对称。

3. 添图案。注意左右对称。

4. 涂颜色。首先用黑色马克笔勾画线条，然后把其他线擦掉，接着用马克笔给脸谱涂颜色。

任务三

小穗的京剧脸谱绘制好了，想参加学校的展示活动，你有什么好建议？

 讨论区

我们可以戴上京剧脸谱，唱一段京剧。

我们可以用一段快板介绍京剧脸谱。

 我们可以制作一个视频，向大家介绍京剧脸谱。

 实践坊

展示京剧脸谱

展示方式	展示准备	展示内容	备注
唱京剧	脸谱、服装、音乐、道具	戴上自己制作的京剧脸谱，用唱京剧的方式，展示京剧的传统文化。	

安全提示：

1. 展示使用道具时，注意拿稳。

2. 展示后要及时把脸谱、道具等收纳好。

六、作业评价

1. 跟老师和同学交流分享作业成果，并根据他人的建议修改、完善作业。

2. 在这次作业实践中，你对自己的表现满意吗？对照下面的评价表说一说自己的表现，听一听同学、教师、家长的意见，请用描述性语言进行评价。

评价内容	自评	同学评	教师评	家长评
认真观察				
积极探究				
操作熟练				
富有创意				
团结协作				
乐于分享				
质量较好				

【设计者简介】

　　潘燕红，广州市从化区流溪小学教师，广州市劳动教育中心组成员，从化区劳动教育中心组成员。

"观察能力训练与应用"作业方案

设计团队：杨蔚岚　周广星

一、设计意图

小学低年级的语文、数学、心理、美术、道德与法治、劳动和综合实践活动等课程均涉及对学生观察能力的培养。各学科对学生观察能力的培养各有抓手，语文着重于训练学生使用语句来描述观察到的事物；数学以观察为手段，促进学生"理解空间几何图形""找寻数据和图像之间的规律"的逻辑思维能力提升；心理健康教育通过观察，训练提高学生的注意力和辨识力；美术学科通过观察，提升学生对色彩与构图的理解，提升学生的审美能力和艺术表达能力；道德与法治引导学生观察生活环境的变化，感知四季，热爱生活；劳动和综合实践活动课程需要学生能从个体生活、社会生活及与大自然的接触中获得丰富的实践经验，形成并逐步提升对自然、社会和自我之间内在联系的整体认识，训练学生敏锐的触觉，让劳动提效，让创意物化。

观察能力对学生的综合素养发展有直接的影响和作用。因此，基于人教版数学二年级下册"观察物体"，人教版道德与法治一年级上册第四单元"美丽的冬天"，岭南版美术一年级上册"美妙的小世界"、二年级下册"壮观的大世界""可爱的动漫形象"，广州市心理教育研究会编版小学心理健康教育一年级下册"我的眼睛亮晶晶——观察力训练"等教材内容，融合以上多个学科在"观察能力训练"方面的教育焦点，设计了"观察能力训练与应用"作业，整合学生身边的资源，组织形式多样的观察能力训练任务，让学生能在日常生活与学习的深度实践中展开探究，提高学生的观察能力和表现能力，激发学生的探究欲望，培养学生的创新思维，增强学生综合应用学科知识解决生活实际问题的能力。

二、实施对象

本次活动的实施对象是小学二年级的学生。他们满怀好奇，喜欢探索，乐于通过动手实践来体验新事物。从整体来看，这个年龄段的学生没有接受过系统化的观察力训练，不利于劳动实践和创造性思维的发展。本次作业设计以此为切入口，设计了"大树侦察兵""拆装小能手"两个任务；以"观察记录—动手实践—总结分享"为主线，设计了多种形式的观察训练和实践活动，加强对学生观察能力的系统化训练，为后续组织开展劳动实践和创意物化的学习打好基础。

三、作业目标

1. 通过指导学生观察大树并记录其特点，加强学生对"整体—局部—细节"的观察顺序的实践体验和经验提炼。

2. 通过让学生完成"观察并使用工具（螺丝刀）拆开一个物品，记录拆出来的零部件"的作业任务，培养学生先观察再实践的劳动习惯。

3. 通过让学生完成"制订组装计划，组装复原拆开的物品"的作业任务，培养学生先规划再实践的综合实践素养。

4. 通过让学生完成"制作物件的组装图"的作业任务，培养学生的观察能力、设计能力和创新思维，为后续的创意物化打好基础。

5. 通过引导学生分享自己的实践过程和感受，促进学生对劳动价值的体验和感悟，感受劳动带来的喜悦和成就感，提升学生参与劳动的积极性和主动性。

四、作业内容

1. 实地观察校园内的大树，用绘画的方式记录树冠、枝叶、光影色彩。

2. 选择家里的一个闲置物品，观察后，使用工具（螺丝刀）拆开，逐一记录拆出来的零部件。

3. 制订组装计划，使用工具（螺丝刀）把拆开的物件组装复原。

4. 制作物件的组装图，在图中标识出零件的位置和数量。

5. 向亲友、同学介绍自己的实践过程和感受，用小视频或录音的方式记录下来。

五、作业实施

任务一

大树侦察兵

实地观察校园内的大树，按照从"整体—局部—细节"的观察顺序，用画笔画下来。

观察顺序	看什么	提示和参考	画一画
1. 整体	树冠形状	树冠的整体形状像什么？在哪个位置看得最清楚？	
2. 局部	光影色彩	1. 太阳的光透过树枝、树叶的颜色是一模一样吗？都有哪些颜色呢？试着用调色板调一下。 2. 色彩的深浅色块有没有规律，跟太阳的位置、天气有没有关系呢？	
3. 细节	枝叶花果	枝叶的花纹、边缘、形状都有什么特点？花果的生长位置、颜色变化及花瓣形状有什么特点？	

任务二

拆装小能手

选择家里的一个闲置物品，观察后，使用工具（螺丝刀）拆一拆，再装一装。

实践活动1：

先观察物品，再使用工具拆开，逐一记录拆出来的零部件。

材料：家里的闲置物品，可以是旧闹钟、旧玩具、旧开关等。

工具：螺丝刀、工具盒子（装螺丝钉用）、任务单。

步骤与方法：

（1）观察，画下物品拆开之前的样子。

（2）思考拆的顺序，可以从外到内、从左到右、从上到下、从前到后。

（3）按照拆的顺序，给零件编号，拆一个画一个，把每种零件的数量记录下来。

安全提醒：科学、安全使用螺丝刀，动作轻且慢，东西摆放有条理。

任务单：（见下表）

拆装小能手系列活动

班别		姓名		学号	
组别		物品名称		时间	
拆开之前的样子					
编号		零件样式			数量

实践活动2：

制订组装计划，使用工具把拆开的物件组装复原。

材料：之前拆散的物品和零件。

工具：螺丝刀、工具盒子（装螺丝钉用）、任务单。

步骤与方法：

（1）观察之前拆散的物品和零件，制订物件组装的计划。可以按从外到内、从左到右、从上到下、从前到后的顺序，把零件编号。

（2）按照组装计划，把零件逐一组装，还原物品。

安全提醒：科学、安全使用螺丝刀，动作轻且慢，东西摆放有条理。

任务单：（见下表）

拆装小能手系列活动

班别		姓名		学号	
组别		物品名称		时间	
组装顺序	从_____到_____，从_____到_____。				
组装计划					
零件样式				数量	组装排序

实践活动3：

制作物件的组装图，标识出零件的位置和数量。

材料：组装好的物品。

工具：任务单、笔、录音用的手机或平板电脑。

步骤与方法：

（1）根据物品拆装的经验，按照说明书的图纸样式，制作物件的组装图，要标识出零件的位置和数量。

（2）和同学交流分享自己的拆装过程和感受。

安全提醒：科学、安全使用工具，动作轻且慢，东西摆放有条理。

任务单：（见下表）

物件的组装图	
示范参考	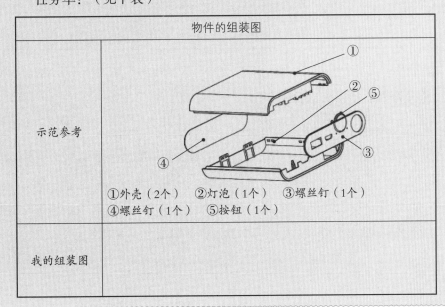 ①外壳（2个）　②灯泡（1个）　③螺丝钉（1个） ④螺丝钉（1个）　⑤按钮（1个）
我的组装图	

六、作业评价

1. 组织生生互动、师生互动等交流，让学生与同学、教师交流分享自己的实践过程，聆听他人的意见，改善自己的拆装方法。

2. 倡导亲子互动评价，让学生与亲友分享自己的学习过程和感受，用小视频或录音的方式记录下来。

3. 在校内展示优秀的作业成果，加强相互学习交流。

4. 借助评价工具（量化表），总结自己在观察力训练活动当中的实践表现，肯定自己的努力和进步，学习赏识他人的优点。

观察能力训练活动评价表

评价内容		自评	同学评	家长评	老师评
任务一：大树侦察兵	积极参与活动				
	按时完成任务				
	乐于分享交流				
	用心做好记录				
任务二：拆装小能手	积极参与活动				
	按时完成任务				
	乐于分享交流				
	用心做好记录				
团结合作	团结友爱互助				
	自觉遵守纪律				

【设计团队负责人简介】

  杨蔚岚，广州市荔湾区沙面小学教师，广州市名教师工作室主持人，广州教育学会中小学劳动教育研究专业委员会理事，荔湾区综合实践活动及劳动教育特约教研员，广州市第15、16届中小学综合实践活动学科特约教研员，广州市综合实践活动学科中心组成员，荔湾区中小学综合实践活动教研会会长，荔湾区中小学综合实践名师工作站主持人。

"杠杆的应用"作业方案

设计者：张莲娣

一、设计意图

"杠杆"是人教版小学科学五年级下册第四单元的学习内容，主要是让学生了解杠杆的基本概念及特征，通过实际操作让学生认识杠杆的特点。"杠杆"作业设计融合了综合实践活动、劳动、科学等多个学科的知识，设计了观察杠杆在生活中的应用，应用杠杆原理制作生活用品，了解运用杠杆工具服务于生活等作业内容，加深学生对杠杆的理解，激发学生的探究欲望与兴趣，培养学生的实践探究能力和综合运用学科知识解决问题的能力。

二、实施对象

本次活动的实施对象是小学五年级的学生。他们对生活中的事物比较感兴趣，已经具有一定的具象思维和逻辑推导思维能力，而且在五年级下册的学习中初步认识了杠杆。本次作业设计，教师需提供一组含杠杆原理的实物图片，让学生感受杠杆原理在生活中的应用，激活学生已经学习的有关杠杆的感性认识，再通过实践探究活动让学生了解杠杆原理的特点，将科学学习与生活实际结合起来。

三、作业目标

1. 通过网上查阅资料、实地调查等方式，了解杠杆原理在生活中的应用，加深对杠杆的特点的理解。

2. 应用杠杆原理，制作一个包含杠杆原理的生活用品，培养学生的动手操作能力，激发学生的探究欲望与兴趣。

3. 改造运用杠杆原理的生活物品，根据需求改造，更能满足生活的需要，发展学生的创新能力。

四、作业内容

1. 了解杠杆原理在生活中的应用。

2. 应用杠杆原理，制作一个生活用品。

3. 改造运用杠杆原理的生活物品，根据需求改造，让它更能满足生活的需要。

五、作业实施

任务一

小粤想知道生活中有哪些应用杠杆原理的事例，可以通过哪些方式来了解?

讨论区

我们可以上网查阅一下生活中应用杠杆原理的事例。

我们可以观察一下社区和家庭里面应用杠杆原理的事例。

我们可以问问爸爸妈妈，这些应用杠杆原理的物品给我们的生活带来了什么便利?

同学们，你们还有什么好方法? 我们一起来探究学习吧!

实践坊

观察杠杆原理在生活中的应用

同学们，我们观察一下社区和家庭里面应用杠杆原理的事例，把它们记录下来吧!

观察时间	观察地点	发现的事例名称	观察到的现象	运用的知识
5月16日	家里厨房	开瓶器开饮料	爸爸用开瓶器轻松地打开了饮料瓶	应用杠杆省力原理

任务二

小广学习了杠杆原理后，对杠杆的特点不是很理解，大家帮小广想想办法吧!

讨论区

我们可以做一个简单的杠杆，通过实际运用来理解它的特点。

我们可以尝试做一个运用杠杆的生活用品，如跷跷板、秤等。

同学们，我们开展一次设计制作活动，加深对杠杆的特点的理解吧!

 实践坊

制作小型跷跷板

材料与工具：

1. 材料：小木棍、圆形橡皮。

2. 工具：双面胶、剪刀。

步骤与方法：

1. 找个平整的桌面。

2. 把双面胶粘贴在橡皮上。

3. 找到木棍的中点，用双面胶粘贴到橡皮上，得到小型跷跷板。

安全提示：

1. 使用刀尖是圆形的小剪刀。

2. 剪刀不能对着自己或他人，如果要传递剪刀，要先把剪刀合拢，手握住合拢的刀尖，剪刀柄对着他人。

3. 用完后要及时把剪刀收纳好。

任务三

小穗家里有一个跷跷板玩具，但是爸爸跟小穗的体重相差过大，现在想让爸爸陪小穗玩跷跷板没有那么辛苦，你有什么好办法呢?

💬 讨论区

 我们可以让小穗变重，身上添加沙袋，使两边变平衡。

 我们可以改变跷跷板的支点，一样可以让两边变平衡。

 如果家里没有跷跷板，也想尝试，怎么办?

 如果家里没有跷跷板，可以利用我们自己做的跷跷板来操作哦!

 实践坊

制造专属简易跷跷板

材料与工具：

1. 材料：长木板、圆柱木块、钉子。

2. 工具：尺子、笔、小锤子。

步骤与方法：

1. 测量长木板的长度。

2. 在长木板上量出中点，画上记号线。

3. 用小锤子沿着记号线把长木板固定到圆柱形木块上。

4. 根据两端不同的重量，调整木板的固定位置，让两端达到平衡。

安全提示：

1. 使用锤子时，一手握紧锤子的把手，一手拿稳钉子。

2. 用完后要及时把锤子和钉子收纳好。

六、作业评价

1. 跟老师和同学交流分享作业成果，并根据他人的建议修改、完善作业。

2. 在这次作业实践中，你对自己的表现满意吗？对照下面的评价表说一说自己的表现，听一听同学、教师、家长的意见，请用描述性语言进行评价。

评价内容	自评	同学评	教师评	家长评
认真观察				
积极探究				
操作熟练				
富有创意				
团结协作				
乐于分享				
质量较好				

【设计者简介】

　　张莲娣，广州市从化区街口街新城小学教师，中小学高级教师，学校劳动科组长，从化区中小学劳动学科中心组成员，城西指导中心劳动学科中心组成员。

"奇妙的花钟"作业方案

设计者：陈文婷

一、设计意图

《花钟》是部编版小学语文三年级下册第四单元的课文。这篇课文是一篇具有浓厚科学性的阅读文章，按照"归纳现象—揭示原因—实际运用"的思路，说明一天之内，不同的花开放时间是不同的，开花时间与温度、湿度、光照、昆虫活动时间有关。"奇妙的花钟"作业设计了用摄影、观看纪录片等方式记录生活中花开的时间；查找资料、实地调查，制作属于自己的花钟；种下一朵花，观察花朵的生长过程，完成花朵生长观察记录表等作业内容。这个作业设计旨在锻炼学生的观察能力，激发学生的想象力和探究欲望，引导学生亲近大自然、热爱大自然。

二、实施对象

本次活动的实施对象是小学三年级的学生。他们有一定的阅读理解能力、独立查找资料的能力和动手实践的能力，能够通过自己的阅读，了解不同的花开放时间是不同的。同时，学生在数学学习中已经学过有关时钟的知识，为动手制作花钟奠定了相应的基础。此外，三年级的学生独立种植和观察的能力较弱，还需要加以培养。本次作业设计基于学情特点，引导学生融合课文知识，到生活中记录和查找不同的花的开放时间。通过动手实践活动，制作花钟，内化知识，并在种植劳动中了解花朵生长的过程和花开时间的影响因素，将语文学习与生活实际结合起来。

三、作业目标

1. 通过摄影、观看纪录片等方式了解、记录生活中花开的时间，认识不同的花开放的时间是不同的。

2. 通过上网查阅资料、实地调查等方式，制作属于自己的花钟，培养学生的动手实践能力，激发学生的想象力和创造力。

3. 在种植劳动中了解花朵生长的过程和花开时间的影响因素，完成花朵生长观察记录表，培养学生的观察能力，提高劳动种植水平。

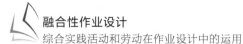

四、作业内容

1. 记录生活中花开的时间。

2. 制作属于自己的花钟。

3. 种下一朵花，观察花朵的生长过程，了解花开时间和影响因素，完成花朵生长观察记录表。

五、作业实施

任务一

春天来了，百花盛开。青青想观察百花开放的时间，了解一天之内不同的花朵开放的时间是否不一样，可以通过什么方式来观察呢？

讨论区

我们可以用手机拍照片，记录花开的时间。

我们可以用手机拍视频，记录一天之内不同的花开放的时间。

我们还可以观看有关植物的纪录片，如《植物王国》《影响世界的中国植物》等，了解花朵开放时间的奥秘。

实践坊

观察生活中花开的时间

同学们，我们利用多种方式观察一下生活中花开的时间，把它们记录下来吧！

花朵名称	观察时间	观察地点	观察方式	开花时间	观察图片
睡莲	6月1日	公园	拍照	早上7点	

任务二

芳芳学习了《花钟》后，想制作一个属于自己的"花钟"，你还知道大自然有什么花朵盛开的时间可以当作时钟呢？大家一起来帮忙吧！

讨论区

我们可以上网查阅资料，先找出能当作时钟的有哪些花朵。

我们可以去广州云台花园实地考察一下"花钟"，还可以请教花园里的工作人员。

我们还可以观看有关植物的纪录片，如《植物王国》《影响世界的中国植物》等，了解花朵盛开时间的奥秘。

同学们，我们一起来设计制作属于自己的"花钟"，加深对"不同的花开放的时间是不同的"的印象！

○ 实践坊

制作花钟

材料与工具：硬卡纸、画笔、胶水、剪刀、尺子。

步骤与方法：

1. 用硬卡纸画出表盘、指针并剪下来。

2. 在表盘上画出花朵，写上数字，按照自己的喜好进行装饰。

3. 将指针安装在表盘上。

安全提示：

1. 使用刀尖是圆形的剪刀。

2. 用完后要及时把剪刀收纳好。

任务三

为什么不同的花开放的时间不同呢？花朵开放的时间受什么影响？学完课文，红红产生了这样的困惑，请你来帮帮她。

○ 讨论区

我们可以留心观察家中、花园、路边花朵的生长过程，认真记录，找出可能影响花朵开放时间的因素，如温度、湿度、光照时间、昆虫活动等。

我们可以种一些花，记录花朵的生长过程。在种植过程中，尝试控制变量，找出花的开放时间主要受什么因素影响。

○ 实践坊

花朵生长观察记录表

花朵名称	日期	花朵颜色	生长变化	开花时间	影响因素	拍照、绘画
昙花	6月5日	白色	绽开花蕾	晚上9点	温度、湿度、光照	

六、作业评价

1. 跟老师和同学交流分享作业成果，并根据他人的建议修改、完善作业。

2. 在这次作业实践中，你对自己的表现满意吗？对照下面的评价表说一说自己的表现，听一听同学、教师、家长的意见，请用描述性语言进行评价。

评价内容	自评	同学评	教师评	家长评
认真观察				
操作熟练				
富有创意				
团结协作				

【设计者简介】

　　陈文婷，广州市白云区大沥小学教师，学校劳动科组长，曾获广州市白云区小学劳动学科跨学科作业设计与实施案例二等奖、"白云杯·工匠杯"中小学教师课堂教学竞赛三等奖、太和片"白云杯"小学劳动教育学科教师教学技能大赛一等奖。

"'一路生花'皮革贴画"作业方案

设计团队：张凤英　江嘉卫　黄穗芳　杨金怡

一、设计意图

"纸贴画"是岭南版美术二年级下册第四单元的学习内容，主要是让学生运用纸，通过剪纸、粘贴等实际操作制作不同的纸贴画作品。"皮革贴画"是对"纸贴画"的延伸，两者原理相似，但材料主要参考狮岭的皮革特色，改成了皮革。"'一路生花'皮革贴画"作业设计融合了科学、语文、美术、综合实践活动、劳动等多个学科的知识，设计了查阅花的资料，学习有关花的古诗，画出美丽的花，制作有关花的皮革贴画作品等作业内容，让学生进一步感受花的魅力，并激发学生的艺术创作灵感，锻炼手工制作技能，培养学生的动手实践能力。

二、实施对象

本次活动的实施对象是小学二年级的学生。他们对大自然中的事物比较感兴趣，在劳动的基本知识和技能方面有了很大的提高，对劳动课程有着一定的兴趣，乐于参与到劳动课程的活动中，特别是对一些动手操作且需要合作完成的学习内容较为感兴趣。此次，以"一路生花"皮革贴画系列作业帮助学生进一步发挥他们的创造性，提升其动手能力以及团队合作能力。

三、作业目标

1. 通过查找资料，了解花的相关内容，小组合作设计和制作"一路生花"皮革贴画作品，感受皮革贴画这种传统工艺技术的精湛，形成传承并发扬传统工艺的意识。

2. 通过亲身经历利用皮革贴画创作花的过程，获得丰富的劳动体验，体验与人分享劳动的喜悦与皮革贴画制作的乐趣，养成良好的劳动习惯与品质。

3. 引导学生关注皮革贴画作品的制作过程，了解皮革贴画作品的制作步骤；在生活中观察与欣赏不同的花，培养学生观察生活的能力与欣赏美的能力。

4. 在设计和制作活动中，充分发挥学生的创造性，根据已有的设想，达成预期效果；通过查阅资料和小组头脑风暴活动，将对大自然的热爱内化于心、外化于行，提高创新精神和实践能力。

四、作业内容

1. 认识花的结构，了解花的种类及其品种。
2. 查找有关花的古诗，了解与感受不同的花的品格。
3. 画出自己最喜爱的花，用不同的方法表现花。
4. 小组合作制作花的皮革贴画，作品美观大方。

五、作业实施

任务一

小洋在学校看到一朵漂亮的荷花，她想了解这朵花的结构和其他品种的荷花，可以通过哪些方式来了解？

 讨论区

我们可以上网查阅或者阅读相关书籍，认识荷花的结构和品种。

我们可以在校园里寻找其他品种的荷花，通过观察实物，直接认识荷花。

 **实践坊**

观察荷花的结构和品种

同学们，我们观察一下学校的荷花，把它们的结构和品种记录下来吧！

观察时间	观察地点	发现的事例名称	观察到的现象
5月16日	学校各个荷花池	荷花的结构	荷花，多年生草本植物，根茎肥大多节，横生于水底泥中；叶盾状圆形，表面深绿色，被蜡质白粉，背面灰绿色；花单生于花梗顶端，高于水面之上，花色有白色、深红色、淡紫色或间色等变化，花后结实；果为椭圆形；花期6—9月，果期9—10月。

任务二

小洋学习了荷花的结构和品种后，觉得荷花长得太美了，想进一步了解诗人笔下的荷花是否一样美丽，大家一起和小洋欣赏诗人笔下的荷花吧！

 讨论区

我们可以把自己学过的描写荷花的诗句记录下来，用"飞花令"的方式分享交流。

我们可以尝试用唱的方式把描写荷花的诗句表现出来。

 **实践坊**

"一路生花"主题活动表

序号	有关荷花的诗句	有关荷花的歌曲	荷花体现的精神/寓意	我的感受
1	出淤泥而不染，濯清涟而不妖	《荷花颂》	高洁，出淤泥而不染	要做个具有高洁品格的人

任务三

小洋知道妈妈也喜欢花，想设计一幅关于花的作品，以便在母亲节时送给妈妈，你能帮帮她吗？

讨论区

我们可以用手绘的方法画一幅"花"的作品。

我们可以用不同颜色的卡纸拼贴出一幅"花"的作品。

无论用什么方法表现"花"，第一步都要先构思设计好。

 实践坊

"花"主题设计稿

材料与工具：

1. 材料：花的参考图片。

2. 工具：铅笔、彩色笔、A4纸。

步骤与方法：

1. 参考花的图片，构思画面布局。

2. 用铅笔在纸上起稿。

3. 用彩色笔上色。

4. 添加细节。

任务四

小洋妈妈很喜欢小洋画的花，于是小洋想再做关于花的皮革贴画送给妈妈，你能帮帮她吗？

○ 实践坊

"一路生花"皮革贴画

材料与工具：

1. 材料：皮革。

2. 工具：铅笔、剪刀、勾线笔、双面胶。

步骤与方法：

1. 参考设计稿，根据不同的颜色，用铅笔在皮革的背面画出需要的形状。

2. 用剪刀把画好的形状剪下来。

3. 按照设计稿摆好各个剪出来的形状。

4. 把各个图形用双面胶粘贴好。

安全提示：

1. 使用剪刀时注意安全。

2. 画的时候要在皮革的背面画，剪出来后会得出一个镜像的图形，需要提前画出镜像的图形。

六、作业评价

1. 跟老师和同学交流分享作业成果，并根据他人的建议修改、完善作业。

2. 在这次作业实践中，你对自己的表现满意吗？对照下面的评价表说一说自己的表现，听一听同学、教师、家长的意见，请用描述性语言进行评价。

评价内容	自评	同学评	教师评	家长评
认真观察				
积极探究				
操作熟练				
富有创意				
团结协作				
效果良好				

【设计团队负责人简介】

张凤英，广州市花都区狮岭镇育华小学教师，综合实践活动高级教师，广州市十八届、十九届特约教研员，广州教育学会中小学劳动教育研究专业委员会理事，广州市花都区狮岭镇综合实践活动名教师。

"有趣的汉字"作业方案

设计团队：刘婉莉　王清华

一、设计意图

　　"遨游汉字王国"是部编版小学语文五年级上册第三单元的学习内容，本组教材安排了语文综合性学习，以"遨游汉字王国"为主题，安排了"汉字真有趣"和"我爱你，汉字"两部分教学内容。"有趣的汉字"作业设计融合了综合实践活动、劳动、科学等多个学科的知识，设计了收集字谜、了解汉字的演变、欣赏汉字书法作品和学习汉字书法等内容，引导学生围绕汉字的历史或汉字书法，感受汉字的趣味；调查自己感兴趣的汉字，并写出简单的调查报告，培养学生的实践探究能力，综合理解和运用汉字，更好地进行学习。

二、实施对象

　　本次活动的实施对象是小学五年级的学生。他们在语言文字上已经有了一定的基础，对文字的内涵也有一定的认识和理解。在本次活动中，他们通过查阅资料、实地考察、调查汉字的使用情况等综合性学习，增进对汉字文化的了解，感受汉字的美，激发对汉字的热爱之情。

三、作业目标

　　1. 通过综合性学习，学会制订活动计划，积极、主动地参与活动，并能通过独立学习或合作学习，较好地完成任务。

　　2. 能够从阅读材料中受到启发，搜集到更多体现汉字神奇、有趣的资料。

　　3. 通过汉字书法作品欣赏和汉字书写等活动，更好地培养学生探究学习的兴趣，提高自主学习的能力。

　　4. 在书法实践创作中，传承中华优秀传统文化，提高书法审美能力。

四、作业内容

　　1. 小组分工，合作学习，收集有关汉字的字谜、歇后语和小故事。

　　2. 了解汉字的演变过程，以思维导图的方式呈现出来。

　　3. 学习欣赏汉字书法作品，初步学习汉字书法。

4. 尝试创作一幅书法作品，举办班级小书法展。

五、作业实施

任务一

小组根据活动计划，分工合作搜集资料，并学会运用不同的方法收集资料。

 讨论区

> 我负责收集的资料是汉字字谜，我通过去图书馆查阅有关书籍，找到很多汉字字谜。

> 我通过上网查阅，发现挺多和汉字有关的歇后语。

> 我负责收集和汉字有关的故事，通过阅读课外书、请教爸爸妈妈，知道了和汉字有关的一些故事。

实践坊

收集人	时间	地点	收集到的内容	资料获取的途径
李明	4月15日	图书馆	字谜： ①三人同日来，喜见百花开。（　　） ②宝玉不在姑娘在。（　　） ③草堆下面两只狗。（　　） ④加倍才算多。（　　） ⑤一人不算小。（　　） ⑥又到村中。（　　）	去图书馆查阅资料

任务二

了解汉字的演变过程，并了解每种字体的基本特征。

请同学们六人为一小组，搜集汉字的演变过程，并将搜集到的资料填入下列思维导图中。

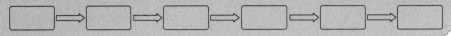

 讨论区

> 文字产生之前人们为了帮助记忆、交流思想、传递信息，采用了各种各样的记事方法。

> 我知道最原始的记事方法有结绳记事和契刻记事等。

> 汉字的产生，是有据可查的。约公元前14世纪的殷商后期，形成了初步的定型文字，即甲骨文。甲骨文就是刻在龟甲或兽骨上的文字，主要用来占卜，也有的是用来记事。

"汉字的演变"小组分工

小组		组长	
小组分工		组员1:	了解汉字的产生
		组员2:	搜集汉字字体
		组员3:	了解汉字的演变过程
		组员4:	其他
成果展示			

任务三

欣赏汉字书法，学习写书法作品。

　　我发现很多地方都有书法作品，比如美术馆、博物馆、图书馆等。

　　我和爸妈参观旅游景点的时候也看到有书法长廊。

　　我看到很多学校的展示墙上都有书法作品。我们学校也有很多同学学习书法，我们班的小文和小丽的书法作品还获了奖。

学习汉字书法

（一）准备材料

笔、墨、纸、砚。

（二）规范汉字书写要求

1. 字形规范

具体要求：

（1）不写繁体字。指在一般场合下，写规范的简化字。

（2）不写被淘汰的异体字。

（3）不写旧字形。汉字的书写都应该写规范的新字形，不写旧字形。

（4）杜绝写错别字。

2. 书写要素的规范

汉字的书写有三个要素：笔形、笔数和笔顺。

（1）笔形规范。每个规范汉字的笔形是确定的，不能改变。

（2）笔数正确。每个规范汉字的笔画是有定数的，书写时一定要注意不可随意增减笔画。

（3）笔顺正确。汉字有自己的书写笔顺，一般不能改变。

（三）初学书法，书写临摹。

（四）作品展示，举办班级小书法展。

六、作业评价

1．交流分享作业成果，并根据他人的建议修改、完善作业。

2．在这次作业实践中，你对自己的表现满意吗？听一听同学、教师、家长的意见，请用描述性语言进行评价。

评价内容	自评	同学评	教师评	家长评
认真观察				
积极探究				
操作熟练				
富有创意				
团结协作				
乐于分享				
质量较好				

【设计团队负责人简介】

刘婉莉，综合实践活动高级教师，荔湾区小学综合实践活动学科教研员，广州市优秀教师。主持并参与省级、市级、区级课题并顺利结题，参与《淡墨方圆——广州市荔湾区义务教育阶段综合实践活动课程开发成果集》、荔湾区综合实践活动地方特色课程《童享荔湾》等书的编写工作。

"长方体的应用"作业方案

设计团队：方永棠　陈健明　唐　洁

一、设计意图

"长方体的应用"是人教版小学数学五年级下册第三单元第一课的学习内容。它是以一年级上册初步认识长方体为基础，进一步研究长方体的特征。这是学生比较深入地研究立体几何图形的开始，由研究平面图形扩展到研究立体图形，是学生发展空间观念的一次飞跃。"长方体的应用"作业设计融合了综合实践活动、劳动、科学等多个学科的知识，设计了观察长方体在生活中的应用，设计制作长方体框架来认识长方体的棱长的特点，设计制作长方体包装盒来深化认识长方体的面的特点等作业内容。该作业设计通过动手实践和劳动制作，进一步巩固学生关于长方体的相关数学知识，提升学生的实践探究能力和综合运用学科知识解决问题的能力。

二、实施对象

本次活动的实施对象是小学五年级的学生，他们以形象思维为主、空间观念比较薄弱。他们对生活中的事物比较感兴趣，在生活中大量接触长方体物品，已经具有一定的空间思维能力。本次作业设计以此为起点，观察生活中外形为长方体的实物，感受长方体在生活中的应用，激活学生已经积累的有关长方体的感性认识，再通过实践探究活动让学生掌握长方体的棱长和面的特点，将数学学习与生活实际结合起来。

三、作业目标

1. 了解长方体在生活中的应用，观察生活中的长方体物品，加深对长方体顶点、棱长和面的特点的理解。

2. 应用长方体有三组长度相同的棱长的特点，制作一个长方体框架，提升学生的动手操作能力和解决问题能力。

3. 应用长方体有三组相对面相同的特点，制作一个长方体包装盒，感受数学与其他学科的联系，数学与生活的联系，提升学生的学习与探究兴趣。

四、作业内容

1. 了解长方体在生活中的应用，以及长方体的基本特点。

2. 应用长方体有三组长度相同的棱长的特点，制作一个长方体框架。

3. 应用长方体有三组相对面相同的特点，制作一个长方体包装盒。

五、作业实施

任务一

小红想知道生活中有哪些地方会用到长方体，并且想了解长方体的特征，可以怎样做？

讨论区

我们可以上网查阅一下生活中长方体形状的物品，并查阅它的特征。

我们可以找出社区和家庭里面长方体形状的物体，并观察它的特征。

生活中长方体形状的物品随处可见，同学们，我们一起来探究一下吧！

实践坊

找出生活中长方体形状的物品，了解它的作用是什么，仔细观察它的特点并记录下来。

长方体物品名称	作用和优点	有几个面	每个面的形状	这些面的特点	有几条棱	棱的特点	几个顶点

任务二

小明学习了长方体后，对长方体的棱长的特点不是很理解，大家帮小明想想办法吧！

讨论区

我们可以找一个长方体形状的物品，看一看，摸一摸，看看它的棱长有什么特点。

可是生活中长方体形状的物品大多数是一整个长方体，很少把棱长独立开来。我们可以尝试做一个长方体框架，这样可以清晰地了解长方体的棱长的特点。

同学们，我们开展一次制作活动，加深对长方体的棱长的特点的理解吧！

 **实践坊**

制作长方体框架

材料与工具:

自选三组以上长短不同的细木条若干根、橡皮泥。

步骤与方法:

1. 选出两组不同长度的细木条各四根,拼成两个一样大小的长方形,并用橡皮泥把连接处粘紧。

2. 把其中一个长方形平放在桌面上,然后再选出第三组细木条四根,往相同方向垂直插入连接的橡皮泥中。

3. 把另一个长方形以平行桌面的方向对应连接四根垂直的细木条,得到一个长方体框架。

安全提示:

1. 细木条比较尖,拼接过程中要注意不能对着自己或他人。

2. 使用橡皮泥前后要洗手,防止误食。

任务三

小丽买了一份礼物准备母亲节的时候送给妈妈,可是礼物没有包装,你能帮她想想办法吗?

讨论区

我们可以找一个好看一点的包装袋,把礼物装在里面,然后做一张卡片放在里面,一起送给妈妈。

如果这个礼物是一个易碎的物品,我们可以找一个长方体包装盒,把礼物装在里面,起到保护的作用。

如果家里没有合适的包装盒,该怎么办呢?

同学们,我们可以尝试自己制作一个长方体包装盒!

实践坊

制作长方体包装盒

材料与工具:

1. 材料:软纸、硬卡纸。

2. 工具:胶带、剪刀。

步骤与方法：

1. 先在一张软纸上画出包装盒表面展开图的草图，简单设计一下（注意相对的面完全相同），裁纸、折叠、调整，达到想要的效果。

2. 在硬卡纸上按照前面的设计，画好包装盒的表面展开图（注意要预留出粘贴处），可在表面展开图上进行图案与文字的美术设计。

3. 剪下表面展开图，折叠并粘贴好，得到长方体包装盒。

安全提示：

1. 请使用刀尖是圆形的小剪刀。

2. 剪刀不能对着自己或他人，如果要传递剪刀，要先把剪刀合拢，手握住合拢的刀尖，剪刀柄对着他人。

3. 用完后要及时把剪刀收纳好。

六、作业评价

1. 跟老师和同学交流分享作业成果，并根据他人的建议修改、完善作业。

2. 在这次作业实践中，你对自己的表现满意吗？对照下面的评价表说一说自己的表现，听一听同学、教师、家长的意见，请用描述性语言进行评价。

评价内容	自评	同学评	教师评	家长评
认真观察				
积极探究				
操作熟练				
富有创意				
团结协作				
乐于分享				
效果良好				

【设计团队负责人简介】

　　方永棠，广州市增城区挂绿实验学校教师，学校综合实践活动和劳动教育学科带头人，增城区先进教育工作者，增城区综合实践和劳动教育中心组成员，增城区青少年宫少先队工作顾问。

"金字塔与三棱锥体"作业方案

设计团队：何智谋　谭淑恩

一、设计意图

《金字塔》是部编版小学语文五年级下册第七单元的课文，这篇课文条理清晰，语言平实流畅，描写细致，介绍了金字塔的形状和历史，写出了金字塔外观宏伟、结构精巧的特点以及建造金字塔所采用的办法，赞美了古埃及人民杰出的智慧和超人的才干。"金字塔与三棱锥体"作业设计融合了综合实践活动、劳动、语文、历史、科学等多个学科的知识，注重生活性、探究性和实践性，利用综合实践活动学科的文献查阅、实地考察、访谈等调查方式，加深学生对金字塔及三棱锥体的了解，培养学生自主合作探究能力、信息检索筛选能力及表达能力，提高综合素养。金字塔是劳动人民的智慧结晶，在了解金字塔的历史和构造的过程中，能够让学生树立"劳动创造美好生活""劳动最光荣"的观念。除此之外，还设计了观察三棱锥体在生活中的应用，利用角锥体的坚固不易变形的特点，制作三棱锥体的生活用品，培养学生的动手操作能力。

二、实施对象

本次活动的实施对象是小学五年级的学生。他们已经学习了综合实践活动主题探究的方法，动手实践经验丰富，对生活中的事物比较感兴趣，已经具有一定的空间思维能力，而且在五年级下册的学习中了解到金字塔和直观的三棱锥体图例，在数学学科中初步认识三棱锥体。本次作业设计以此为契机，通过金字塔资料的收集，让学生感受三棱锥体在生活中的应用，激活学生已经积累的有关三棱锥体的感性认识，再通过实践探究活动让学生了解角锥体的坚固不易变形的特点，将数学、科学学习与生活实际结合起来。

三、作业目标

1. 通过图书馆和网上查阅资料等方式，了解三棱锥体在生活中的应用，加深对角锥体坚固不易变形的特点的理解。

2. 应用角锥体的坚固不易变形的特点，制作三棱锥体的生活用品，培养学生的动手操作能力，激发学生的探究欲望与兴趣。

3．通过三棱锥体物品的制作，使其更能满足生活的需要，发展学生的创新能力。

四、作业内容

1．了解金字塔的历史、结构、建筑特点。

2．了解三棱锥体在生活中的应用。

3．应用三棱锥体的坚固不易变形的特点，制作三棱锥体的生活用品。

五、作业实施

小李想了解胡夫金字塔的有关知识，可以通过哪些方式来了解？

 讨论区

我们可以上网查阅有关胡夫金字塔的资料。

我们可以到图书馆查阅有关胡夫金字塔的资料。

 实践坊

胡夫金字塔的资料收集

建造时间	建造体积	高度	建造方法	形状

任务二

小李想知道生活中三棱锥体的应用情况，他可以通过哪些方式来了解？

 讨论区

我们可以上网查阅生活中应用三棱锥体的事例。

我们可以观察一下社区和家庭里面应用三棱锥体的事例。

 实践坊

观察三棱锥体在生活中的应用

同学们，我们观察一下社区和家庭里面应用三棱锥体特点的事例，把它们记录下来吧！

观察时间	观察地点	事例名称	运用知识
6月2日	在校门、酒店门前等	雪糕筒警示柱	三棱锥体具有稳定性、不易变形的特点

任务三

小李通过对三棱锥体的观察，对其有了一定的了解，但还不够深刻，大家帮忙想想办法吧!

讨论区

我们可以制作一个三棱锥体，理解它坚固不易变形的特点。

我们还可以尝试制作生活中三棱锥体的物品，如三棱锥体模型、粽子等，加深对三棱锥体在生活中的应用的理解。

同学们，我们开展一次设计制作活动，加深对三棱锥体不易变形的特点的理解吧!

实践坊

三棱锥体的制作

材料：长度相同的塑料棍子六根、橡皮筋四条。

步骤与方法：

1. 先把三根塑料棍的一头用橡皮筋捆住。

2. 在其中一根棍子的另一头上做一个三角形，并用橡皮筋固定。

3. 将另外两根棍子打开，分别用橡皮筋捆绑固定到三角形的另外两个顶点上，形成一个四面都是三角形的三棱锥体。

温馨提示：

1. 在捆绑前，塑料棍子要整齐放好，防止错位。

2. 注意橡皮筋的完整性，防止突然断裂，弹伤自己。

3. 制作完后要及时收拾好材料。

六、作业评价

1. 跟老师和同学交流分享作业成果，并根据他人的建议修改、完善作业。

2. 在这次作业实践中，你对自己的表现满意吗？对照下面的评价表说一说自己的表现，听一听同学、教师、家长的意见，请用描述性语言进行评价。

评价内容	自评	同学评	教师评	家长评
认真观察				
积极探究				
操作熟练				
富有创意				
团结协作				
乐于分享				

【设计团队负责人简介】

　　何智谋，广州市从化区西宁小学教师，中小学一级教师，广州市劳动教育中心组成员，从化区综合实践活动、劳动教育中心组组长。

"三角形的应用"作业方案

设计者：李俊华

一、设计意图

"三角形的特性"是人教版小学数学四年级下册第五单元的内容，主要从学生已有的经验出发，创设丰富多彩的、与现实生活联系紧密的情境和实践活动，帮助学生理解三角形的概念，构建数学知识。"三角形的应用"作业设计融合了综合实践活动、劳动、科学等多个学科的知识，设计了观察三角形在生活中的应用，应用三角形稳定性的特点制作生活用品，固定容易变形的生活物品等作业内容，加深学生对三角形稳定性的特点的理解，培养学生的实践探究能力和综合运用学科知识解决问题的能力。

二、实施对象

本次活动的实施对象是小学四年级的学生。他们对生活中的事物好奇心强，乐于探究，喜欢动手参与，愿意联系自己的生活实际。学生通过第一学段的学习，对三角形已经有了直观的认识，能够从平面图形中分辨出三角形，能够正确区分锐角、直角、钝角，在生活中已经积累了很多关于三角形的感性经验，这些经验构成了学生学习的认知基础。可能这些基础还无法用数学语言来描述，无法用数学方式来表达，但已经成为学生知识的一部分了。因此，本次作业设计以此为起点，让学生感受三角形在生活中的应用，激活学生已经积累的有关三角形的感性认识，再通过实践探究活动让学生了解三角形具有稳定性的特点，将数学学习与生活实际结合起来。

三、作业目标

1. 了解三角形在生活中的应用，加深对三角形具有稳定性的特点的理解。

2. 应用三角形具有稳定性的特点，制作一个三角形或三角形生活用品，培养学生的动手操作能力，激发学生的探究欲望与兴趣。

3. 利用三角形具有稳定性的特点，使生活中容易变形的长方形框架变得牢固，更能满足生活的需要，发展学生的创新能力。

四、作业内容

1. 了解三角形在生活中的应用。

2. 制作一个三角形的生活用品。

3. 改造容易变形的长方形生活用品，使它变得牢固。

五、作业实施

任务一

小红想知道生活中有哪些应用三角形不容易变形、具有稳定性的特点的事例，可以通过哪些方式来了解？

讨论区

我们可以上网查阅一下生活中应用三角形具有稳定性的特点的事例。

我们可以观察一下生活中应用三角形具有稳定性的特点的事例。

我们可以问问爸爸妈妈，这些三角形物品给我们的生活带来了什么便利？

同学们，你们还有什么好办法呢？我们一起探究一下吧！

实践坊

观察三角形在生活中的应用

同学们，我们观察一下在生活中应用三角形稳定性的特点的例子，并把它们记录下来吧！

观察时间	观察地点	事例名称	观察到的现象	运用的知识
6月2日	家里	自行车	自行车的车身为三角形结构	应用了三角形具有稳定性的特点

任务二

小明学习了三角形后，对三角形稳定性的特点不是很理解，大家帮小明想想办法吧！

讨论区

我们可以做一个三角形，通过拉一拉三角形来理解它不容易变形、具有稳定性的特点。

我们可以尝试做一个三角形的生活用品，如衣架、三角形框架等。

同学们，我们开展一次设计制作活动，加深对三角形具有稳定性的特点的理解吧！

 **实践坊**

制作三角形

材料与工具：

1. 材料：吸管三根、较长的丝线。

2. 工具：剪刀。

步骤与方法：

1. 用绳子按短—长—长的顺序把吸管串起来。

2. 把两端的绳子打结，用剪刀剪掉多余的绳子，得到一个三角形。

3. 用手尝试拉三角形，三角形不容易变形。

安全提示：

1. 使用刀尖是圆形的小剪刀。

2. 剪刀不能对着自己或他人，如果要传递剪刀，要先把剪刀合拢，手握住合拢的刀尖，剪刀柄对着他人。

3. 用完后要及时把剪刀收纳好。

任务三

小东家里有一个长方形框架，容易变形，现在想把它固定起来，你有什么好办法呢？

讨论区

 我们可以沿着长方形框架的两个对角钉上一条小木板，使它变得牢固。

如果没有长方形框架怎么办？

 我们可以自己做一个长方形框架哦！

实践坊

固定长方形框架

材料与工具：

1. 材料：小木板、钉子。

2. 工具：尺子、笔、小锯子、小锤子。

步骤与方法：

1. 测量长方形框架对角的距离。

2. 在小木板上量出同样的长度，画上记号线。

3. 用小锯子沿着记号线把小木板锯断。

4. 沿着长方形框架的对角线钉上小木板。

安全提示：

1. 使用锯子时，一手握紧锯子的把手，一手摁住木板。

2. 使用锤子时，一手握紧锤子的把手，一手拿稳钉子。

3. 用完后要及时把锯子和锤子收纳好。

六、作业评价

1. 跟老师和同学交流分享作业成果，并根据他人的建议修改、完善作业。

2. 在这次作业实践中，你对自己的表现满意吗？对照下面的评价表说一说自己的表现，听一听同学、教师、家长的意见，请用描述性语言进行评价。

评价内容	自评	同学评	教师评	家长评
认真观察				
积极探究				
熟练操作				
具有创意				
团结协作				
乐于分享				
质量较好				

【设计者简介】

　　李俊华，广州市从化区城郊街向阳小学教师，从化区教育科学规划课题"新课标下小学数学跨学科融合作业设计与实施研究"主持人，曾任广州市从化区城西指导中心劳动学科中心组成员。

"设计一顶帽子"作业方案

设计团队：陈燕贞　杨婉欣

一、设计意图

"做一顶帽子"是二年级上册科学教材第二部分内容"材料"的第六课。基于学科融合，为加大学科之间的渗透性，促进学科之间的交融性，设计了融合多个学科知识的"设计一顶帽子"作业方案。"设计一顶帽子"作业设计融合了综合实践活动、劳动、科学等多个学科的知识，设计了观察帽子在生活中的应用，尝试根据功能设计一顶帽子，能根据自己的设计图选择适合的材料制作帽子等作业内容。在学科融合理念以及学校"三融""六乐"教学模式的指引下，学生在面临新问题时能灵活运用自己的知识体系解决问题，积极把如何选择帽子材料与功能配对的理论知识运用到实际中。运用"大单元"的教学观念，重视学科教学在单元学习中的作用，注重教学内容的前后勾连。教师在教学中创设真实的学习情境，以有趣的任务驱动学生学习，引导学生在探究中进行有深度、有延伸的学习，培养学生的核心素养以及实践探究的精神。

二、实施对象

本次活动的实施对象是小学二年级的学生。他们对生活中经常接触与使用的帽子的功能与材料已有认识，对帽子比较熟悉。本作业设计让学生在劳动课上完成帽子的设计图，基于学生的生活实际与学习实践，运用废旧材料，完成帽子的制作，将科学学习与生活实际结合起来。

三、作业目标

1. 了解不同功能的帽子需要用到不同的材料，加深对帽子材料与使用功能的理解。

2. 根据帽子的功能选择材料，绘制帽子的设计图，培养学生的筹划思维，激发学生的创作欲望与兴趣。

3. 收集制作帽子的材料，根据创作的设计图制作一顶帽子，满足生活的需要，发展学生的动手能力和创新能力。

四、作业内容

1. 了解不同功能的帽子需要用到不同的材料。

2. 根据帽子的功能选择材料，绘制帽子的设计图。

3. 收集制作帽子的材料，根据创作的设计图制作一顶帽子。

五、作业实施

任务一

　　小粤想知道生活中不同材料的帽子在生活中的应用，可以通过哪些方式来了解？

 讨论区

　　我们可以上网查阅一下不同材料的帽子在生活中的应用。

　　我们可以观察一下社区和家庭里面有哪些材料制作的帽子，分别是什么用途。

　　我们可以问问爸爸妈妈，这些帽子给我们的生活带来了什么便利？

实践坊

观察不同材料的帽子在生活中的应用

　　同学们，我们观察一下社区和家庭里面有哪些材料制作的帽子，分别是什么用途，把它们记录下来吧！

观察时间	观察地点	发现的帽子名称	观察帽子的外形	帽子图片	帽子的制作材料

任务二

　　小广学习了帽子的材料和功能后，对不同功能的帽子的结构、材料选择不是很理解，大家帮小广想想办法吧！

 讨论区

　　我们可以尝试收集不同的帽子实物进行观察、触摸，记录好不同功能的帽子的结构、材料。

　　我们可以尝试设计不同功能的帽子，然后思考能运用什么材料去实施制作。

同学们，我们开展一次设计活动，加深对不同功能的帽子的结构、材料的理解吧！

 **实践坊**

设计一顶帽子

材料与工具：

1. 材料："设计一顶帽子"课堂活动记录单。

2. 工具：水彩笔。

步骤与方法：

1. 小组一起商量，设计帽子的功能、材料选择。

2. 绘制帽子设计图。

3. 填写小组分工表。

安全提示：

1. 使用工具后要及时收纳好。

2. 小组沟通过程中注意轻声交谈。

任务三

小穗家里有一顶遮阳帽，但在下雨天使用，帽子就会被打湿，她很想设计与制作一顶多功能的帽子，她该如何制作呢？

讨论区

我们可以设计好帽子的功能后，选择适合的材料。

我们可以挑选一些防水材料去制作帽子。这样，就算遇上下雨天，帽子也可以为我们挡雨了。

制作帽子需要哪些工具和材料？它是如何制作的呢？

我们可以根据帽子的不同功能来挑选不同的材料进行制作，不同的形状也是会影响帽子的用途哦！

 **实践坊**

制作一顶帽子

材料与工具：

1. 材料：布料、锡纸、卡纸、泡沫纸、米袋、纸皮、装饰材料等。

2. 工具：剪刀、测量工具、双面胶、透明胶、铅笔。

步骤与方法：

1. 根据设计图准备制作帽子的材料。

2. 测量头围。

3. 根据设计图制作帽身和帽檐。

4. 粘贴或缝合帽身和帽檐，完成成品制作。

安全提示：

使用刀尖是圆形的小剪刀，用完后要及时把剪刀收纳好。

六、作业评价

1. 跟老师和同学交流分享作业成果，并根据他人的建议修改、完善作业。

2. 在这次作业实践中，你对自己的表现满意吗？对照下面的评价表说一说自己的表现，听一听同学、教师、家长的意见，请用描述性语言进行评价。

评价内容	自评	同学评	教师评	家长评
认真观察				
积极探究				
操作熟练				
富有创意				
团结协作				
乐于分享				
质量较好				

【设计团队负责人简介】

陈燕贞，广州市番禺区钟村中心小学教师，综合实践活动高级教师，广州市小学名教师工作室主持人，广州市综合实践活动十佳指导教师，广东省小学综合实践活动课程专业委员会理事，广东省创新教育专业委员会理事，广州市小学综合实践活动课程专业委员会理事，广州市综合实践活动特约教研员，番禺区名教师。在广东省第二届青年教师教学技能大赛中荣获一等奖，参与《广州市中小学劳动教育指导纲要》《广州市科技实践教材》和广州版《小学综合实践活动·劳动》教材及教学用书的编写。

"玩转彩虹"作业方案

设计者：简展聪

一、设计意图

Colours（颜色）是教科版小学英语三年级下册Module 1的学习内容，主要是引导学生学习颜色单词的英语表达，了解颜色的特点，学会欣赏颜色的美。"玩转彩虹"作业设计融合了综合实践活动、英语、劳动、科学等多个学科的知识，注重生活性、探究性和实践性，设计了观察彩虹的颜色，探索彩虹形成的原理，表演"彩虹魔术"等作业内容，加深学生对颜色和彩虹形成原理的认识和理解，激发学生科学求知和追求真理的精神。

二、实施对象

本次活动的实施对象是小学三年级的学生。他们对生活中的自然现象比较感兴趣，已具有一定的科学常识和观察能力。本次作业设计旨在引导学生通过观察，运用已有的科学知识，对彩虹的形成进行初步阐述，再通过实践探究引导学生观察并总结彩虹中的颜色，用英语表达所看到的颜色，将英语学习与自然现象、科学原理相结合。

三、作业目标

1. 通过网上查阅资料、实地调查等方式，观察彩虹的颜色，了解彩虹和颜色之间的关系，加深对彩虹形成原理的理解。

2. 运用彩虹形成的原理，向大家展示一个"彩虹魔术"表演，培养学生的实践探究能力、观察能力和综合运用学科知识解决问题的能力。

四、作业内容

1. 初步观察彩虹的颜色。

2. 了解彩虹形成的原理。

3. 运用彩虹形成的原理，表演"彩虹魔术"。

五、作业实施

任务一

小明和小红对于彩虹中的颜色好像有不同的意见，彩虹里究竟有哪些颜色？

○ 讨论区

我在我家楼顶见到过彩虹，我看到了很多颜色，有红色、橙色、蓝色等七种颜色。

我在网上见过彩虹的图片，也查过关于彩虹的资料，彩虹中好像不只有七种颜色。

同学们，你们对彩虹颜色的认识有多少呢？我们试着帮帮上面的同学吧！

○ 实践坊

观察彩虹的颜色

同学们，我们试着在网上找一找彩虹的图片，或者在生活中抓住看到彩虹的难得机会，观察颜色，并记录下来。

1. 观察前：

我猜彩虹里有_____种颜色，它们有：_____

_____。

2. 观察后：

观察时间	观察途径/地点	观察图片	观察结论

任务二

小明和小红在网络上查了一些资料，是关于彩虹形成的原理的，我们来了解一下吧！

讨论区

彩虹是气象中的一种光学现象。当太阳光照射到半空中的水滴时,光线被折射及反射,在天空上形成拱形的七彩光谱。

由外圈至内圈呈红、橙、黄、绿、蓝、靛、紫七种颜色。事实上彩虹有无数种颜色,比如,在红色和橙色之间还有许多种细微差别的颜色。

关于彩虹形成的原理还有很多相关的知识点,我们去查一查吧!

 实践坊

彩虹形成的原理探索

根据以上两位同学搜集的资料,我知道了彩虹是气象中的一种_____现象。太阳光照射到半空中的水滴后,光线会被_____和_____,由外圈到内圈呈_____、橙、_____、绿、蓝、_____、紫七种颜色,但事实上彩虹有_____种颜色。

我还能在网上查到关于彩虹形成的其他知识,如:_____。

任务三

小明和小红学习了怎么变出一道彩虹,我们也来跟着学一学,成为一名小小魔术师吧!

 讨论区

三棱镜会将白色光分解为多种单色光,形成红、橙、黄、绿、蓝、靛、紫七种色光。彩虹也是太阳光沿着一定角度,射入空气中的水滴,形成的一种色散现象。

阳光射入水滴时,会同时以不同角度入射,在水滴内以不同的角度反射。瀑布中水流经过剧烈冲击,会有大量小水滴产生,所以很容易形成彩虹。

 根据小明和小红给我们提供的原理,我们也来试着"变"出一道彩虹,观察你能看到的颜色吧!

 实践坊

魔术一：三棱水晶变出光学彩虹

准备工具：三棱镜。

操作步骤：

1. 将房门掩起，留一条缝隙。

2. 在门外放一个光源，可以用手机背光将三棱镜放在光线上，调整好角度。

3. 地上出现了一条美丽的光学彩虹！

魔术二：喷水变出彩虹

准备工具：喷水工具，如浇花的喷雾器等。

操作步骤：1. 在阳光下往空气中喷水。2. 观察色散。

你还有哪些彩虹魔术的构思与想法？

_____变出彩虹

准备工具	
操作步骤	
原理	

六、作业评价

1. 跟老师和同学交流分享作业成果，并把你的魔术拍成一个视频，根据别人的建议修改作业。

2. 根据表现，进行多维度评价。

评价标准	老师评价（A/B/C）	同学评价（A/B/C）	家长评价（A/B/C）	自我评价（A/B/C）
态度认真				
认真观察				
积极探究				
创新意识				
操作熟练				

【设计者简介】

简展聪，广州市天河区员村小学教师。

"绕线创意同心圆手工"作业方案

设计团队：曾碧燕　骆燕茜　张映斌

一、设计意图

"绕线创意同心圆手工"作业设计，通过让学生亲身经历制作手工的过程，体验劳动的艰辛和劳动创造的快乐，乐意和别人分享自己的劳动成果及学会欣赏他人的劳动成果，养成良好的劳动习惯。同时，使学生明白数学与生活是密切相关的，数学存在美，让学生体会数学的魅力，激发学生学习数学的兴趣。通过参与校内手工制作劳动，从中发现内圆有大有小的问题，并有创意地解决问题，设计出大大小小的内圆，制作出一份份精美的同心圆手工。通过解决实际问题，发现其中的数学知识，服务于学习和生活。

二、实施对象

本次活动的实施对象是小学六年级的学生。他们已经形成了个人的审美观念，同时对折纸等手工创作比较感兴趣，动手能力比低年级的学生要强。学习"圆的认识"，圆的"直径"和普通的"弦"是有区别的，但学生对这一知识掌握不好，学得不是很理想。设计"绕线创意同心圆手工"作业，创设具体的手工制作任务，让学生通过动手实践探究，更加了解圆的知识。同时使学生明白数学与生活是密切相关的，通过解决实际问题来掌握数学知识，服务于学习和生活。

三、作业目标

1. 学会安全使用剪刀，利用剪刀、卡纸和线有效地设计与制作有关圆的装饰模型。

2. 能主动参与制作同心圆手工劳动，美化教室或家居，具有热爱生活的态度及积极参与学校和家庭生活的意愿。

3. 通过实践操作，初步掌握手工设计与制作的基本技能；初步学会根据设想选择材料，能正确使用一些生活中常见的手工工具，并能合理选择工具，利用工具安全有效地对材料进行加工。

4. 通过参与校内手工制作劳动，从中发现内圆有大有小的问题，并有创意地解决问题，设计出大大小小的内圆，制作出一份份精美的同心圆手工。通过解决实

际问题，发现其中的数学知识，服务于学习和生活。

四、作业内容

在圆卡纸上用弦绕线，制作有创意而美观的同心圆手工。

五、作业实施

任务一

"看一看"：什么是同心圆呢？在我们身边，你能找到它吗？

讨论区

我们可以上网搜索一下生活中有哪些东西是同心圆的图形。

我们可以观察一下家里和学校里面，哪些地方或者物品是同心圆的结构或者图形。

同学们，我们还可以通过什么方式来找到同心圆呢？大家一起来探讨一下吧！

实践坊

发现身边的同心圆

同学们，你们发现身边有哪些同心圆呢？把它们拍照，记录下来吧！

发现时间	发现地点	物品名称	物品图片
5月1日	邻居家	瓷砖	
5月2日	客厅	蚊香	

任务二

"做一做"：我们学习和了解了"圆的认识"，但小明对弦和直径还不是很理解，大家帮他想想办法吧！

讨论区

我们可以一起动手，尝试制作一个同心圆。

如何制作一个同心圆？制作同心圆需要哪些材料和工具？

下面我们一起动手来学习制作一个同心圆，加深对弦和直径的理解吧！

 实践坊

制作同心圆

材料与工具：

1. 材料：一张卡纸、一些线。

2. 工具：画圆的工具、剪刀。

步骤与方法：

1. 用铅笔在卡纸上用圆规或实物圆画一个圆，并剪下来。

2. 用圆规或铅笔和尺子在圆周上画出均匀的点，各点之间的距离≤0.5厘米，并用剪刀沿着各点剪开一个小口，小口≤0.3厘米。如下图：

剪出圆，画点

沿着各点剪小口

3. 绕线。先用一段线绕一个点A_1，再绕到与点A_1相对的点B_1（注意：两点相连的线要小于直径），接着绕点A_1左边的第一个点A_2，再绕点B_1右边的第一个点B_2，如下图，然后继续绕线，直到绕完所有圆上的点。最后把线绕到对面的点跟其中一根线打结，并将线的首段剪一部分，整理好之后就可以作为装饰品挂起来了。

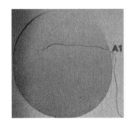 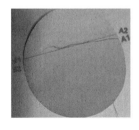 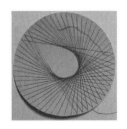 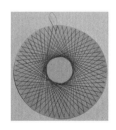

要求与安全提示：

1. 在圆上打点要均匀，口不要剪太大。

2. 使用剪刀要小心，不能对着自己或他人，如果要传递剪刀，要先把剪刀合拢，手握着合拢的刀尖，剪刀柄向着他人。

3. 绕"弦"而不是绕"直径"。

4. 绕线时不能太松，也不能太紧。太松，线会松松垮垮不好看，太紧，卡纸会翘起来。

任务三

　　"说一说"：通过动手实践，你们发现了什么？跟我们一起来分享一下你的想法吧！

讨论区

　　我们通过绕线的方式，得到了不同大小的圆。

　　如果我们绕线的那个弦的长度越接近直径，那么内圆就越小。

　　看来同学们都已经基本掌握了做一个同心圆的技巧，让我们课后尝试将多个不同的同心圆组合成一个漂亮的装饰品吧！

六、作业评价

1. 小组分享交流自己的作业成果，并根据他人的建议继续完善自己的作业。

2. 在这次的作业实践中，你对自己的表现满意吗？对照下面的评价表说一说自己的表现，并让同学、老师和家长给你评分。（5分/每项）

评价内容	自评	同学评	老师评	家长评
认真观察				
积极探究				
操作熟练				
富有创意				
乐于分享				

【设计团队负责人简介】

　　曾碧燕，广州市白云区江村中学教师，中学一级教师，白云区劳动教育研究会理事。

"图形的运动在生活中的应用"作业方案

设计团队：邱翠红　吴诗敏

一、设计意图

"图形的运动（三）"是人教版小学数学五年级下册第五单元的学习内容，主要是让学生了解图形有哪些运动，通过实际操作让学生认识图形运动的特点。"图形的运动在生活中的应用"作业设计融合了综合实践活动、劳动、数学等多个学科的知识，设计了观察图形的运动在日常生活中的应用，能从对称、平移和旋转的角度欣赏生活中的图案，并运用它们在方格纸上设计简单的图案，根据图形对称、平移和旋转等的运动特点来设计花纹或图案，制作生活用品，进一步感受图形变换带来的美感以及在生活中的应用等作业内容，激发学生的探究欲望与兴趣，发挥学生的创造性，培养学生的实践探究能力和综合运用学科知识解决问题的能力。

二、实施对象

本次活动的实施对象是小学五年级的学生。他们对生活中的事物比较感兴趣，已经具有一定的空间思维能力，而且在以往的学习中初步认识了图形轴对称和平移的运动特点。本次作业设计在此基础上，先向学生展示一组含图形的轴对称、平移的运动的实物图片，温习图形的轴对称、平移的运动特点，再引入学习图形的旋转，深入感受图形的运动在生活中的应用，激活学生已经积累的有关图形运动的感性认识，再通过实践探究活动让学生了解图形运动的特点，将数学学习与生活实际结合起来。

三、作业目标

1. 通过网上查阅资料、实地调查等方式，了解图形的运动在生活中的应用，加深对图形运动的特点的理解。

2. 应用图形运动的特点，设计一些通过图形运动得出的精美图案，培养学生的动手操作能力以及审美能力，激发学生的探究欲望与兴趣。

3. 观察日常用品，看看哪些是利用了图形运动的原理设计的，思考能不能融合图形运动的特点加以改良，以此来满足生活的需要，发展学生的创新能力。

四、作业内容

1. 了解图形运动在日常生活中的应用。

2. 应用图形运动的特点，设计出精美的图案。

3. 根据图形运动的特点，设计或改造日常生活中的物品，使它更具特色。

五、作业实施

任务一

同学们，你们知道生活中有哪些应用了图形运动的特点的事例？可以通过哪些方式来了解呢？

讨论区

我们可以通过上网查阅生活中应用图形运动的特点的例子。

我们可以观察一下家里、小区或者商店中应用图形运动的特点的例子。

我们可以问一下亲朋好友或者老师，在生活中应用图形运动的特点，可以给我们的生活带来哪些好处？

实践坊

观察图形运动在日常生活中的应用

同学们，我们观察一下家里和小区里应用图形运动的特点的例子，然后把它们记录下来吧！

观察时间	观察地点	发现的例子	观察到的现象	运用的知识
6月5号	家里	推拉门	家里阳台的推拉门就是利用图形的平移原理进行的	图形的平移
6月 日	体育室	乒乓球拍	乒乓球拍的平面就是一个轴对称的图形	图形的轴对称
6月 日	教室	风扇	教室的风扇就是利用图形的旋转运动原理进行的	图形的旋转

 任务二

同学们，小明学习了图形的运动后，对图形的运动还不是很理解，大家帮小明想想办法吧！

讨论区

我们可以通过把一个图形平移、旋转等来理解。

我们可以尝试根据图形运动的特点来设计一些精美图案。

实践坊

制作精美图案

材料与工具：

1. 材料：A4画纸一张、尺子一套、铅笔、彩色笔。

2. 工具：剪刀。

步骤与方法：

1. 用尺子和铅笔在A4纸上画出一个自己喜欢的图形。

2. 把画好的图形通过平移、旋转、对称等运动设计出精美的图案。

3. 把画好的图案剪出来。

安全提示：

使用剪刀时注意安全，用完后要及时把剪刀收纳好。

任务三

同学们，了解了图形运动的特点后，你们能利用这个原理制作一些生活中的小物件吗？我们一起来试试吧！

 讨论区

在我们的日常生活中，我们的风扇是利用了旋转的原理来设计的，我们能不能从中得到一些启发呢？

我们可以根据风扇旋转这个运动原理，设计风车和小扇子。

我们还可以利用轴对称的原理，设计一些精美的风筝。

 实践坊

制作风车

材料和工具：

1. 材料：正方形彩色纸一张、大头针一枚、吸管一根。

2. 工具：剪刀。

步骤与方法：

1. 将正方形纸沿两条对角线对折，对折后展开。

2. 将四个角分别沿对角线向中心点剪开，剪到距离中心点1/3处停下。

3. 再取四个相互间隔的角弯折到中心点，角尖相互重叠。

4. 将大头针从外到里穿过角尖，然后穿过纸张的中心点，最后将大头针穿入吸管末端。这样，一个纸风车就完成了。

安全提示：

1. 使用小的剪刀。

2. 剪刀不能对着自己或他人，如果要传递剪刀，要先把剪刀合拢，手握住合拢的刀尖，剪刀柄对着他人。大头针注意摆放在安全位置，使用时勿扎到手指或他人。

3. 用完后要及时把剪刀收纳好。

六、作业评价

1. 跟老师和同学交流分享作业成果，并根据他人的建议修改、完善作业。

2. 在这次作业实践中，你对自己的表现满意吗？对照下面的评价表说一说自己的表现，听一听同学、教师、家长的意见，请用描述性的语言进行评价。

评价内容	自评	同学评	教师评	家长评
认真观察				
积极探究				
操作熟练				
富有创意				
团结协作				
乐于分享				
质量较好				

【设计团队负责人简介】

邱翠红，广州市从化区太平镇中心小学教师，广州市第18届中小学综合实践活动学科特约教研员，从化区教育学会中小学综合实践活动教学研究会理事，从化区综合实践活动第二届十佳教师。

"青铜器与甲骨文的实践探究"作业方案

设计团队：高钜杨　杨静敏

一、设计意图

"青铜器与甲骨文"是人教版中学历史七年级上册第五课的学习内容，主要是让学生了解青铜工艺的成就，知道甲骨文是已知最早的汉字，了解现代的汉字与甲骨文的渊源关系，认识到我国古代的文明辉煌灿烂、源远流长，具有极其强大的生命力。开展史料实证的实践探究活动，有利于学生对历史形成正确、客观的认识，重视史料的搜集和解读，并在学习和探究活动中加以运用。"青铜器与甲骨文的实践探究"作业设计融合了历史、美术、综合实践活动、劳动等学科知识，突破了传统学科学习单纯练题、做题的机械性作业形式，创新作业设计，着力培养学生的历史核心素养和动手实践能力，在实践中有效提高学习的直观性、趣味性、参与度，提高历史学习的兴趣，有效增强学生对历史知识的记忆、理解。

二、实施对象

本次活动的实施对象是初中学段七年级的学生。七年级的学生刚接触历史学科，虽然历史知识储备较少，对了解历史的途径、学习历史的方法和意义等认识不深，但是他们接受能力强、求知欲强，对历史学科有浓厚的兴趣，且课堂上所学的历史知识为他们奠定了一定的知识基础，再加上现在的学生阅读量丰富，爱好广泛，多才多艺，有较大的发展潜能。

三、作业目标

1. 以小组为单位参观花都区花东镇水口营村探花祠商氏陈列馆，实地考察、学习家乡名贤商承祚教授对甲骨文的研究，进一步了解甲骨文的造字特点、史料价值等，增进对优秀传统文化的了解，提高对家乡名人的认识，进而增强对家乡的认同感、民族自豪感和文化自信，涵养家国情怀素养。

2. 通过选择感兴趣的青铜器、甲骨文文物模型，收集、挖掘史料，仿制文物，培养学生阅读、收集、分析史料的能力，培育史料实证的核心素养，在仿制中提升学生的艺术素养和实践能力，培养学生的劳动技能。

3．通过为自己制作的文物撰写介绍词或感想，提高对文物的认识，加深对课本上历史知识的认识，形成历史之理解与认识，培育历史解释的核心素养。在撰写仿制文物的感想中，感悟中华民族的悠久历史和灿烂文化，自觉延续文化基因。

4．策划优秀成果展，通过布展、讲解仿制文物的基本信息和历史价值，提高学生的综合素质与能力。

四、作业内容

1．学生参观花东镇水口营村的商氏陈列馆，了解家乡名贤商承祚先生在研究甲骨文方面所取得的重要成果，结合历史课本知识和网上查阅资料，形成对甲骨文、青铜器的整体认识。

2．选择感兴趣的青铜器、甲骨文等历史文物进行仿制，并撰写介绍词和感想，介绍词中包含文物的基本信息、历史背景及其制作过程、方法。

3．策划优秀成果展，向同学们讲解作品。

五、作业实施

任务一

我国甲骨文研究专家商承祚先生的祖籍在花都区花东镇水口营村，位于水口营村的商氏陈列馆详细介绍了商承祚先生在甲骨文研究方面所取得的巨大成就。请同学们开展一次研学活动，深度了解水口营村探花祠的历史和商承祚先生对甲骨文研究所作出的贡献。

资料袋

同学们，花东镇有一个"探花村"，村子有"连科三进士，同榜两贡生"的美誉。据记载，"连科三进士，同榜两贡生"说的就是商廷修（光绪己丑恩科顺天单人三十五名，殿试二甲，钦点户部主政）、商衍鎏（中国最后一个探花，曾任广东省文史馆馆长）。商衍鎏的儿子商承祚是中山大学的教授，中国著名的古文字学家、考古学家，拜甲骨学大家罗振玉为师，学习甲骨文、金文，21岁便出版了一部甲骨文字典《殷虚文字类编》，可谓弱冠成名，得到名师罗振玉、王国维的赞赏。甲骨文距今已有3000多年历史，同学们可能会觉得离我们太遥远，但是历史其实就在我们身边，在我们的家乡中。请同学们以小组为单位参观花东镇水口营村的商氏陈列馆，并自行上网查阅商承祚先生的著作，如《殷虚文字类编》《福氏所藏甲骨文字》和《殷契佚存》等，最后填写研学记录表，以此加深对家乡历史和甲骨文的认识。

"青铜器与甲骨文的实践探究"研学活动记录表

学校名称：　　　　　　　　　　　　　学生姓名：

研学活动主题			
研学活动时间		研学活动地点	
指导老师		联系电话	
研学主要内容：			
研学过程记录（可粘贴照片）：			
研学活动感受：			
结合所学，对甲骨文的整体认识：			

任务二

请结合书本和自行上网查阅青铜器、甲骨文的资料，并按照个人兴趣、爱好，选择想要仿制的青铜器或甲骨文。

1. 请自行购买相应的材料独立完成青铜器或甲骨文的仿制。（可以选用环保材料如可回收的废纸、蛋托、木片、塑料、硬纸板，或者轻黏土、软泥等）

2. 上网查阅资料，挖掘仿制的青铜器或甲骨文的历史背景资料。

3. 撰写介绍词与感想。

我为文物打call

作品名称	
仿制作者	
作品简介	
制作材料	
制作方法	

任务三

举行一次青铜器（或甲骨文）仿制文物成果展，并向参观者讲解仿制文物的历史意义和价值。

1. 根据作品的品类、主题等策划仿制文物的成果展。

2．撰写作品的讲解词，可从仿制文物的历史背景、历史价值，选择仿制它的原因、如何仿制、活动感受等多方面撰写讲解词，时间为3分钟。

3．教师依据学生仿制品的艺术性、还原度、创新性和讲解水平等多方面量化评价标准，对学生参与本次活动成果进行公平、公正、公开的评价。

我的讲解词

_____

_____

_____

_____

六、作业评价

1．举行一次作业成果分享交流活动，并根据他人的建议修改、完善作业。

2．对照下面的评价表开展自我评价，请用描述性语言进行评价。

评价内容	自评	同学评	教师评	家长评
认真观察				
积极探究				
工匠精神				
艺术素养				
团队精神				
富有创意				
乐于分享				

【设计团队负责人简介】

高钜杨，广州市花都区花东镇大塘初级中学教师，初中综合实践活动高级教师，广州教育学会中小学综合实践活动专委会理事、学术委员会委员，广州市名校长工作室主持人。

"夏至日的跨学科认知"作业方案

设计者：李学宁

一、设计意图

在初中地理课本中，我们学习了"地球与地图"，掌握了纬线与纬度的基本概念。地处北回归线上的广州，夏至将至，如何应用这一重要时机，让学生在跨学科主题学习中得以有深度地学习，这是作业设计者追求的主题。广州，处在北回归线上。夏至到来，广州将出现"立竿无影"的现象，班级将组织主题为"夏至日的跨学科认知"的综合性学习活动。之后，老师带领指导初二学生，就夏至日的到来，开展"土圭的设计与制作"的综合实践活动；组织学生在夏至日进行立竿影子测量，加深对夏至日相关知识的认识。在活动中综合运用地理、数学、语文等学科知识，让学生在活动中深度认知节气——夏至日。"夏至日的跨学科认知"作业，发挥多元的拓展功效和评价功能，让学生在参与实践活动时，综合性地融合多个学科知识解决实际问题。

二、实施对象

本次活动的实施对象是初中二年级的学生。初二的学生，在知识层面上，具备了初中地理学科知识和初中数学知识，特别是初中数学中的相似三角形、解直角三角形知识；在学科思维上，逐步掌握了数学的建模知识和思维，对问题初步有建立思维模型的能力；在实践能力上，已有一定的实践能力，其动手实操、使用生活工具的能力也得以发展。初二学生已具备"土圭的设计与制作"的相关知识和能力，通过设计相关作业，培养学生综合运用多个学科知识解决问题的能力和素养。

三、作业目标

（一）总体目标

让学生通过"夏至日的跨学科认知"这一综合性学习活动，学会尊重自然规律、利用自然规律；学会合作探究，综合利用多个学科知识，分析社会问题，逐步形成有社会责任、有事务担当、懂得解决问题的意识，让学生的核心素养得以发展。

（二）分类目标

1. 价值观的培养。通过跨学科主题学习活动，让学生亲历社会实践，产生对自然、社会的热情和尊重。

2. 问题解决能力的提高。通过实践探究活动，学生学会将问题转化为有价值的研究课题，能主动运用所学知识理解与解决问题，形成研究报告。

3. 学科知识的综合应用。本次作业设计，就是要求学生能够综合运用多个学科知识，如地理学科的夏至期间日照角度、数学学科的解直角三角形知识、语文的对诗歌的深度学习等，帮助解决日常生活中的问题。

四、作业知识点

（一）地理学科

1. 广州所处的地理位置（北回归线上）。

2. 夏至期间太阳的照射角。

（二）数学学科

1. 三角形相似。

2. 解直角三角形。

（三）语文学科

收集与夏至日相关的诗词，深度学习并感受诗人的丰富情感。

（四）综合实践活动

调查方法、方案设计、模型制作、研究报告撰写。

以上作业知识点的布点，真正体现了"跨学科"深度融合。

五、作业实施

（一）作业情境

夏至，广州炎热、多雨。广州，一个地处北回归线上的城市，在夏至将会出现"立竿无影"的现象。学校初二年级某班级，组织学生开展"夏至日的跨学科认知"综合性学习活动。制作出来的"土圭"，用于在夏至当天，组织学生对当天的太阳以及天气进行测量、记录、思考，感受"立竿无影""东边日出西边雨"的神秘现象，从而产生对自然的敬畏，爱护环境、保护环境。

（二）问题链接

夏至日，在广州，"立竿无影"在什么时间出现？中午前后太阳照射影子的变化规律如何？

夏至日午后2点，在广州，太阳照射地面的高度角是多少？

"土圭"制作的原理及要求。

以"土圭"为测量工具，利用同学们的大小不一的"土圭"，在同一时间测量太阳影长，比较影长与"表"的关系。

（三）作业内容及实施

1. 知识廊

任务一

学生根据地理学科知识，回答以下问题。

①什么是地理学科上的"太阳高度角"？当太阳照射角为0度或90度时，分别表示什么意思？

②什么是纬线与纬度？

③在广州，"立竿无影"会在什么时间出现？

④简述"北回归线"。

2. 实践坊

任务二

小组合作，制作"土圭"。

①教师指导学生学习"土圭"制作的原理。

"土圭"是古代测量日影长度，以定方向、节气和时刻的天文仪器，由"圭"和"表"组成。当太阳照射在"表"的身上时，"圭"上出现"表"的影子，根据影子的方向和长度，就能读出时间。

②"土圭"结构。

"土圭"是由"圭"和"表"构成。其中，水平放置于地面上、刻有刻度以测量影长的标尺，叫作"圭"；垂直于"圭"的直杆，叫作"表"。因此，"土圭"也叫作"圭表"，是度量日影长度的一种天文仪器。

③教师指导学生分组制作。

任务三

夏至当天，小组开展实践活动。

①各小组利用制作的"土圭"，到有太阳照射的空地上，开展"土圭"测量、记录活动。

②各小组将观察到的信息，记录在下表中。

夏至日	8：00	9：00	10：00	11：00	12：00	13：00	14：00	15：00	16：00	17：00	18：00
表高											
圭长											

③广州夏至正午，在"土圭"上标示圭点位置，观察"立竿无影"的现象。

④记录广州夏至当天，天气状况：

时间	6：00	8：00	10：00	12：00	14：00	16：00	18：00	20：00	22：00	24：00
温度										
天气状况										

3. 探究场

数学问题：

作业1：如何利用制作的"土圭"计算太阳的高度角？如夏至当天某一时刻，"土圭"已知："表"的高度是20cm，测得"圭"的长度是14cm，求此时太阳的高度角。

作业2：在作业1的基础上，同一时间，测得某建筑物的影子是15米，求该建筑物的高度。（可利用直角三角形或相似三角形知识来计算）

探究以上问题，根据得出的结论，谈谈太阳照射影子的变化规律。

4. 情感屋

鼓励学生畅谈"节气——夏至日"。同时，鼓励学生收集与夏至有关的诗词，学习其中的1～2篇，感受古人对夏至的情怀。

竹枝词

[唐]刘禹锡

杨柳青青江水平，闻郎江上踏歌声。

东边日出西边雨，道是无晴却有晴。

①分析词作背景。

②如何解释：东边日出西边雨，道是无晴却有晴。

③学生背诵《竹枝词》。

④给《竹枝词》配上图画。

六、作业评价

评价内容	自我评价	同学评价	教师评价	家长评价	总星数
作品制作	☆ ☆ ☆ ☆ ☆	☆ ☆ ☆ ☆ ☆	☆ ☆ ☆ ☆ ☆	☆ ☆ ☆ ☆ ☆	
合作探究	☆ ☆ ☆ ☆ ☆	☆ ☆ ☆ ☆ ☆	☆ ☆ ☆ ☆ ☆	☆ ☆ ☆ ☆ ☆	
知识运用	☆ ☆ ☆ ☆ ☆	☆ ☆ ☆ ☆ ☆	☆ ☆ ☆ ☆ ☆	☆ ☆ ☆ ☆ ☆	
情感表达	☆ ☆ ☆ ☆ ☆	☆ ☆ ☆ ☆ ☆	☆ ☆ ☆ ☆ ☆	☆ ☆ ☆ ☆ ☆	
总星数					

【设计者简介】

　　李学宁，广州市番禺区石楼教育指导中心教师，广州市综合实践活动特约教研员。

"3D全息投影仪和影像的简单制作"作业方案

设计团队：陈　灿　洪嘉榕　李　欢

一、设计意图

"平面镜成像"是人教版八年级物理上册第四单元第三节的学习内容，主要是让学生通过本节的学习，理解平面镜成像原理以及学会运用平面镜成像的知识解决相关的问题。"3D全息投影仪和影像的简单制作"作业设计融合了物理、综合实践活动、劳动、数学、工程等多个学科的知识，注重生活性、探究性和实践性，设计了调查全息成像技术的场景应用，制作简易版全息投影仪，模拟全息投影影像制作等作业内容，加深学生对平面镜成像原理的理解，激发学生的探究欲望与兴趣，培养学生的实践探究能力和综合运用学科知识解决问题的能力。

二、实施对象

本次活动的实施对象是初中八年级的学生。他们对动手制作物品比较感兴趣，具有一定的空间思维能力，已经在物理课上学习了光的直线传播、反射原理和平面镜的成像原理以及数学知识"对称"。本次作业设计以此为起点，通过制作简易版3D全息投影仪和3D全息投影像，感受平面镜成像原理在全息投影中的应用，激活学生已经积累的有关感性认识，再通过实践探究活动让学生了解平面镜成像原理在全息投影技术上的运用，将物理、数学等学科学习与STEM科创结合起来。对于刚开始学习平面镜成像知识的八年级学生而言，他们的空间思维能力会有一定的局限性，所以需要在作业设计中多加引导。

三、作业目标

1. 通过网上查阅资料、图书馆阅读书籍等方式，了解全息投影的应用，加深对全息投影技术利用平面镜成像原理的特点的理解。

2. 应用平面镜的像和物关于镜面对称的原理，制作一个简易版3D全息投影仪，培养学生的动手操作能力，激发学生的探究欲望与兴趣。

3. 通过进一步深入研究，运用全息成像原理制作一个全息成像作品，培养勤于思考、勇于创新的科学品质。

四、作业内容

1. 了解全息投影的技术应用。

2. 应用平面镜的像和物关于镜面对称的特点，制作一个简易版3D全息投影仪。

3. 创作3D全息投影影像，使它能在全息投影仪中间形成统一影像。

五、作业实施

任务一

　　小粤想知道哪些场景应用了平面镜成像原理以及平面镜成像特点，可以通过哪些方式来了解？

讨论区

　　我们可以上网查阅一下生活中应用平面镜成像原理的场景。

　　我们可以到图书馆阅读相关书籍，了解应用平面镜成像原理的场景。

　　我们可以询问相关人士，这些全息成像物品对我们的生活有什么作用？

实践坊

查阅平面镜成像原理在生活中的应用

　　同学们，我们上网查阅一下生活中应用平面镜成像技术的场景，把它们记录下来吧！

查阅时间	查阅到的技术应用区	场景举例	场景图片	运用的知识
5月16日	文旅景区	互动地幕、全景影院、水秀、建筑投影等		应用平面镜成像的特点

任务二

　　小广学习了平面镜成像原理后，对平面镜成像原理在生活中的运用不是很理解，大家帮小广想想办法吧！

讨论区

我们可以尝试做一个简易版全息投影仪，并观察它，以此来理解平面镜成像原理在全息投影技术上的运用。

同学们，那我们开展一次设计制作活动，加深对全息投影成像的特点的理解吧！

实践坊

制作简易版全息投影仪

材料与工具：

剪刀、透明胶、尺子、纸、透明硬塑料（如：CD盒、透明包装盒、一次性透明饭盒、高清硬手机膜等，没有的可以拿矿泉水杯）。

步骤与方法：

1. 在白纸上画出等腰梯形。

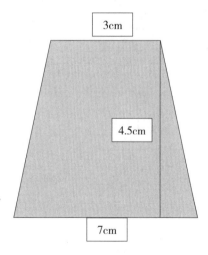

该等腰梯形的上边为3cm，下边为7cm，高4.5cm，请问它的腰有多长呢？

请根据你的计算结果，画出该等腰梯形。

2. 用笔和尺子在透明硬塑料上临摹刻画四个在白纸上画出的等腰梯形。

3. 用剪刀剪下透明硬塑料上的四个等腰梯形。

4. 接着把四个等腰梯形的腰用胶带粘起来，呈现类似金字塔的立体图形来。

安全提示：

正确使用剪刀，剪裁透明硬塑料时，避免被划伤。

小穗也想制作如此奇妙的全息投影影像，你觉得应该怎么制作？

讨论区

通过观看现成的全息投影影像，我觉得可以通过四台录像设备录制四个角度的同一动作，然后合成一个画面，制作模拟全息投影视频。

我觉得可以通过电影幕布特效合成。

我觉得可以通过从不同角度分四次录制同一动作，合成一个画面，来制作模拟全息投影视频。

现在我们通过从不同角度分四次录制同一动作，合成一个画面，来制作模拟全息投影视频吧！

实践坊

模拟全息投影影像制作

材料与工具：

自制的3D全息投影仪、手机、视频剪辑软件、笔、白纸等。

步骤与方法：

1. 在同一高度、距离，从正面、左侧面、右侧面、背面四个方向录制同一个动作，得到四个视频。

2. 手机下载并打开视频剪辑软件（以剪映为例）。

3. 选择已录制的四个方向的视频。

4. 导入四个视频后分别进行智能抠图，抠出背景。

5. 设置其中三个视频为画中画。

6. 将四个视频缩为一样大后旋转和调整角度。

7. 将分辨率和帧率调整到最高后导出视频。

8. 在影像上方的中间放自制的3D全息投影仪，观察在3D全息投影仪上影像成像的大小、方向等是否有问题，影像有问题的话，再进行调整。

安全提示：

制作过程中请注意安全，不可在有安全隐患的地方录制。

六、作业评价

1. 跟老师和同学交流分享作业成果，并根据他人的建议修改、完善作业。

2. 在这次作业实践中，你对自己的表现满意吗？对照下面的评价表说一说自己的表现，听一听同学、教师、家长的意见，并给打分。

评价内容	自我评价 （A/B/C/D）	家长评价 （A/B/C/D）	教师评价 （A/B/C/D）
科学精神			
问题意识			
自主学习能力			
实践探究能力			
合作意识			
任务完成度			
我的收获			
需要努力的地方			

【设计团队负责人简介】

　　陈灿，广东省教育研究院黄埔实验学校教师，综合实践活动高级教师，广州教育学会中小学综合实践活动专委会理事、教师发展部副主任，广州市第十九届中小学特约教研员，广州市《初中综合实践活动·劳动》教材及教师用书编委。

"学会合理消费"作业方案

设计者：康玉婵

一、设计意图

　　"学会合理消费"是人教版初中道德与法治九年级第三单元第七课"关注经济发展"第三框题的内容，主要是让学生了解怎样做到理性消费和环保消费。"学会合理消费"作业设计融合了综合实践活动、劳动等多个学科的知识，设计了如下作业：关于中学生消费现状的调查研究，关于合理消费的方法探究；制订购物计划，到超市进行购物，加深对合理消费的理解；设计与制作义卖物品，通过义卖行动加深对环保消费的认识。本次作业设计旨在激发学生的探究欲望与兴趣，培养学生的实践探究能力和综合运用学科知识解决问题的能力。

二、实施对象

　　本次活动的实施对象是初中九年级的学生。他们已经具有一定的消费经验，但是对于如何理性消费以及环保消费，缺乏系统的学习。本次作业设计以此为起点，让学生进行关于中学生消费现状的调查研究，关于合理消费的方法探究，了解中学生消费现状以及探究合理消费的方法，并通过制订购物计划，到超市进行购物，加深对合理消费的理解。通过设计与制作义卖物品，进行义卖行动，加深对环保消费的理解。

三、作业目标

　　1. 通过实地调查、访谈等方式，了解中学生消费现状以及探究合理消费的方法。

　　2. 通过制订消费计划，以及到超市进行购物体验，加深对合理消费的理解。

　　3. 通过设计与制作义卖物品，开展义卖活动，加深对环保消费的理解，激发学生的探究欲望与兴趣，培养学生的实践探究能力和综合运用学科知识解决问题的能力。

四、作业内容

　　1. 调查中学生的消费现状，探究合理消费的方法。

　　2. 制订消费计划，到超市进行购物。

　　3. 开展义卖活动，设计与制作义卖物品。

五、作业实施

任务一

　　小明想了解中学生消费现状并探究合理消费的方法，可以通过哪些方式来了解？

讨论区

　　我们可以通过问卷调查的方式，对中学生、老师、家长等进行调查，了解中学生消费现状并探究合理消费的方法。

　　我们可以通过采访的方式，对中学生、老师、家长等进行采访，了解中学生消费现状并探究合理消费的方法。

　　同学们，让我们制订调查表和设计访谈问题，对中学生、老师、家长等进行调查和访谈，了解中学生消费现状并探究合理消费的方法。

实践坊

关于中学生消费现状调查

访谈方案　　　　　　　　　　　　制订人：

访谈目的	调查中学生消费现状及合理消费的方法
访谈对象	
访谈时间	
访谈内容	1. 中学生经常会购买什么？ 2. 你觉得存在哪些不合理消费的现象？
访谈提纲	

访谈记录表　　　　　　　　　　　　记录人：

访谈对象	中学生消费现状	不合理消费的现象

访谈结果分析　　　　　　　　　　　　分析人：

通过访谈调查发现：
中学生经常会购买＿＿＿＿＿＿＿＿＿＿，存在的一些不合理消费的现象有＿＿＿＿＿＿＿＿＿＿。

任务二

　　小白了解了中学生的消费现状，同时也学习了一些合理消费的方法，但如何应用到实际生活中呢？请大家帮小白想想办法吧！

讨论区

首先了解家里缺了什么生活必需品，制订一个购物计划。

根据购物计划，到超市进行购买，通过实施购物计划，学习如何合理消费。

同学们，让我们制订购物计划，并根据计划到超市进行购买，加深对合理消费的理解吧！

实践坊

中学生消费实践活动

（一）制订购物计划表

购物计划表

购物时间		购物地点		准备金额	（　　）元
商品名称	买给谁	用途			预计花费（　　）元
牙膏	全家人	家里的牙膏用完了，为家人购买牙膏。			15元
皱纸、竹签	妈妈	母亲节快到了，我要买一些材料制作手工康乃馨，送给妈妈。			10元
		……			

（二）根据购物计划表，到超市进行购物

温馨提示：1. 购物时一定要保管好自己的现金。2. 出发前最好自己准备一个购物袋。3. 出外购物一定要注意人身安全。

任务三

为了提倡绿色、环保消费，小李打算举办一次义卖活动，请你帮忙支招，到底应该卖些什么？

 讨论区

我们可以举办一个跳蚤书市，把家里看过的书本整理出来进行义卖，既可以实现书本的流通，又可以节约资源，非常环保。

我之前做过一束手工康乃馨给妈妈，妈妈很喜欢，母亲节快到了，我们可以做手工康乃馨进行义卖。

同学们，你们的想法都很好。母亲节快到了，以爱之名进行义卖活动。现在让我们进行义卖物品——手工康乃馨的制作。

○ 实践坊

制作手工康乃馨

材料与工具：

1. 材料：纸巾两张、粉色粉笔、竹签、绿色皱纸、绿丝带、铁丝（从废旧口罩中拆出来）。

2. 工具：剪刀、双面胶。

步骤与方法：

1. 将两张纸巾从中间剪开，叠在一起，正反折，用铁丝固定。

2. 将每一层纸巾抽拉出来并用粉笔上色，整理成花朵形状。

3. 用绿色皱纸剪出四片小叶子，两片稍长。

4. 将竹签与铁丝连接起来，并用丝带缠绕，同步将叶子卷到竹签合适的位置。

安全提示：

1. 使用刀尖是圆形的小剪刀。

2. 剪刀不能对着自己或他人，如果要传递剪刀，要先把剪刀合拢，手握住合拢的刀尖，剪刀柄对着他人。

3. 用完后要及时把剪刀收纳好。

六、作业评价

1. 跟老师和同学交流分享作业成果，并根据他人的建议修改、完善作业。

2. 在这次作业实践中，你对自己的表现满意吗？对照下面的评价表说一说自己的表现，听一听同学、教师、家长的意见，请用描述性语言进行评价。

评价内容	自评	同学评	教师评	家长评
善于调查				
积极探究				
操作熟练				
富有创意				
团结协作				
乐于分享				
质量较好				

【设计者简介】

康玉婵，广州市增城区新塘镇第二小学教师，初中政治一级教师，广州市综合实践活动中心组成员，广州市增城区综合实践活动中心组组长，广州市增城区综合实践活动骨干老师。

"运用三角函数知识测量建筑物高度"
作业方案

设计团队：江启灿　江志灯　江惠兴

一、设计意图

"锐角三角函数"是人教版数学九年级下册第二十八章的学习内容，主要是让学生了解三角函数的概念和应用，通过实际应用让学生认识三角函数的特点。"运用三角函数知识测量建筑物高度"作业设计融合了综合实践活动、劳动、数学等多个学科的知识，设计了理解三角函数的概念，利用三角函数的知识解决测量高大物体和建筑物等生活中的实际问题，服务于生活等作业内容，旨在加深学生对三角函数知识的理解，激发学生的探究欲望与兴趣，培养学生的实践探究能力和综合运用学科知识解决问题的能力。

二、实施对象

本次活动的实施对象是九年级的学生。他们对初中数学中直角三角形和函数的知识已经有了一定程度的理解和掌握，同时对生活中的事物比较感兴趣，具有一定的空间思维能力。本次作业设计以此为起点，引导学生把书本上关于三角函数的知识应用于生活实际问题中，感受数学知识在生活中的应用，激活学生已经积累的有关三角函数的感性认识，再通过实践探究活动让学生了解三角函数的知识内涵和实用性的特点，将数学学习与生活实际结合起来。

三、作业目标

1. 通过阅读资料、访谈交流等方式学习三角函数的概念，了解其在生活中的应用，加深对三角函数知识的理解。

2. 根据三角函数的概念制作测量活动所需工具，培养学生的知识应用能力和动手制作能力，激发学生的探究欲望与兴趣。

3. 寻找身边高大的建筑、树木和物体，使用自制的工具测量出需要的数据，利用三角函数的知识计算出建筑、树木等的高度，发展学生的知识应用能力和创新能力。

四、作业内容

1. 了解三角函数的概念及其知识点在生活中的应用。

2. 利用身边的工具，如量角器、木条等，根据三角函数的概念制作测量活动所需的工具。

3. 寻找身边高大的建筑、树木和物体，使用自制的工具测量出需要的数据，利用三角函数的知识计算出建筑、树木等的高度。

五、作业实施

 任务一

思考如何了解并掌握三角函数的概念和应用。

讨论区

 我们可以通过查阅人教版数学九年级下册第二十八章的学习内容，了解三角函数的概念和应用。

也可以咨询老师或同学，交流学习关于三角函数的概念和应用的知识点。

 **实践坊**

知识点归纳：

1. 三角函数中正切函数的概念和知识要点：

_____

_____

2. _____

 **任务二**

制作测量活动所需要的工具——简易测角仪。

实践坊

自制简易测角仪

材料与工具：

1. 材料：两米左右的长木条一根、教学用量角器一个、棉线一米、大螺母（其他可绑绳的小块重物也行）、激光笔一支、热熔胶枪、简易水平仪一个、数字贴纸、双面胶。

2. 工具：十字螺丝刀、锯子、锤子、木工螺丝。

步骤与方法：

1. 用双面胶和数字贴纸改造大量角器的刻度：把中点"90°"改为"0°"，左右两边的起点"0°"改为"90°"，见示例的设计草图。

2．在量角器底线的中点处钻孔（如右图箭头指示位置），用木工螺丝或铁钉把量角器固定在长木条上，固定位置高度约160cm，木工螺丝拧入80%，不要完全拧入。

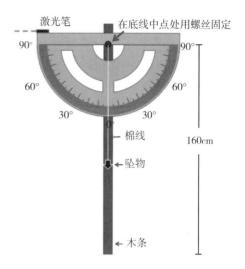

3．把棉绳的一端系在螺丝上，另一端绑重物，使棉绳下坠拉直（铅垂线）。

4．用热熔胶枪把激光笔固定在量角器的90°位置的一角，用于精准指向建筑物最高处。

安全提示：

1．请小心使用螺丝刀、锯子或锤子，注意安全。

2．请正确使用热熔胶枪，防止被烫伤。

任务三

使用自制测角仪测出相关数据，再利用三角函数的知识算出建筑物的高度。

○实践坊

知识准备：三角函数中的正切函数（在直角三角形ABC中，$\tan A = \angle A$的对边比$\angle A$的邻边）

例：

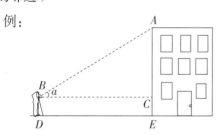

器材准备：皮尺、登记表、铅笔和测角仪。

操作过程：利用测距测角仪、皮尺等进行数据测量；运用三角函数的知识计算出教学楼的高度。

在RT$\triangle ABC$中：$\because \tan a = \dfrac{AC}{BC}$ $\therefore AC = \tan a \cdot BC$ $AE = AC + CE$

利用工具测量出$\angle a$的度数和BC、BD（CE）的长度就可以代入，计算出AE的长度数据。

讨论区

运用这个方法，你能测量出身边建筑物或者大树的高度吗？叫上你的小伙伴一起来试试吧！

各位同学，你们还能想到其他测量或计算建筑物高度的方法吗？

六、作业评价

1. 跟老师和同学交流分享作业成果，并根据他人的建议修改、完善作业。

2. 在这次作业实践中，你对自己的表现满意吗？对照下面的评价表说一说自己的表现，听一听同学、教师、家长的意见，请用描述性语言进行评价。

评价内容	自评	同学评	教师评	家长评
知识理解				
积极探究				
操作熟练				
富有创意				
团结协作				
乐于分享				
效果较好				

【设计团队负责人简介】

江启灿，广州市花都区教育局花东教育指导中心教师，综合实践活动一级教师，广州教育学会中小学劳动教育研究专业委员会副秘书长，广州市初中综合实践活动特约教研员，广州市综合实践活动十佳指导教师。曾参与《广州市中小学劳动教育指导纲要》的编写工作。

"生活中的细菌和真菌"作业方案

设计团队：林婷婷　李晓霞　黎静仪

一、设计意图

"生活中的发酵"是人教版八年级上册生物学第五单元第四章第五节"人类对细菌和真菌的利用"中的内容。本节内容属于《义务教育生物学课程标准（2022年版）》中第二个学习主题"生物的多样性"，其内容要求涉及"有些微生物会使人患病，有些微生物在食品生产、医药工作等方面得到广泛应用"，同时也涉及第七个主题"生物学与社会跨学科实践"中发酵食品的制作。跨学科实践活动中，学生可以在真实情境中解决问题，需要综合运用科学、技术、工程学的概念、方法和思想，设计方案并付诸实施，以寻求科学问题的答案或制造相关的产品。通过考查基础知识、制作发酵食品等活动，提高学生的动手能力和知识应用能力，在实践中体会细菌、真菌与人类生活的密切关系。

二、实施对象

本次活动的实施对象为八年级的学生。他们具有认知发展尚未完善、好奇心重等特质，对食品的制作与保存、清洁能源的应用、细菌制药等内容有较大兴趣。通过学习相关内容，有利于提高学生对社会问题、生态问题、自身健康和安全用药的关注度。由于细菌与真菌不易观察、概念抽象，学生思维发展不全面等原因，学生理解知识相对吃力，因此在作业设计中，可结合生活实际，帮助学生将所学生物知识与日常生活、社会生产联系起来，培养学生应用知识的能力，在实践中提升学生的劳动素养。

三、作业目标

1. 掌握发酵的原理并应用于食品制作中，引导学生将所学生物知识与日常生活、社会生产联系起来。

2. 掌握制作米酒、酸奶、面包等食品的方法，培养学生应用知识的能力。

3. 探究抗生素的作用，提升学生的综合素养。

四、作业内容

1. 掌握细菌和真菌的基础知识。

2. 探究抗生素的作用。

3. 制作发酵食品。

五、作业实施

任务一：基础过关

同学们，我们生活的环境当中有很多看不见的微生物，例如细菌和部分真菌，它们在结构上有什么区别？细菌和真菌跟我们的生活又有什么关系？我们通过下面的练习题来巩固细菌和真菌的基本知识吧！

1. 将糖和酵母菌放入装有温水的玻璃瓶中搅拌，并把挤瘪的小气球套在瓶口，一段时间后，小气球会胀大起来。对此现象的解释，正确的是（　　　）

A. 酵母菌分解糖产生氧气　　　　　B. 酵母菌分解糖产生二氧化碳

C. 酵母菌分解糖产生乳酸　　　　　D. 酵母菌利用糖合成淀粉

2. 下列食品的保存方法不合理的是（　　　）

A. 香蕉——冷藏法　　　　　　　　B. 鲜奶——巴氏灭菌法

C. 袋装肉肠——真空包装法　　　　D. 腊肉——防腐剂法

3. 以下是家庭常见的调味料，其中制作与细菌和真菌无关的是（　　　）

A. 芥末　　　　　　　　　　　　　B. 酱油

C. 陈醋　　　　　　　　　　　　　D. 豆瓣酱

4. 宁宁感冒发烧，医生根据检查判断宁宁的感冒属于细菌性感染，开了抗生素给宁宁服用治疗，以下叙述正确的是（　　　）

A. 为了加快治疗速度，宁宁可以增加每次服用药物的剂量

B. 抗生素可以杀死导致感冒的细菌，而不会影响肠道里的正常菌群

C. 抗生素既可用于治疗细菌性感冒，也可以治疗病毒性感冒

D. 滥用抗生素，容易导致耐药菌的耐药性越来越强

任务二：探究抗生素的作用

 讨论区

小明，我前两天发烧，医生说是细菌感染，我服用了头孢，头孢也是一种抗生素吗？

 这个我知道！头孢是具有消炎作用的抗生素。

 我家里还有剩余的头孢，我们一起来探究抗生素是如何杀菌的吧！

 实践坊

同学们，抗生素是某些真菌分泌的物质，它们可以杀死一些致病细菌。如果你家里的药箱还有未服用完的抗生素，我们尝试探究抗生素的作用吧。可以自己设计探究方案，也可参考下面的方案，加油！

（一）提出问题：_____

（二）作出假设：_____

（三）制订方案：

1. 取两个杯子分别标记为A、B杯。

	A杯	B杯
水	20毫升	20毫升
抗生素	无	放入抗生素，使其溶解

2. 取两个高温灭菌的培养基，标记为甲、乙。

3. 滴五滴A杯液体到甲培养基中，摇匀；_____。

4. 把甲、乙两个培养基在空气中暴露十分钟，盖好培养基进行培养。

（四）实施方案并记录（请设计记录表格，做好记录）

（五）得出结论：_____。

（六）拓展：抗生素的发现与应用是20世纪科学技术史上最伟大的成就之一。由于抗生素的应用，拯救了千百万肺炎、脑膜炎、脓肿、败血症、肺结核、斑疹伤寒等细菌感染性患者的生命，从此人类有了可以同死神抗争的一大武器。直到目前为止，抗生素仍然是不可替代的抗感染药物。抗生素曾经为人类的健康作出过巨大的贡献。然而时至今日，抗生素滥用却成为当下一大难题。请同学们查找资料，围绕抗生素的故事（如发现、发展、利弊等）绘制手抄报，注意图文并茂，期待同学们的作品哦！

任务三：制作发酵食品

💬 讨论区

周末，我跟父母在家做了面包，好美味呀！

我上次忘了放酵母粉，结果面包硬邦邦的呢！

同学们，酵母菌是自然界中辛勤的劳动者，它和其他微生物一样，可以给我们带来不同风味的食品，接下来我们一起来学习制作发酵食品吧！

 **实践坊**

发酵食品是指人们利用有益微生物加工制造的一类食品，具有独特的风味，如馒头、酸奶、泡菜、酱油、食醋、豆豉、黄酒、啤酒、葡萄酒等。我们可以馒头发酵为例，制作发酵食品，如果同学们有其他喜欢的发酵食品，也可尝试制作。制作馒头需要用到面粉、水、白糖、酵母。为了探究馒头的发酵，我们设计了以下步骤：

1. 把面粉和白糖混合，把酵母加入到25℃～30℃的水中。

2. 把上述几项材料混合。

3. 揉面，至少揉7～8分钟，揉至面团光滑为止。

4. 把面团放在装有25℃～30℃的水的锅中发酵，盖上盖子。

5. 发酵1～2小时，这时面团会膨胀起来，体积是原来的两倍左右。

6. 用刀把面团切成小块，上锅蒸。

> 我们还可以探究不同温度、菌种、发酵时间等因素对酸奶风味的影响。

你觉得制作发酵食品有什么小窍门呢？展示你的作品，并邀请家人或朋友对作品进行评价。

 【设计团队负责人简介】

林婷婷，广州市华侨外国语学校教师，曾任广州市劳动学科中心组成员，参与广州共享课堂录制，荣获2022年越秀区劳动课程作业设计一等奖、2023年越秀区劳动项目案例设计二等奖、2022年广州市劳动课程作业设计三等奖。

"平移的生活应用与设计"作业方案

设计团队：叶爱婵　冯剑雄

一、设计意图

　　"平移"是人教版数学七年级下册第五章"相交线与平行线"中的学习内容，主要是让学生了解平移的基本概念与特征，通过实际操作让学生掌握平移前后的图形，其大小、外形是不变的，只有位置发生变化的特点。"平移的生活应用与设计"作业方案，融合了综合实践活动、劳动、科学等多个学科的知识，作业先设计了让学生观察平移在生活中的应用，让学生体会数学的生活应用性，并再次理解好平移的特征；然后设计了平移的操作与图案设计活动，利用平移设计美丽的图案，含有"镶嵌"和"全等"的知识，加深了学生对平移的理解，培养了学生综合运用所学知识的能力，更培养了学生的探究能力与创新能力，有助于培养学生的综合素质。

二、实施对象

　　本次活动的实施对象是七年级的学生，他们刚学习了平移的相关知识，掌握了平移的方法。本次活动的设计是在学生已有知识的基础上，结合劳动剪纸的学习，体会平移在生活中的应用；再通过平移方法，设计美丽的图案，将数学学习与生活实际结合起来，培养学生的空间想象能力和创新能力，感受并发现数学的美。

三、作业目标

　　1. 掌握利用平移得到更复杂、美丽的图形的方法，并能进行自我设计。

　　2. 通过欣赏美丽的平移设计图，体会平移的数学美感。

　　3. 经历构思，学会动手设计、反思、修改、定稿，学会通过平移得到美丽的图形。

　　4. 培养学生用数学解决实际问题的思想，让学生体验数学之美，让学生传承数学文化，进一步受到数学文化的熏陶。

四、作业内容

　　1. 了解平移在生活中的应用。

2. 利用平移的特征，制作"华容道"游戏盘，体验平移的乐趣。

3. 利用平移设计美丽的图案。

五、作业实施

任务一

寻找生活中的平移

1. 平移前后图形大小、外形不变，只有_____变化。

2. 如图，在A、B、C、D四幅图形中，能通过平移图案（1）得到的是（ ）

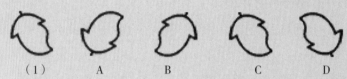

（1）　　A　　　B　　　C　　　D

3. 生活中有很多利用了平移特征的事例，大家找一找，下面应用了平移特征的事例有_____（写序号）。

①升降电梯　②在平路行驶的汽车　③拉抽屉　④★

4. 生活中还有大量利用了平移特征的事例，请大家去找一找。

方法1：上网搜索。

方法2：观察生活中的各种物品。

方法3：同学间的讨论与交流。

5. 观察生活中的各种物品，有哪些是利用了平移的方法来设计的？把它们记录下来。

观察时间	观察地点	发现的物品
6月2日	课室	

任务二

体验平移

"华容道"是一种利用平移滑动棋子进行的益智小游戏，以其变化多端、百玩不厌的特点，得到大家的喜爱。

 实践坊

"华容道"游戏盘的制作

材料与工具：

1. 材料：硬纸皮。

2. 工具：剪刀、美工刀、铅笔、彩色笔。

步骤与方法：

1. 在三张硬纸皮上分别画出同样大小的12宫格，外面再画上一个边框。

2. 其中两张硬纸皮，先用剪刀沿着边框的外边线裁剪，然后用美工刀按住内框，把里面的12宫格整个挖出。

3. 在一张剪出的12宫格硬纸皮上，空出上面3个正方格，在下面的9宫格内画上自己喜欢的图案；然后在上面的3个正方格中，右边一个写上图形的名称，中间一个画上图案的缩略图。画有图案的9宫格，按格线剪开成9个小正方形；上面3个正方格，剪去左边的小正方格，再按格线剪开剩下的2个小正方格。

4. 另一张没有画图的12宫格硬纸皮，按上面的方式同样剪好。

5. 把有图案的小正方形与没有图案的小正方形分别两个两个地粘起来，形成"华容道棋子"。

6. 把两个剪出的边框粘在一起，然后再粘在第三张没有裁剪的硬纸皮上，粘贴时要对准其边框，形成"华容道棋盘"。

7. 把"棋子"按所画的图案分别放进"华容道棋盘"。

安全提示：

1. 使用剪刀时要注意安全，用完后要收好。

2. 使用美工刀时要注意安全，用完后要收好。

 任务三

美丽图案的设计，体验平移之美。

 实践坊

玩转水兵

材料与工具：

1. 材料：印有右边图案的卡纸。

2. 工具：剪刀、尺子、铅笔、复印纸。

步骤与方法：

1. 画一个正方形，观察水兵的哪些部分

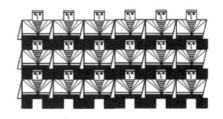

是平移得到的。

2. 用铅笔和尺子在最下面一行的水兵的白色衣服与蓝色（图中显示为黑色）衣服之间画一条横线。

3. 用剪刀沿着所画的横线把下面部分剪下来，并把下面的白色正方形剪掉。

4. 把剪下来的部分平移到卡纸的最上面，与水兵的头部重合，用复印纸印下图形。

安全提示：

使用剪刀时要注意安全，用完的物品要收纳好。

六、作业评价

与同学交流作业成果，并根据他人的建议修改、完善作业。

评价内容	自评	同学评	教师评
参与态度			
作业质量			
熟练程度			

【设计团队负责人简介】

叶爱婵，广州大同中学教师，广州市中小学综合实践活动学科（专业）教学研究中心组成员，白云区劳动教育学科（专业）教研会中心组成员，第十一届白云区中小学综合实践活动学科（专业）教研会理事，白云区综合实践活动/劳动教育钟落潭学片中心组长。

"连通器的原理和应用"作业方案

设计团队：洪文琪　曹巧璐

一、设计意图

"连通器"是人教版物理八年级下册第九章第二节"液体的压强"中的学习内容，主要是让学生了解连通器的特点，通过实际操作理解连通器需要上端开口才能液面相平的特点，进而理解液体压强大小的影响因素。"连通器的原理和应用"作业设计融合了综合实践活动、劳动、物理等多个学科的知识，设计了观察课堂上的连通器在生活中的应用，应用连通器的特点制作连通器，寻找生活中的连通器等作业内容，加深学生对连通器上端开口、下端连通的特点的理解，激发学生的探究欲望与兴趣，培养学生的实践探究能力和综合运用学科知识解决问题的能力。

二、实施对象

本次活动的实施对象是初中八年级的学生。八年级的学生对自然现象和科技产品比较感兴趣，已经具有一定的理性思维和逻辑思维能力，但仍以感性思维为主，而且在八年级下册的学习中初步认识了压力、压强及液体压强大小的影响因素。本次作业设计先提供一个连通器的实物，让学生感受连通器的基本结构，引导学生分析，提高学生对连通器的感性认识；课后布置学生自制连通器，通过实践活动加深对连通器结构的理解；再布置学生收集生活中连通器的图片，让学生了解到连通器在生活中应用的广泛性；紧接着通过实践探究活动让学生了解连通器上端开口、下端连通的结构特点，通过实验让学生感受连通器液面相平的特点，将物理学习与生活实际结合起来。

三、作业目标

1. 通过网上查阅资料、实地调查等方式，了解连通器在生活中的应用，加深对连通器结构特点和液面相平特点的理解。

2. 应用连通器上端开口、下端连通的特点，制作一个连通器，从而培养学生的实践能力，激发学生的探究欲望与兴趣。

3. 利用连通器的特点，观察自己家里洗手盆下的水管是否需要改造，提出改造方案，满足隔绝下水道臭味的需要，发展学生的创新能力。

四、作业内容

1. 调查连通器在生活中的应用。

2. 根据连通器的特点，制作一个连通器来验证连通器的结构特点。

3. 家里洗手盆下面的水管的改造方案。

五、作业实施

任务一

调查生活中连通器的使用，拍照，把图片插入表格，并配上文字描述。

观察时间	观察地点	发现连通器的名称	观察到的现象	运用的物理知识
5月8日	家里浴室	地漏	洗完澡后，虽然浴室地面干了，地漏里还有一圈水	运用连通器液面相平的特点
	家里浴室	家里洗手盆下的排水管		

任务二

小雪学习了连通器以后，对连通器上端开口才能液面相平这个特点不太理解，为什么要上端开口呢？要有几个上端开口？大家快来帮帮小雪。

讨论区

我们可以自己做一个连通器，试一下上端不开口，看看液面是否相平。

连通器要怎么制作？

我们根据连通器的特点，自己制作一个连通器吧！

实践坊

自制连通器

材料与工具：

1. 材料：三个塑料水瓶（有瓶盖）、一条吸管、水。

2. 工具：热熔胶棒、热熔胶枪、剪刀。

步骤与方法：

1. 制作方法

①用笔在左边和右边的瓶子上画出一个小圆圈作为钻孔位置，用笔在中间的瓶子上画出左右两个孔的位置。圆圈的大小与吸管相同。（如图1）

②用热熔胶枪把标注的孔的位置熔出洞来。

③用剪刀把吸管剪成两段合适的长度，把吸管插进瓶子的洞里。（如图2）

④用热熔胶把吸管与瓶子之间的空隙封住，等热熔胶彻底干了以后再使用。

图1   图2

2. 演示方法

①把中间的瓶子盖上瓶盖并旋紧，往右边的瓶子里加水，待右边瓶子的水位超过半瓶后，观察中间和左边瓶子的水位。

②打开中间的瓶盖，观察水位变化情况。

现象记录表：

操作	现象		
	左边瓶子的水位（升高/降低/不变）	中间瓶子的水位（升高/降低/不变）	右边瓶子的水位（升高/降低/不变）
往左边瓶子倒水中间瓶子有盖子			
打开中间瓶子的盖子			

安全提示：

使用热熔胶枪时，注意不要碰到皮肤，以防烫伤。

任务三

调查家里或学校的连通器，找到存在的问题，提出改进方案。

连通器的名称	存在的问题	改进方案

六、作业评价

1. 跟老师和同学交流分享作业成果，并根据他人的建议修改、完善作业。

2. 在这次作业实践中，你对自己的表现满意吗？对照下面的评价表，根据自己的表现给自己评定完成的星星等级，听一听同学、教师、家长的意见，请用星星等级进行评价。

活动评价表

根据项目完成情况进行评价，把对应等级的星星（☆）涂黑。

评价内容	自评	同学评	教师评	家长评
科学性	☆☆☆	☆☆☆	☆☆☆	☆☆☆
完成度	☆☆☆	☆☆☆	☆☆☆	☆☆☆
创新性	☆☆☆	☆☆☆	☆☆☆	☆☆☆
操作难易程度	☆☆☆	☆☆☆	☆☆☆	☆☆☆
现象描述完整度	☆☆☆	☆☆☆	☆☆☆	☆☆☆
讲解精彩程度	☆☆☆	☆☆☆	☆☆☆	☆☆☆
改进建议				

【设计团队负责人简介】

洪文琪，主持广州市海珠区"十三五"规划课题"基于项目的初中物理拓展性学习研究"，主持的教学成果《基于PBL的初中物理拓展性学习的设计与实施》（PBL项目式学习）入选广州市教学成果培育库入库项目，有多篇论文在《课程教育研究》《物理之友》上发表。

"传承经典　共享文化"作业方案

设计者：郭新迎

一、设计意图

《经典常谈》是部编版语文八年级下册的必读名著。全书共13篇，介绍了《说文解字》《诗经》《史记》等经典的著作，并概述了诸子百家、辞赋和历代诗文的情况，以此展示我国古代思想文化的基本面貌。教材中的读法指导为"选择性阅读"，主张学生浏览书目，了解全书的内容梗概和结构，选择自己感兴趣的部分作为切入点，由此扩展到阅读整本书，再选择感兴趣的或有需要的部分来精读。其专题探究活动之一为"我向大家介绍经典"。本次作业融合了实践活动、劳动、美术等多个学科的知识，设计了运用思维导图梳理《经典常谈》的内容结构，运用《经典常谈》的经典书目和文化知识策划一场主题书展，并据此绘制恰当的徽标、海报及文创作品等作业内容，激发学生的探究欲、创造力，推动学生更好地传承经典、共享文化。

二、实施对象

本次作业的实施对象是八年级的学生。八年级的学生在语文、历史课堂上已对传统文化经典略有知悉，而通过阅读《经典常谈》又对传统文化经典有了进一步的认识，而且学生在美术课上也学过海报制作、徽标设计等。本次作业以《经典常谈》的阅读为立足点，引导学生运用书中所介绍的经典名著及文化知识，在字学、史学、文学、诗学、经学中选取一个感兴趣的领域，运用思维导图，梳理其知识结构；在此基础上确立书展主题，围绕主题选取恰当的书目设置展览栏目，设计徽标、海报及布置展位、背景等。通过实践探究活动，让学生对我国的字学、史学、文学、诗学、经学等领域的经典著作、代表性作家、流派及发展历史等有更广的涉猎、更深的认识，将经典阅读与生活实际结合起来。

三、作业目标

1. 阅读《经典常谈》，从字学、史学、文学、诗学、经学等角度梳理传统文化经典及其文化常识，并绘制思维导图，以此加深学生对经典名著和传统文化的理解。

2．根据所选取的领域策划一个主题书展，通过精读《经典常谈》、网上查阅资料、走访书店等方式，为书展设置合适的展区并选取恰当的典籍，填写一份书展方案，以此促进学生的实践能力，激发学生的探究欲望。

3．根据书展主题和书目特征，设计富含文化意蕴的徽标、海报及文创作品等，发展学生的创新能力。

四、作业内容

1．阅读《经典常谈》，了解书中介绍的传统文化经典并做好知识梳理。

2．运用《经典常谈》中的文化知识，填写一份主题书展方案。

3．为主题书展设计富含文化意蕴的徽标、海报及文创作品等。

五、作业实施

学校将围绕《经典常谈》名著阅读，开展"传承经典，共享文化"的系列书展，现在向同学们征集书展方案。请你和同学组成四人小组参加这次征集活动。

任务一

请同学们阅读《经典常谈》，从字学、史学、文学、诗学、经学等角度梳理书中所涉及的传统文化经典书目及其文化常识，并绘制思维导图。（参照下图，可另附纸张绘制）

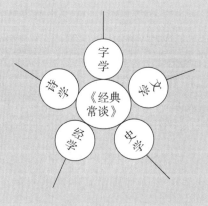

任务二

完成以上思维导图后，同学们对传统文化经典是不是有了更深的认识呢？请从字学、史学、文学、诗学、经学中选取一个感兴趣的角度，再精读《经典常谈》相关篇章，上网或到图书馆查阅相关资料，走访附近书店，完成下表的填写，形成一份书展方案。

"传承经典，共享文化"书展方案
一、活动目的
二、活动主题
（一）书展主题：
（二）主题阐释：
三、展区设置及书目选取（每个展区的书目不少于5种）

展区一的名称：＿＿＿＿＿＿＿＿＿＿＿＿＿＿＿＿＿
选取的书目：

序号	书名	作者（编者）	出版社	封面图片	选取的依据
1					
2					
3					

展区二的名称：＿＿＿＿＿＿＿＿＿＿＿＿＿＿＿＿＿
选取的书目：

序号	书名	作者（编者）	出版社	封面图片	选取的依据
1					
2					
3					

展区三的名称：＿＿＿＿＿＿＿＿＿＿＿＿＿＿＿＿＿
选取的书目：

序号	书名	作者（编者）	出版社	封面图片	选取的依据
1					
2					
3					

四、展区分布平面图

（续表）

五、场地布置及物品
（一）场地要求：
（二）背景布置（背景板、LED动态视频或音乐）：
（三）所需物品、工具：

任务三

　　为了更好地宣传这个主题书展，吸引更多的读者来观展，请为它设计一个徽标（logo）、一张海报，并制作一些文创产品。

　　（建议：组员宜各展所长，合理分工、合作完成，作品另附纸张）

　　为了更好地完成设计作业，请你先阅读以下内容，并观摩在线课堂。

　　知识链接：

　　1. 徽标（logo）：是将事物的信息和理念等诸多因素转换为图形及文字来体现，是一种简洁且具有一定象征意义的视觉符号。

　　2. 海报：是一种常见的招贴形式，多用于电影、比赛、演出等活动。海报中通常要写活动主题、主办单位、时间、地点等内容。语言要简明扼要，形式要新颖美观。海报设计要突出图文和主题，背景简单、构图平衡。

　　在线课堂：

　　1.《小图形，大品牌——标志设计》（"学习强国"学习平台：https：//www.xuexi.cn/lgpage/detail/index.html？id=17728155815529301755&item_id=1772815581 5529301755）

　　2.《创意王国——海报设计》（"学习强国"学习平台：https：//www.xuexi.cn/lgpage/detail/index.html？id=17657502243871808776&item_id=17657502243871808776）

　　（一）徽标设计要求

　　1. 用纸规格为A4，注明主创者，附上简要的设计说明。

　　2. 简洁新颖，色彩鲜明，充分体现书展主题，富有文化意蕴。

（二）海报设计要求

1. 用纸规格为A3，注明主创者，附上简要的设计说明。

2. 主题突出，图文并茂，构图平衡，色彩鲜明，能有效宣传书展及传统文化；写明活动时间、地点等。

（三）文创设计要求

1. 形式多样，不少于三种类型，如书签、明信片、纪念章、挂件、饰品、生活用品等。如若每类产品能自成系列则更佳。

2. 充分运用传统经典中的图文元素，表现活动主题及展区特色，有助于经典文化的传承和推广。

3. 注明主创者，附上简要的设计说明。

六、作业评价

1. 向老师和同学汇报作业成果，认真聆听他人的建议，修改、完善作品。

2. 结合活动实际，完成以下活动评价表。（组员填自评星级，组长填互评星级）

活动自评互评表

评价内容	自评星级	互评星级
能认真阅读《经典常谈》，运用书中相关文化知识指导策划工作	☆☆☆☆☆	☆☆☆☆☆
能积极查阅资料及走访书店，收集丰富的资源	☆☆☆☆☆	☆☆☆☆☆
能积极参与讨论，献计献策，有创意	☆☆☆☆☆	☆☆☆☆☆
讨论中既能表达自己的意见，也能接受和融合组员的意见，形成决定	☆☆☆☆☆	☆☆☆☆☆
能积极配合小组完成工作，乐于奉献，有团队精神	☆☆☆☆☆	☆☆☆☆☆
徽标、海报及文创设计能体现经典名著的文化内涵，有创意	☆☆☆☆☆	☆☆☆☆☆
展位布置及背景设计能体现主题及栏目内涵，有创意	☆☆☆☆☆	☆☆☆☆☆

【设计者简介】

郭新迎，广州市番禺区市桥东风中学教师，中学语文高级教师。

"电功率知识的应用"作业方案

设计团队：曹巧璐　洪文琪

一、设计意图

"电功率"是人教版物理九年级（全一册）第十八章第二节中的学习内容。在本章第一节的学习中，学生通过实例，从能量转化的角度了解了电功的概念。第二节的电功率是表示电流做功的快慢，学生结合家庭电路中电能表转盘转动的快慢，体会到不同用电器在相同时间消耗的电能不同，进一步了解电功率的含义。"电功率知识的应用"作业设计融合了综合实践活动、劳动、物理等多个学科的知识，设计了对日常生活中的用电器电功率的调查、家庭电路调查和制作照明电路等作业内容，加深学生对电功率知识的理解，锻炼学生的探究能力，激发学生主动学习、探究的兴趣，培养学生综合运用学科知识解决问题的能力。

二、实施对象

本次活动的实施对象是初中九年级的学生。他们已经有了一定的物理知识储备，有初步的实验探究能力，有一定的逻辑思维分析能力，处于感性思维为主、抽象思维逐渐建立的时期。在九年级的物理学习中，他们初步了解了电功、电功率等概念。本次作业以此为起点，展示一个家庭电路中使用的电吹风，让学生知道用电器的铭牌中包含的电功率信息，引导学生寻找课室中不同的用电器的功率。课后布置学生通过调查不同用电器的铭牌，比较它们的电功率。再通过制作照明电路，将物理学习与生活实际结合起来。从生活中学习物理，从物理走向生活，在做中学，在用中学。

三、作业目标

1. 通过网上查阅资料、实地调查等方式，知道不同用电器的电功率，并能对电功率的大小进行比较。

2. 制作照明电路，培养学生的实践能力，激发学生的探究欲望与兴趣。

3. 根据调查结果，对自己家里（或学校）的家庭电路提出设计（或改造）方案，满足家庭使用需求，激发学生用物理解决生活问题的能力。

四、作业内容

1. 调查不同用电器的铭牌，找出电功率的大小，比较它们的电功率，说出电功率大小的物理意义。

2．制作照明电路。

五、作业实施

任务一

　　调查不同用电器的铭牌，拍摄用电器的铭牌，找到它们的电功率，填入表格中，并将调查到的用电器的电功率从大到小进行排序。

观察时间	用电器的名称	用电器的电功率	电功率排序
11月6日	电吹风	900W	

任务二

　　小月学习了电功率的知识后，对不同用电器"电功率越大，电流做功越快"这个知识点不太明白，大家一起来帮助一下小月吧！

讨论区

　　我们可以通过观察电能表铝盘转动的快慢，来比较不同功率用电器工作时，电流做功的快慢。我们可以制作照明电路，将不同功率的灯泡接入电路观察比较。

照明电路要怎么制作？

我们将灯泡、插头、开关、导线等准备好，一起来动手制作部分家庭电路吧！

实践坊

自制部分家庭电路

材料与工具：

导线、两脚插头、开关、灯泡、灯座、螺丝刀。

步骤与方法：

1．制作过程

①准备好器材，导线头去掉绝缘皮约一厘米。

②用螺丝刀将导线分别固定在插头的两个接线柱上。

③将开关连接在导线接口处。

④用螺丝刀将导线另一端分别固定在灯座的两个接线柱上。

⑤将灯泡拧在灯座上。

2．演示方法

①将插头插在插座上，接上电源。

②闭合开关，检查灯泡能否发光。

现象记录：

将由不同功率灯泡组成的照明电路接入老师自制的模拟家庭电路中，观察电能表铝盘的转动情况，并记录在表格里。

灯泡功率（W）	工作时间（秒）	铝盘转动圈数	铝盘每秒转动圈数

六、作业评价

1．跟老师和同学交流分享作业成果，并根据他人的建议修改、完善作业。

2．在这次作业实践中，你对自己的表现满意吗？对照下面的评价表，根据自己的表现给自己评定完成的星星等级，听一听同学、教师、家长的意见，请用星星等级进行评价。

活动评价表

评价内容	自评	同学评	教师评	家长评
科学性	☆☆☆	☆☆☆	☆☆☆	☆☆☆
完成度	☆☆☆	☆☆☆	☆☆☆	☆☆☆
创新性	☆☆☆	☆☆☆	☆☆☆	☆☆☆
操作难易程度	☆☆☆	☆☆☆	☆☆☆	☆☆☆
现象描述完整度	☆☆☆	☆☆☆	☆☆☆	☆☆☆
讲解精彩程度	☆☆☆	☆☆☆	☆☆☆	☆☆☆
改进建议				

【设计团队负责人简介】

　　曹巧璐，参与广州市海珠区"十三五"规划课题研究，参与的教学成果《基于PBL的初中物理拓展性学习的设计与实施》（PBL项目式学习）入选广州市教学成果培育库入库项目。

"家乡农业的分布"作业方案

设计团队：詹志勇　马嘉慧

一、设计意图

"农业区位因素及其变化"是人教版高中地理必修二第三章第一节中的学习内容，主要是让学生学会分析某区域农业布局的区位条件，理解某区域农业区位因素的变化及原因。"家乡农业的分布"作业设计融合了地理、综合实践活动、劳动、生物、历史等多个学科的知识，结合地理学科"学习对生活有用的地理，从生活中学习地理"这一理念，通过作业将书本知识与学生生活实际联系起来，注重探究性和实践性。通过调查家乡农业的发展历史，探究影响家乡农业布局的区位因素及其变化，亲身体验农业生产过程、农产品的加工和销售，为家乡农业发展献言献策等，树立学生学以致用的意识，培养学生的实践探究能力和问题解决能力，激发学生了解家乡、热爱家乡、服务家乡的热情。

二、实施对象

本次活动实施的对象是高中一年级的学生。经过第一学期的研究性学习和探究性实践，学生们已经掌握了一定的课题研究方法，具有自主探究的能力和参与职业体验的意识。本次作业设计以此为基础，加强学生对家乡农业生产的认识，再通过调查、体验、实践探究等活动，让学生了解家乡农业生产发展变化的过程、体验农民劳作的艰辛，激发学生为家乡农业发展贡献力量的热情。

三、作业目标

1. 通过上网查阅资料、实地调查等方式，了解家乡农产品的主要类型，农产品发展变化的历史，探究影响家乡农业生产布局的主要区位因素及其发展变化的过程。

2. 通过亲身体验农业生产过程或农产品加工和销售的过程，体验农业生产的艰辛，培养学生尊重农民、爱惜粮食、勤俭节约等观念和习惯。

3. 通过为家乡农业生产献言献策，激发学生热爱家乡、服务家乡的热情和责任担当。

四、作业内容

1. 调查家乡农产品的主要类型及其发展变化的历史。

2. 调查探究引起家乡农产品结构变化的区位因素及其变化过程。

3. 体验某一农作物或农产品种植或加工、销售的过程。

4. 发现家乡农业生产中存在的问题并撰写一份分析报告，献上你的对策和实施方案。

五、作业实施

同一区域的同学组成小组，以小组为单位完成以下任务。

任务一

小李想了解家乡农产品的主要类型及其发展变化的历史，可以通过哪些途径去实现？

讨论区

我们可以上网查阅家乡农业生产的相关资料。

我们可以访问当地农业局的工作人员或当地的农民。

我们可以去图书馆查阅当地农业方面的相关书籍。

实践坊

调查家乡的主要农产品

同学们，请连续一周观察平时吃的饭菜、水果、零食等，将本地可以生产或加工的农产品记录下来。

调查时间	调查地点	食物的名称	情况调查	运用的知识
5月1日	家中	苦麦菜	本地可以种植	气候因素适合苦麦菜生长

任务二

小陈想知道家乡的荔枝、花卉等产业分布和影响因素，要怎样做？

讨论区

我们可以上网查阅相关农作物的生长习性和影响因素。

我们可以实地观察或访问相关技术人员。

我们可以访问相关政府部门工作人员。

 **实践坊**

农业布局的区位因素探究

选取某一农业类型或产业，查找其农作物的生长习性，调查其在家乡的分布及其影响因素，找出对其布局影响较大的主要因素。

农业类型或产业	
对应农作物的生长习性	
在家乡的主要分布特征	
布局的区位因素分析	

任务三

小张想体验一下农民伯伯的艰辛，可以通过哪些方式体验？

 讨论区

我们可以参与农作物的种植过程，例如播种、插秧、施肥、除虫等。

我们可以参与农产品加工制作，例如茶叶的制作、豆腐的制作等。

 我们可以参与农产品的销售过程，例如到菜市场卖菜等。

 实践坊

学农职业体验

利用周末或假期开展学农职业体验，请在大人的陪同下完成，注意交通安全、劳动过程的安全和规范。

学农项目	
时间	
地点	
过程介绍和照片	
收获、体会	

任务四

小王想找出家乡农业生产中可以改进的地方并提出一些建议，好为家乡农业发展贡献一些微薄的力量，可以从哪些方面进行？

讨论区

> 我们可以调查不同农作物产量的高低、病虫害的多少并探究其原因。

> 我们可以将家乡农产品与其他地区同类农产品的质量进行对比。

> 我们可以调查家乡农产品的知名度和宣传方式。

 实践坊

我为家乡农业生产献言献策

调查家乡农业生产中存在的问题，探究其产生的原因并提出对策。

存在问题	
原因分析	
建议	

六、作业评价

1. 以小组的形式进行成果的汇报和答辩。

2. 请根据以下评价表对以上作业进行多元评价。

评价内容	自评	小组评	家长评	教师评
主动参与				
团结协作				
过程资料				
成果质量				
分享效果				
综合评价				

【设计团队负责人简介】

詹志勇，广州市从化区第四中学教师，高中综合实践活动高级教师，广州市第五届综合实践活动十佳教师，广东教育学会科技创新委员会理事，广州教育学会中小学综合实践活动专委会理事、副秘书长，从化教育学会常务理事，从化区中小学综合实践活动教研会会长。

"果酒和果醋的制作"作业方案

设计者：向　黎

一、设计意图

"果酒和果醋的制作"是人教版高中生物选择性必修3第1章"发酵工程"中的内容，主要通过发酵实验的设计和操作实验，学习探究常见发酵技术在生活中的应用，重在培养学生的设计实验、创新创造、动手操作和科学探究的能力。"果酒和果醋的制作"与日常生活密切相连，旨在让学生将所学到的发酵知识与原理应用到生活中，进行传统发酵食品的制作，以此增强学生查阅文献资料、学以致用、勇于实践与探究的意识与能力，使学生感受到劳动创造幸福生活的价值与意义。

二、实施对象

本次活动面向高中二年级的学生。高二年级的学生在生物学科中正在学习"传统发酵技术"的知识，并要求学生结合发酵的原理在生活中尝试进行"果酒的制作"。高二年级的学生具有一定的思辨能力与创造能力，能有效将学科知识点与生活情境联系起来，并运用学科知识完成实践作业。

三、作业目标

1. 通过网络查找资料，深层次了解发酵的概念及发酵技术在食品制作过程中的历史及运用范围。

2. 调查青少年对果酒或果醋类饮料的喜爱程度，培养学生的问题意识与运用科学研究方法探究问题的能力。

3. 能根据所选择的果品，利用发酵原理，进行果酒、果醋的制作，培养学生科学探究和实践应用的能力。

4. 能全程拍摄与记录果酒与果醋的制作过程，并进行视频剪辑，转化生成《果酒和果醋的制作》的科普视频，提升学生的信息素养与食品健康宣传的意识。

四、作业内容

1. 文献查阅类作业：对比传统发酵与现代发酵的异同。

2. 调查研究类作业：调查青少年对果醋饮料的"爱与恨"。

3. 生产实践类作业：利用传统发酵技术制作果酒和果醋。

4. 现代服务类作业：拍摄《果酒和果醋的制作》的科普视频。

五、作业实施

（一）文献查阅类作业：对比传统发酵与现代发酵的异同

作业实施建议：

1. 运用文献查阅的方法，在百度、知网等网站中以"发酵""传统发酵""现代发酵"为关键词进行文献资料的查阅。

2. 整理文献资料，总结传统发酵与现代发酵的异同点，并做成汇报PPT。

（二）调查研究类作业：果醋饮料——青少年的"爱与恨"

作业实施建议：

1. 针对大部分青少年喜欢果醋饮料的现实情况，从"果醋饮料的制作原理""果醋饮料的品牌""果醋饮料的口味""果醋饮料的喜爱程度""果醋饮料对身体的影响"等维度面向高二年级学生设计并发放调查问卷。

2. 分析调查问卷的数据，并根据数据得出青少年对果醋饮料的喜爱程度及果醋饮料对青少年身体健康的影响方面的观点与结论，并撰写调查研究报告。

（三）劳动实践类作业：家庭葡萄酒的制作

作业实施建议：

1. 材料与工具

（1）材料：葡萄、白糖。

（2）工具：玻璃罐、手套、过滤网。

2. 步骤与方法

（1）挑选葡萄：选用当季紫红色的成熟的葡萄。

（2）清洗葡萄：用淡盐水浸泡半个小时，然后用流动清水冲洗干净。

（3）晾干葡萄：将葡萄装入漏水的容器中，让其自然晾干，防止葡萄表面上的水分被带入到葡萄酒中。

（4）装入容器：戴上手套，用手将葡萄一个个捏碎，然后将其全部装入盆中，按照六斤葡萄加入一斤白糖的比例来配制。

（5）密封发酵：夏季发酵一周，秋季发酵半个月。

（6）过滤饮用：使用过滤网将葡萄皮和籽进行过滤。

（7）装瓶保存：装瓶，密封保存，家庭酿制，保质期为两年。

3．安全提示

（1）保证操作过程及材料工具的干净与卫生。

（2）发酵瓶留有一定空间，酵母菌有氧呼吸大量繁殖，增加数量。

（3）控制环境：温度18℃～25℃；pH值4.5～5.0；密封保存。

（四）现代服务类作业：拍摄《果酒和果醋的制作》的科普视频

作业实施建议：

（1）撰写视频脚本。

（2）根据脚本拍摄果酒制作过程。

（3）结合"发酵"与"发酵技术"的学科知识点，进行发酵过程的讲解和展示。

（4）增加字幕和背景音乐。

六、作业评价

请根据以下评价表对以上作业进行多元评价。

	自评	老师评	家长评
对发酵技术在生活中应用的了解度			
科学研究方法的掌握程度			
果酒制作方法的掌握程度			
视频制作的效度			
小组合作能力			
沟通表达能力			

【设计者简介】

　　向黎，广州市南沙区教育发展研究院教师，综合实践活动高级教师，南粤优秀教师，广州市教育研究院首届特聘研究员，广州教育学会中小学综合实践活动教学专业委员会秘书长，广州市《科技实践教材》的编委，广州版《小学综合实践活动·劳动》教材及教师用书的编委。

"电路焊接技术"作业方案

设计者：陈德伟

一、设计意图

　　"电路焊接技术"是结合高中综合实践与通用技术、物理电子制作等进行整合的课程，教学内容包括电路焊接、焊接材料、焊接工具、焊接用途和焊接技术在日常生活生产中的实际应用。在电子电器的调试、装配与维修过程中，需要大量的手工焊接。焊接工艺质量的好坏对电器的性能有很大的影响。鉴于教学内容的重要性，应该探寻一种形式新颖、方法独特的教学方法，以达到良好的教学效果。"电路焊接技术"作业方案，以任务驱动为主线，选择贴近生活、便于理解的案例，启发学生，发挥学生的主观能动性。通过教师引导和学生参与实践的双边活动，学生采用观察、讨论、探究、尝试、鉴别、训练等学习方法，从而掌握焊接技术的基本知识和基本技能，感受电路焊接的价值所在，引导学生对技术进行探究与学习，激发学生的学习兴趣，发掘更多的结构知识，为培养学生良好的技术素养打下基础。

二、实施对象

　　本次活动的实施对象是高中一年级的学生。学生学习过物理，但仅限于电路的基本理论，只有少数学生接触过焊接，大部分学生没有焊接基础，动手方面还是缺乏经验的。由于大部分学生缺乏生活经验，再加上所学到的知识都是理论性的，所以学生很难把理论知识与技术实践有机地联系起来。因此，在教学过程中，要充分调动学生的学习积极性，让学生在"学中做，做中练"，从而掌握焊接技能。

三、作业目标

　　1. 了解电路焊接的含义、电路焊接在实践生活中的应用及用电烙铁焊接简单的电子电路的方法。

　　2. 焊接简易的门铃系统，让学生理解电路焊接技术的应用，从而增强学生对技术的理解，培养其动手能力及主动探究、协作学习的能力，提高技术素养。

　　3. 焊接简易的磁控系统，掌握电路焊接的操作技能，体验控制技术的神奇，感受控制技术广泛的应用领域，发展学生的创新能力。

四、作业内容

1. 了解电路焊接在实践中的应用。

2. 焊接简易的门铃系统。

3. 焊接简易的磁控系统。

五、作业实施

任务一

　　同学们想知道生产生活中应用到电路焊接技术的地方，可以通过哪些方式来了解？

电路焊接技术的应用

方式	应用实例	实例图片	运用知识
网上查阅资料			
查阅文献			
……			

任务二

　　某同学家里的门铃坏了，想通过电路焊接技术制作一个简易的门铃系统，如何去实现？

○实践坊

焊接简易的门铃系统

　　【简易门铃的结构组成】扬声器、电路板、门按、连线。

　　【实验工具与材料】简易门铃装置、电烙铁、电烙铁架、镊子、钳子、螺丝刀、手套、护目镜、焊锡、松香等。

　　【实验步骤】准备实践器材→研究门铃结构→电路焊接→技术试验→优化测试

　　【评分标准】①安全使用电烙铁，焊接扬声器、电路板、电池盒的接线，供电后，手按按钮，门铃正常响铃为优秀。②检查焊接与线路均正确，但供电后，门铃按不响，可评合格。（可能实验器材出现问题）③其他错误焊接、虚焊、线路错误均为扣分项目。

任务三

　　为了掌握电路焊接的操作技能，体验控制技术的神奇，感受控制技术广泛的应用领域，某同学打算焊接一个简易的磁控系统，该如何完成？

○ 实践坊

焊接简易的磁控系统

【材料准备】电池盒、干簧管、发光二极管、电阻、小磁铁、万能板、导线等。

【实验工具】电烙铁、焊锡丝、铁架、镊子、钳子、手套、护目镜等。

【实验步骤】按实验电路图将元器件焊接在万能板上，然后使用小磁铁靠近干簧管，观察发光二极管的变化，通过焊接的电路，实现简单的控制。

【课堂讨论】①如果将本实验改为一个电风扇的控制电路，你认为应该怎样改？②该实验可否改为房门或窗户的开关报警电路？

六、作业评价

1．跟老师和同学交流分享作业成果，并根据他人的建议修改、完善作业。

2．在这次作业实践中，你对本小组的实践表现满意吗？请对照下面的评价表，说一说小组的表现，听一听其他小组、教师、家长的意见，请用描述性语言进行评价。

3．小组成员可以在表格中分别记录自己在实践过程中的真实收获或感想。

评价内容	小组自评	小组互评	教师评价	家长评价
认真观察　积极探究				
正确掌握电路焊接技术				
按规操作　注意安全				
团结合作　质量较优				
实践收获　真实感想	同学A：…… 同学B：……			

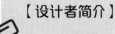

【设计者简介】

陈德伟，广州市西关外国语学校教师。

"桌面阅读架结构设计" 作业方案

设计者：陈映儿

一、设计意图

"结构设计"是粤教版高中通用技术必修2第一章第三节中的内容，本节要求学生熟悉结构设计所应考虑的因素并灵活应用，亲历一个完整的结构设计和模型或原型制作的过程。"桌面阅读架结构设计"作业设计融合了综合实践、劳动技术学科的知识，体现了情境性、探究性、实践性。将真实的情境注入创作活动中，引导学生利用所学知识，通过探究、实践，去解决生活中遇到的问题，有利于培养学生利用技术解决生活和学习中遇到的难题的能力。

二、实施对象

本次活动的实施对象是高中二年级的学生。高二的学生在学习必修1时已经掌握了设计的基础知识以及常见木工工具、金工工具、电工工具的使用，具备一定的设计和制作能力。通过本章前两节的学习，学生已经理解了结构设计的基础知识，但仅停留在纸上谈兵的阶段，桌面阅读架的设计和制作能够使学生将结构设计相关知识应用于实践，将所学知识与实际生活结合起来，体验创作的快乐和成就感。

三、作业目标

1. 通过回顾前面所学知识，查阅教材，分析桌面阅读架的结构设计受到哪些因素的影响，加深对结构基础知识的理解和应用。

2. 根据前面分析的结论，对桌面阅读架的结构设计进行构思，并绘制设计草图或三视图，激发创造热情，培养创新设计的能力。

3. 选用合适的工具，按照设计图纸加工材料，制作桌面阅读架，培养动手操作技能，提高解决问题的能力。

4. 测试所制作的桌面阅读架结构是否稳定，能否满足设计功能，根据测试的结果提出改进意见，让学生明白设计不是一蹴而就的，需要不断改进和优化。

四、作业内容

1. 分析桌面阅读架的结构设计受到哪些因素的影响。

2. 根据分析结果，对桌面阅读架进行设计构思，绘制设计图纸。

3. 根据设计图纸，加工材料，制作桌面阅读架。

4. 桌面阅读架结构测试，优化改进设计。

五、作业实施

任务一

　　小粤想自己设计一个桌面阅读架，怎样才能使阅读架结构稳固，满足使用需求呢？

讨论区

　　我们可以选择木头作为桌面阅读架的材料，对于桌面阅读架来说，木头有足够的强度，可以支撑起一本书的重量。

　　桌面阅读架的形状也很重要，底面支撑面积不能太小，否则容易倾倒。

　　同学们，你们认为还有什么办法可以使桌面阅读架更稳固呢？我们一起来探究一下吧！

实践坊

桌面阅读架结构设计影响因素分析

　　同学们，请根据已学知识和设计要求，分析一个桌面阅读架的结构设计需要考虑哪些因素。

设计要求：

1. 承重物的质量不小于一千克（一本书大约500克）；

2. 尺寸不限，但必须能将一本翻开的书立在桌面上，且不会倾倒。

结构影响因素	设计内容	原因分析
重心	用比较重的材料制作底座，降低重心。	结构稳定性与重心有关，重心越低，结构越稳。

任务二

　　小粤在头脑中构思了桌面阅读架的结构设计，他应该如何把这个设计变为实物呢？

讨论区

我们可以画出桌面阅读架的构思草图。

我们可以用3D设计软件画出设计图纸。

同学们，请选择一种表达方式，将你头脑中的设计构思绘制出来吧！

实践坊

绘制桌面阅读架设计图纸

绘制桌面阅读架设计图纸，要求标注尺寸、材料，图纸可以是三视图、轴测图，也可以用绘图软件绘制。

任务三

小粤画好了设计草图，现在他想按照这个设计草图制作实物，应该怎么做呢？

 讨论区

我们可以先选择合适的工具。

我们可以把制作的步骤先列出来，制作一个流程表，再按照这个流程表逐步完成制作。

同学们，让我们一起来将我们的设计构思变为现实吧！

实践坊

制作桌面阅读架

可能用到的工具：

手钢锯、木锯、电钻（电动螺丝刀）、砂纸、锉刀、台虎钳、G型夹、裁纸刀、角尺、钢直尺等。

可能用到的材料：

木板、亚克力板、雪弗板、木条、胶水、螺栓、自攻螺丝、角铁、铰链等。

参考步骤：

1. 在材料上测量并画线。

2. 零件加工。

3. 零件组装。

4．外观美化。

安全提示：

1．锯割或打磨材料时，注意要使用台虎钳或G型夹等固定工具夹持材料。

2．锯条安装松紧适宜，锯割时用力不可过大，操作平稳，防止锯条断裂伤手。

3．使用电钻钻孔时，应将材料平放在桌面上，并固定好材料，钻孔时钻头垂直于加工表面，慢慢向材料施加压力。

4．工具用完以后应及时收纳好。

任务四

小粤终于完成了桌面阅读架的制作，那么他的制作是否符合设计要求呢？

讨论区

我们可以放一本书，试试这个桌面阅读架是否达到使用要求。

我们可以逐步往桌面阅读架上面放置书本，测试这个桌面阅读架最多能承受多大的重量。

同学们，我们一起来制订一个测试计划，测试我们的作品吧！

实践坊

产品测试与优化

请从产品的功能、结构等角度设计测试内容，开展测试活动，提出优化建议。

测试项目	测试方法	测试结果	改进建议
承重	在桌面阅读架上放置4本课本（每本约250克），观察阅读架是否倒下。	桌面阅读架保持稳定，承重至少一千克。	
结构稳定性			

六、作业评价

请和同学、老师、家长分享自己的作业成果，听一听他们的评价，用描述性语言填写以下表格。

评价内容	自评	同学评	教师评	家长评
结构稳固				
工具使用				
材料选择				
创新设计				
制作效果				

【设计者简介】

陈映儿，广州市真光中学教师，广州市高中综合实践活动中心组成员。

"传统发酵技术的应用"作业方案

设计者：阳丽香

一、设计意图

"传统发酵技术的应用"是人教版高中生物选择性必修3第1章第1节的学习内容，主要介绍传统发酵技术与我们生活的密切联系，通过动手实践，让学生将科学知识转化为技术实践，实现"以行促知"。"传统发酵技术的应用"作业设计融合了综合实践活动、劳动、生物学等多个学科的知识，设计了泡菜、果酒的制作等作业内容，加深学生对传统发酵技术原理的理解，激发学生的探究欲望与兴趣，培养学生探究实践的能力和综合运用学科知识解决问题的能力，从而引导学生认同与传承我国优秀传统文化。在实践劳动中，让学生体验劳动的乐趣，感悟"劳动创造美好生活"的内涵。

二、实施对象

本次活动的实施对象为高二年级的学生。他们在初中阶段已经学习了微生物的知识，尝试制作了酸奶，观察了发酵现象；在学习必修1有关细胞呼吸的内容时，学习过乳酸发酵、酒精发酵的反应式；在日常生活中，也经常接触到发酵食品。因此，在学习本章节内容时，具有较好的经验与知识基础。学生在制作果酒、泡菜、腐乳的过程中，对原理会有更清晰的了解，也为后续学习发酵工程的知识打下基础。

三、作业目标

1. 通过网上查阅资料、实地考察等方式，了解微生物发酵技术在生活中的应用，加深对微生物发酵原理的理解。

2. 应用微生物发酵的原理，制作果酒、泡菜，并拍摄制作过程，培养学生的动手能力，激发学生的探究欲望与兴趣。

3. 对果酒、泡菜进行品鉴会，让学生进行展示交流，总结经验，并为传统发酵产品设计宣传海报，发展学生的创新能力。

四、作业内容

1. 传统微生物发酵技术在生活中的应用调查研究。

2．应用微生物发酵的特点，制作果酒和泡菜。

3．设计果酒或泡菜产品宣传海报。

五、作业实施

任务一

发酵技术是什么，传统发酵技术与现代发酵技术有什么区别？发酵技术在生活中有哪些应用？

讨论区

我们可以查阅文献，了解发酵技术的应用。

我们也可以去实地考察。

同学们，通过查阅文献与实地考察，我们把传统微生物发酵技术在生活中的应用写成调查报告吧！

实践坊

关于传统微生物发酵技术在生活中的应用调查报告

调查目的	
调查对象	
调查时间	
调查方式	
调查结果分析	
结论与建议	

任务二

在了解完传统发酵技术在生活中的应用后，大家知道葡萄酒和泡菜该如何制作吗？让我们一起来实践一下吧！

实践坊

果酒的制作

（一）材料准备

新鲜的水果（如葡萄、苹果、山楂、龙眼、梨等）、体积分数为70%的酒精、榨汁机、发酵瓶、纱布等。

（二）步骤与方法

制作前的准备：

1. 查阅资料，了解果酒发酵过程中起主要作用的微生物及其代谢类型，概述果酒发酵的原理。

2. 围绕酵母菌代谢特征讨论制作果酒的要求，树立在制作过程中防止杂菌污染的意识。

3. 设计发酵装置和实验结果记录表格，定期监测发酵情况。

制作过程：

1. 发酵器具的清洗、消毒及水果冲洗：建议不要反复冲洗水果，避免损失野生菌种。

2. 榨汁：对于水分较少的水果，榨汁时可以加入一些煮沸后冷却的白开水。如果选择的材料是葡萄，可将双手消毒后，用手挤出葡萄汁。

3. 发酵：发酵瓶可用500ml带盖子的瓶子代替，并定时进行排气。

4. 鉴定：通过嗅气味和品尝进行初步鉴定，还可用显微镜观察酵母菌，并用重铬酸钾检验酒精的存在（酒精与酸性的重铬酸钾反应呈灰绿色）。

（三）注意事项

1. 制作果酒时，加入的果汁不能超过发酵瓶容积的2/3，避免果汁粘到瓶口引起污染。

2. 发酵旺盛期CO_2的产量非常大，因此要及时排气，以防发酵瓶爆裂；如果要对果酒发酵液进行定期取样检测，取样最好在超净工作台，快速取样后拧紧瓶盖。

（四）拓展延伸

1. 可以探究不同发酵温度、不同接种量等对发酵时间、产品品质的影响。

2. 对制作过程进行拍摄，制作成小视频。

泡菜的制作

泡菜古称"菹"，是指为了利于长时间存放而经过发酵的蔬菜。制作泡菜这一看似简单的工序背后，暗藏着生活的智慧。从最初以方便保存食物为目的，到现在追求新的口味，这一传统工艺在中国已传承和发展了3000年。酸辣可口的泡菜该如何制作呢？

（一）材料准备

食盐、清水、新鲜蔬菜（萝卜、甘蓝、黄瓜、豇豆等）、蒜瓣、生姜及其他辛香料（如花椒、辣椒等）、白酒、泡菜坛、显微镜、pH试纸等。

泡菜坛的准备：将泡菜坛洗净，晾干后倒入少许白酒，将白酒均匀涂抹在泡菜坛内壁，进行消毒，然后倒掉白酒，将泡菜坛倒放备用。

盐水的准备：用清水与食盐配制成4%～10%的盐水，并将盐水煮沸，冷却待用，也可加入花椒、辣椒等香辛料与盐水一起煮沸，冷却待用。

蔬菜的准备：将所有蔬菜洗净，切成块状或条状，并晾干。

（二）步骤与方法

制作前的准备：

1. 查阅资料，了解泡菜发酵过程中起主要作用的微生物及其代谢类型，概述泡菜发酵的原理。

2. 围绕乳酸菌代谢特征讨论制作泡菜的要求，树立在制作过程中防止杂菌污染的意识。

3. 设计发酵装置和实验结果记录表格，定期监测发酵情况。

制作过程：

1. 将所有蔬菜按长短依次放入泡菜坛，掺入适量盐水，把红辣椒、花椒、大蒜、冰糖、白醋等各种材料按比例放入，这些调味料将赋予泡菜独有的风味。

2. 把泡菜坛密封，防止坛外空气进入，同时又能让坛内发酵产生的气体顶开坛盖"冒泡"排出。通过活跃的乳酸菌发酵，让蔬菜中的糖转化成乳酸，赋予蔬菜新的活力，褪去生涩，培育出酸爽的泡菜味。

3. 此次的泡菜水，将成为"泡菜母水"，成为以后制作泡菜的"引子"。"泡菜母水"传承的不仅是情谊，更是文化精神和归属感。

4. 观察蔬菜的色泽、发酵液的颜色，闻闻坛中是否有酸味。

5. 先用革兰氏染色法对泡菜中的乳酸菌进行染色，然后用油镜观察泡菜发酵不同时期乳酸菌数量的变化。

6. 测定发酵不同时期发酵液pH值的变化，结合乳酸菌数量变化的规律，分析两者之间的相关性。

（三）注意事项

1. 蔬菜洗净后，必须晾干，否则容易变质，如果蔬菜本身含水较多，可先用盐腌制，使其脱去部分水分。

2. 制作时加入适量白酒，防止泡菜变质。

3. 及时向坛盖边缘水槽补充水分，保证密封发酵，将泡菜坛放在阴凉的地方。

（四）拓展延伸

1. 可检测发酵过程中亚硝酸盐含量的变化，讨论食品安全问题。

2. 对制作过程进行拍摄，制作成小视频。

任务三

制作和品尝完果酒、泡菜后，你可以为这些传统发酵产品设计宣传海报吗？

 ○ 实践坊

传统发酵产品宣传海报

设计理念	
分工合作、明确职责	
设计海报	
作品展示与评价	

六、作业评价

1. 跟老师和同学交流分享作业成果，并根据他人的建议修改、完善作业。

2. 这次作业实践中，你对自己的表现满意吗？对照下面的评价表，说一说自己的表现，听听同学、老师、家长的建议，并进行评价。

评价内容	自评	同学评	教师评	家长评
认真观察				
积极探究				
操作熟练				
富有创意				
团结协作				
乐于分享				
质量较好				

【设计者简介】

阳丽香，广州市增城区荔城中学教师，广州市教育研究院劳动学科特约教研员，毕业于华南师范大学生命科学学院生态学专业，硕士研究生，中学生物一级教师。

02

/ 第二部分 /

劳动作业方案

"伴着家人去旅游——行李整理我能行"作业方案

设计团队：黎超莹　钟　梓

一、设计意图

在《义务教育劳动课程标准（2022年版）》之中，明确规定劳动课程内容共设置三个单元和十个任务群，并根据不同年龄设置适合开展的内容。其中有四个任务群从一年级至九年级均需要开展，日常生活劳动中的整理与收纳任务群就是其中之一，可见其重要性。《伴着家人去旅游》是广州版《小学综合实践活动·劳动》五年级下册的学习内容，而在"行李整理我能行"中，主要让学生规划行李箱的准备怎样才能满足整个旅程的需要，不仅要让学生学会整理与收纳的方法，还要培养学生统筹规划的思维，从而培养学生做事有条理、遇事能统筹考虑的品质。"伴着家人去旅游——行李整理我能行"作业设计融合了多个学科的知识，注重把前期学习的知识进行"温故"，然后结合现实生活中可能出现的问题，在探究实践中"知新"，最后为暑假独立完成延续性学习做铺垫。该作业设计，不仅能培养学生的生活自理能力，还能培养学生做事有条理的统筹思维能力，使其认识到劳动是需要智慧的，爱劳动、会劳动才能创造美好环境的道理，从而培养学生尊重劳动、崇尚劳动的情感态度。

二、实施对象

本次活动的实施对象是小学五年级的学生。五年级的学生已初步具备了自主探究意识和小组合作能力，掌握了一定的实践探究方法，具备一定的劳动技能，有较好的劳动习惯，能够较熟练地使用劳动工具。他们对生活中的事物比较感兴趣，并具有一定的空间思维能力，而且在一至四年级已经学习了多个整理与收纳的基本技能。本项目在整合学生原有"整理与收纳"知识的基础上，在具体任务的劳动过程中获得认知和体验，激活学生已经积累的相关生活经验，把劳动技能综合运用与生活实际结合起来。

三、作业目标

1. 通过网上查阅资料、采访调查等方式，了解旅游目的地的天气、文化、出行方式、游玩攻略等基本情况，加深对出行前整理行李的重要性的认识，培养劳动规划思维。

2. 根据出行人数、提示和相应活动项目，制订出行物品清单，选择合适尺寸的行李箱，培养劳动筹划思维。

3. 通过完整的收拾行李箱的劳动时间，提升学生整理收纳的劳动技能，培养学生做事有条理、遇事能统筹考虑的品质。

四、作业内容

（一）前置作业

1. 通过网上查阅资料、采访调查等方式，了解预设目的地的天气、文化、出行方法、游玩攻略等基本情况，初步形成规划思维。

2. 复习衣服折叠中最省位置的折叠方法。

（二）实践作业

1. 根据出行人数和相应活动项目，制订出行物品清单，选择合适尺寸的行李箱。

2. 对出行物品进行分类，并按一定的空间和合理的顺序摆放。

（三）拓展作业

1. 根据暑假家庭出行计划、家人的需求，帮助家庭成员收拾行李箱。

2. 总结记录经验与感受，旅游后请同行人进行行李整理的整体评价。

五、作业实施

（一）前置作业

任务一

假期快到了，大家会去哪里旅行呢？旅行前我们应该做哪些准备？可以通过哪些方式来了解？

讨论区

我们可以上网查阅，选择合适的目的地，了解目的地的天气、文化、出行方法、游玩攻略等基本情况。

我们可以结合之前的游玩经历，商讨本次旅行的游玩目的与出行人数，拟定出行计划。

实践坊

旅行目的地攻略调查

同学们，我们可以通过网上查阅，根据提示了解三个旅游目的地的情况，把它们记录下来吧！

目的地	游玩项目	气温	游玩天数	出行方式	注意事项
海南岛	1. 游沙滩 2. 吃海鲜	35℃	5天	自驾	1. 防紫外线照射。 2. 防肠胃不适。 3. 自驾路线及上岛手续。
黑龙江					
山东					

任务二

　　我们曾经学习了各种衣服的折叠方法，衣服如何折叠更省空间？如何不打皱？一起来复习一下吧！

讨论区

　　收纳衣服是我们每个人都要学会的一项基本生活技能。将混乱的衣服整理好，不仅有利于我们居住环境的美观，也会让我们的心情变得愉悦起来。

　　同学们，我们开展一次折叠衣服比赛，看一下谁折叠得又快又好吧！

实践坊

衣服折叠

材料与工具：

1. 材料：短袖T恤、长裤、衬衫、袜子。

2. 工具：收纳箱。

步骤与方法：

1. 将衣服平铺，将左侧衣袖及衣身沿领口向右侧折叠，将衣袖回折于长方形内。将右侧衣袖及衣身向左侧折叠，将衣袖回折于长方形内，从衣领端向衣角卷折。

2. 将裤子平铺、对折，将裤脚回折于长方形内，从裤脚向裤头卷折。

3. 将袜子平铺、对折，对折时将袜口折到中间，再把袜尖轻轻放入袜口。

（二）实践作业

任务三

　　请选择其中一处旅行目的地，根据目的地的相关信息，罗列出旅行时要带的物品。

讨论区

我们要带的物品可以根据出行天数和人数进行准备。

我们还可以根据游玩的项目准备需要使用的物品，这样玩得更开心！

同学们，我们要根据所需物品选择尺寸合适的行李箱。

 实践坊

旅行物品清单

物品（多件请备注数量）：
行李箱（　　）寸

任务四

你已经准备好旅行要带的物品，接下来请你将物品按衣物、洗漱用品、防护用品、数码用品、证件资料、其他用品等类型进行分类，再把它们装进行李箱。

 讨论区

分类后，我们还可以用收纳袋把同一类物品装起来，方便我们装进行李箱。

我们收拾行李箱时还要根据出行方式，特别留意行李箱里有没有禁止携带的物品，以免影响行程。

同学们，收拾行李时，要根据行李箱的结构，按一定的空间和合理的顺序进行摆放，这样更能节省空间，赶紧试试吧！

 实践坊

收拾行李

材料与工具：

1. 材料：旅行所需物品。

2. 工具：旅行物品收纳袋、行李箱。

步骤与方法：

1．分类。将所需旅行物品按用途进行分类，同一类物品集中进行收纳整理。

2．装袋。将同一类物品装入一个物品收纳袋，拉好封口。根据行李箱的结构确定好各类物品的位置。

3．装箱。

（1）先用蛋卷法将把薄款衣物叠成细条填充凹凸处，用口袋法将袜子叠成方块填充凹凸处剩余两端位置，使其平整。

（2）遵循"上轻下重，由下至上、先硬后软"的原则进行装箱，零碎物品塞至缝隙处，充分利用空间。

安全提示：

1．收纳行李时重的东西要放在行李箱下面，轻的东西放上面。

2．注意检查瓶装物品是否密封好，避免漏出来。

3．根据出行方式检查行李箱内是否有禁止携带物品，如上飞机时充电宝不能超过两万毫安，限类物品是否超量等。

实践作业评价表

评价要点	自评	同学评	教师评	家长评
物品清单罗列齐全				
合理运用整理收纳方法				
行装整理后整齐有序				
评价标准：优秀★★★★★　　良好★★★★　　要加油★★★				

（三）拓展作业（选做）

任务五

根据学到的收拾行李的方法，根据暑假家庭旅行计划、家人的需求，帮助家庭成员整理行李。

实践坊

行李整理我能行

材料与工具：

1．材料：旅行所需物品。

2．工具：旅行物品收纳袋、行李箱。

步骤与方法：

1．按照之前所学，对目的地情况进行网上调查，确定所需物品并为家人整理好行李。

2．在旅行过程中对自己整理好的行李箱的实用程度与需改进之处进行记录。

3．旅行后请同行人对此次行李整理进行评价。

注意事项：

1．整理行李时要询问每一位同行人的需求，再进行准备。

2．要根据物品选择适合旅行大小的行李箱。

3．出发前及时检查，不要遗漏物品。

延伸作业评价表

评价要点	自评	同行人评
物品清单罗列齐全		
合理运用整理收纳的方法		
行装整理后整齐有序		
评价标准：优秀★★★★★　　良好★★★★　　要加油★★★		
实用程度及改进之处记录： 劳动感受： 		

【设计团队负责人简介】

　　黎超莹，广州市海珠区基立道小学教师，广东省骨干教师，广州市黎超莹名教师工作室主持人，广东省综合实践活动学科专委会理事，广州市劳动教育学科特约教研员，广州市骨干教师培训实践导师，广州市教育学会专家库成员。

"奇妙的绳结"作业方案

设计团队：肖泽妮　毕艳薇

一、设计意图

　　本作业方案"奇妙的绳结"是基于广州市小学六年级下学期劳动教材中的主题"奇妙绳结我来编"设计的。该主题主要是让学生了解绳结的种类与历史、绳结的材料与编织方法，初步掌握制作万字结、平结手链和救生结的方法。而生活中还有很多实用的绳结，本作业活动正是从学生的生活需要出发，帮助学生解决实际生活中的问题。本作业设计融合了综合实践活动、劳动、信息技术、美术等学科知识，设计了观察绳结在生活中的应用，应用绳结制作生活用品，探究创新绳结服务于生活等作业内容，加深学生对绳结的认识与了解，激发学生的探究欲望与兴趣，培养学生的探究能力。

二、实施对象

　　本次活动的实施对象是小学六年级的学生。六年级的学生思维活跃，经过小学六年的学习已经掌握了一些劳动技能，也有积极的劳动态度。学生在综合实践活动与劳动课中已经了解了绳结的种类与历史、绳结的材料与编织方法，初步掌握了制作万字结、平结手链和救生结的方法，具有较好的动手操作能力和创意设计能力。

三、作业目标

　　1. 通过网上查阅资料、生活观察与调查等方式，了解绳结在实际生活中的运用，提升探究能力。

　　2. 通过动手实践体验手链编织的制作过程，尝试设计编织手链，提高动手实践能力，感悟编织文化的伟大，增强文化自信。

　　3. 通过采访消防员，了解常见救生结的种类与制作方法。

　　4. 通过动手实践制作称人结，了解实用绳结的制作方法，提高动手实践能力。

四、作业内容

1. 了解绳结在生活中的应用。

2. 结合实际需要，制作一条绳编手链。

3．采访消防员，认识常见的救生结。

4．制作救生绳结。

五、作业实施

任务一

小粤想知道绳结在生活中有什么应用，可以通过哪些方式来了解？

 讨论区

我们可以上网查阅资料，了解生活中常用的绳结和绳结在生活中的应用。

我们可以观察一下社区和家庭里面绳结应用的事例。

我们可以问问爸爸妈妈，这些绳结会给我们的生活带来什么便利？

同学们，你们还有什么好方法？我们一起来探究学习吧！

实践坊

观察绳结在生活中的应用

同学们，生活中有各种各样的绳结，如系鞋带、系红领巾等。我们观察一下社区和家庭里面绳结的应用事例，把它们记录下来吧！

观察时间	观察地点	发现的事例名称	观察到的现象
2023年5月1日（十分钟）	花都永旺商场电梯口	生活中的绳结	绳结性质（装饰性、实用性、兼具装饰性与实用性）

 任务二

小广认识了生活中常见的绳结后，对中国结非常感兴趣，他想制作一条绳编手链，大家帮小广想想办法吧！

 讨论区

中国结有不同的编织方法，平结是中国结的基本结，我们可以尝试用平结编织一条手链。

我们可以尝试用不同的中国结编织一条手链。

同学们，让我们开展一次手链编织活动，加深对绳编手链的理解吧！

 实践坊

编织平结手链

材料与工具：

1. 材料：丝线。

2. 工具：剪刀、打火机。

步骤与方法：

1. 量取轴线和编织线。

2. 编织线围绕轴线编织手链主体。

3. 用平结编织手链扣。

4. 剪线，烧线。

安全提示：

1. 要使用安全剪刀和防风打火机。

2. 剪刀不能对着自己或他人，如果要传递剪刀，要先把剪刀合拢，手握住合拢的刀尖，剪刀柄对着他人。

3. 使用打火机烧线时要注意安全。

任务三

小穗想了解救生结的编织方法，可以采用什么方法？

 讨论区

我们可以上网查阅资料，了解救生结的不同编织方法。

我们可以采访消防员，向他们学习救生结的正确编织方法。

凡事预则立，为了顺利开展采访活动，让我们制订一份采访记录表吧！

 实践坊

采访记录表

班级		组别		组长		采访日期	
采访地点				采访对象			
采访主题							
采访目的							
采访的问题							

（续表）

采访记录（整理要点）：
结果（是否达成目的、解决什么问题、有什么收获和体会）
被访问者的意见或建议：

任务四

采访了消防员叔叔后，小穗对救生结的制作很感兴趣，很想尝试做一做，你有什么好建议？

讨论区

结绳的方法最常用的有称人结、八字结、双套结、接绳结、半扣结等。

我们可以尝试用长绳、被单、旧衣服等材料制作。

同学们，让我们开展一次救生结制作活动，一起制作救生绳结：称人结！

实践坊

制作称人结

材料：

长绳、床单或旧衣服。

步骤与方法：

1. 在绳索的中间打一个绳环。

2. 将绳头穿过绳环的中间。

3. 绕过主绳。

4. 再次绕过绳环。

5. 将打结处拉紧。

六、作业评价

1. 跟老师和同学交流分享作业成果，并根据他人的建议修改、完善作业。

2. 在这次作业实践中，你对自己的表现满意吗？对照下面的评价表邀请教师、家长、同学点评自己的表现。

评价内容	自评	同学评	教师评	家长评
认真观察				
积极探究				
操作熟练				
富有创意				
团结协作				
乐于分享				
质量较好				

【设计团队负责人简介】

　　肖泽妮，广州市花都区狮岭镇冠华小学教师，广州市小学综合实践活动学科中心组成员，花都区综合实践活动/劳动科中心组成员。

"家庭种植收获多"作业方案

设计者：张　慧

一、设计意图

大地是人类的母亲，而植物可以说是大地母亲的第一个孩子。人类是在植物的包围、呵护与奉献中一点点长大的。其中农作物不但为人类提供粮食、水果、蔬菜、棉花等生活必需品，是人类赖以生存的物质基础，还为人类提供清新的空气、舒适的环境和美丽的风景。所以，即使是生活在城市里的人，也会想方设法为植物开辟出一块生存空间，享受植物带来的收获和快乐，比如在阳台上养花、种菜。种菜、养花都属于"农事"，"农事"追求的是"春种一粒粟，秋收万颗子"。亲自种植一两种蔬菜、花卉，我们在出力、流汗、花费时间、满怀希望之后，得到了想要的成果，就会格外珍惜；如果种植失败，你的收获也不是"零"，你会懂得一切都来之不易，对劳动、劳动者、劳动成果等也会有新的认识。种植类课程相对而言更加注重实践操作，因此，在教学过程中，应该更多地采用体验式、实践式的教学方式。例如，在开展菜地种植课程时，可以让学生到田间地头去参观和实践操作，从而更加贴近自然界和农业生产，同时也激发出学生强烈的学习兴趣和动力。构建多维度评价体系：种植类课程不仅仅是操作技能的训练，更是能力素质的提高。因此，在评价时，不仅需要注重学生的操作技能和知识掌握，更要注意学生的态度、责任心、协作能力和创新能力等各方面的综合素质。在实施种植类课程时，应该注重学生的身心健康和综合素质的提高，采取多元化的教学方式和评价手段，从而为学生的未来发展和生活提供更好的支持和帮助。

二、实施对象

本次活动的实施对象是小学四年级的学生。四年级的学生学习劳动，不再是简单的打扫卫生，而需要接触更加复杂的劳动内容，如复杂的日常生活劳动、生产劳动和种植劳动等，这些劳动需要掌握一定的技能和知识，需要学生从简单到复杂地逐步学习。在四年级，学生不仅要学习家务劳动、校园劳动等日常生活中的劳动，还需要了解更多的社会劳动，如医生、警察、农民等职业的劳动内容和特点。通过学习不同职业的劳动内容，可以让学生更加全面地了解劳动的意义和价值。学生在

四年级的劳动学习中，不仅需要掌握技能和知识，还需要学会规划时间、自主管理和协作合作等，这对孩子的综合素质提升和成长有很大的帮助。在四年级，学习劳动不仅是理论上的知识学习，更需要通过实践来体验和掌握。通过实践，学生可以深入地了解劳动的过程和价值，从而更加积极主动地参与到劳动中去。学生需要从简单到复杂、从接触到深入，通过实践来掌握知识和技能，同时培养协作合作、时间管理等能力。在劳动学习中，学生还能够更加深入地认识劳动的意义，从而更加热爱生活、热爱劳动。

三、作业目标

1. 认识家庭种植需要使用的工具，并正确掌握使用方法。

2. 掌握种植蔬菜和水果的基本技能，学会如何在家庭内进行种植；提高动手能力和实践能力，学会种植蔬菜。

3. 掌握白菜的种植方式，观察植物的生长情况并做好记录。

4. 了解劳动的意义和价值，明确劳动对生活的积极影响，学会尊重、关心、爱护劳动成果。

四、作业内容

1. 调查家庭种植常用的工具，并正确掌握使用方法。

2. 学习家庭种植蔬菜和水果的基本技能。

3. 家庭种植蔬菜和水果的养护与管理。

五、作业实施

任务一

小粤很喜欢吃白菜，想亲手种植一盆白菜，在家里种植需要用到什么工具？我们可以通过什么方法了解呢？

讨论区

我们可以上网查阅、查阅书籍，了解白菜的种植方法。

我们可以观察别人种植植物的过程和种植时使用的工具。

我们可以问问爸爸妈妈，并在爸爸妈妈的指导下参观农场，了解种植的工具和使用方法。

○ 实践坊

调查常见的种植工具

同学们，让我们寻找家庭种植所需要的工具吧！

工具名称	使用方法	相关使用安全提示	使用过程图片
锄头、铁铲、铁耙等			
花盆			
喷水壶			
胶手套			

任务二

小广要在家里用花盆种植小白菜，该如何种植呢？大家帮小广想想办法吧！

○ 讨论区

在家里找一个适合种植的地方，要根据花卉、蔬菜的不同繁殖方式与生长特点，综合考虑空气、阳光、水、土、肥等条件，搭配合适，才能种出你所期待的花或菜。

在自家小院、阳台的花盆里种植，缺点是空间狭小，通风、透光较差，优点却也显而易见——方便照顾，可以精耕细作，能及时发现并处理问题。

同学们，让我们开展一次家庭种植活动吧！要注意劳动过程中的安全。

 ○ 实践坊

家庭种植收获多

材料与工具：

1. 材料：土壤、肥料、种子或幼苗。

2. 工具：浇水壶、小平铲、小铲、小耙、移植镘等。

播种步骤：

1. 选择适宜的花盆，用瓦片或泡沫块盖住部分溢水孔，然后装土，土距盆沿3～4厘米。花盆尽量选择大一些的，也可以用废旧的器皿，如泡沫箱等。

2. 将小白菜的种子均匀地撒在盆内，种子间要留有空隙，大约1厘米，不要太密。

3. 在种子上面盖一层1厘米左右的松软、湿润的细土。

4. 轻轻压实。如果天气比较冷，可以在花盆上罩一层塑料膜，以保温保湿。

种植提示：

1. 种植前最好先洒水，让土壤微微润湿。

2. 可以提前1小时用清水浸泡菜籽，促进发芽。

3. 白菜籽很小，不要在上面压太厚的土，否则出苗困难。

4. 撒籽不要太密，否则既浪费种子又影响生长。

5. 出苗以前，只要土壤微微湿润，就不要浇水；明显干燥时，用细孔花洒浇湿2～3厘米的土壤表层。

6. 在种植时要注意选择适宜的工具，在使用工具时要注意安全。

任务三

小广的白菜已经种下了，但是小白菜生长得不理想，请问你有什么好办法？

讨论区

我们要做好养护管理。

我们知道小白菜喜欢温暖湿润的环境，种下后要放在阳光充足的地方。同时，在生长期内可以适量施肥，尽可能使用有机肥。

我们给小白菜浇水的时间安排在早上、晚上，不要在过热的中午浇水，水量以盆底渗出水为宜。小白菜容易长菜青虫，如果发现有虫，我们可以进行人工捉虫，尽量不用农药。

播下种子只是种植的第一步，养护管理才是最重要的，但这个过程时间长，我们必须有足够的细心、耐心去对待我们种植的小白菜。

实践坊

种植一盆白菜，做好养护管理，观察它们的生长情况。

生长情况记录表

时间	养护管理项目	地点	生长情况记录
第（　　）天			
第（　　）天			
第（　　）天			

（续表）

时间	养护管理项目	地点	生长情况记录
第（ ）天			
第（ ）天			
第（ ）天			

六、作业评价

1. 跟老师和同学交流分享作业成果，并根据他人的建议修改、完善作业。

2. 在这次作业实践中，你对自己的表现满意吗？对照下面的评价表说一说自己的表现，听一听同学、教师、家长的意见，请用描述性语言进行评价。

评价内容	自评	同学评	教师评	家长评
我在种植中特别认真				
小心翼翼地呵护它们				
遇到困难我能够积极想办法解决				
劳动很辛苦，但是我不怕，因为劳动很快乐				
我懂得了珍惜劳动成果的重要性				

【设计者简介】

张慧，广州市越秀区八旗二马路小学教师，综合实践活动高级教师，广州教育学会中小学劳动教育研究专业委员会常务理事、副秘书长，广州市教育研究院第十九届劳动学科特约教研员，越秀区教育发展研究院劳动学科兼职教研员，参与《广州市中小学劳动教育指导纲要》《广州市中小学生劳动素养评价指南》和教育部《劳动指导教材》的编写工作。

"认识拖把 学会拖地"作业方案

设计者：陈艳红

一、设计意图

"拖地小妙招"是广州版《小学综合实践活动·劳动》教材四年级上册第三单元中的学习内容，主要是让学生了解常见的拖地工具及使用方法，掌握拖地的基本技能，树立正确的劳动价值观。"认识拖把 学会拖地"作业设计融合了综合实践活动、劳动、信息技术、数学、语文、美术等多个学科的知识，设计了了解并罗列除劳动教材所示拖把类型以外的常用拖把类型及其优缺点、应用数学知识制作平板拖把、采用多种方式记录拖地的感受等作业内容，致力于让学生掌握正确的拖地步骤，同时丰富学生的劳动生活认知，切实提高学生参与劳动学习的热情。

二、实施对象

本次活动的实施对象是小学四年级的学生。他们处于皮亚杰认知发展阶段理论中的具体运算阶段，知识、能力、情感、价值观正在逐步形成。随着社会生活涉猎的范围不断扩大，他们的求知欲、好奇心、自我意识以及自主性明显增强。本次作业设计以此为起点，鼓励学生自主调查、动手实践、记录感受，多维度把握拖把在生活中的应用，从而认识拖把，学会拖地，将课堂所学的劳动、数学、美术、语文等知识与生活实际结合起来。

三、作业目标

1. 通过互联网在线查阅、社区调查等方式，了解并罗列除劳动教材所示拖把类型以外的常用拖把类型及其优缺点，加深对拖把的认识，培育起信息技术应用素养。

2. 结合数学知识，制作一个平板拖把，培养学生的动手操作能力，激发学生的探究欲望与兴趣。

3. 用写作、绘画等方式记录自己拖地的感受，提高学生的写作和绘画能力，增强学生的劳动热情。

四、作业内容

1. 了解并罗列除劳动教材所示拖把类型以外的常用拖把类型及其优缺点。

2．应用数学知识制作一个平板拖把。

3．采用多种方式记录拖地的感受。

五、作业实施

任务一

　　小广想知道除了劳动教材所示拖把类型以外的常用拖把类型及其优缺点，可以通过哪些方式了解？

 讨论区

　　我们可以找爸爸妈妈帮忙，上购物网站看看有哪些比较常用的家用拖把类型。

　　我们可以把找到的拖把类型和它的特点做成思维导图或者Excel表，这样就一目了然了。

　　我们可以到社区访谈爷爷奶奶、叔叔阿姨、哥哥姐姐，了解他们的家用拖把类型和使用感受。

　　同学们，你们还有其他了解拖把类型及其优缺点的方式吗？一起来探究吧！

实践坊

拖把类型及其特征

　　同学们，我们利用互联网搜索、社区调查等方式，了解拖把类型及其优缺点，并用喜欢的方式列出来吧！

拖把类型	调查方式	拖把的优点	拖把的缺点
平板拖把	社区访谈	360度旋转，拖板又长又宽，方便清洁残渣	手洗拖布，零件易生锈
蒸汽拖把	网上调查	吸污杀菌，360度旋转，吸附能力强	价格昂贵，不适合粗糙地板
海绵拖把			
旋转拖把			

任务二

　　小州了解了各种类型的拖把及其优缺点后，发现自己家更适合使用平板拖把，但周边百货商店或购物网站上售卖的平板拖把尺寸要么太大，要么太小，找不到满意的。请大家帮小州想想办法吧！

 讨论区

> 我们可以上网购买平板拖把的小配件，在家DIY组装。

> 我们可以自己尝试做平板拖把头，可以做成长方形、正方形或者三角形的，这样每个角落都能顾及到。

> 同学们，让我们以小组合作的方式，任意选择一种拖把头制作平板拖把吧！

 实践坊

制作平板拖把

材料与工具：

1. 材料：塑料板、拖把杆、旋转卡扣、长绒布。

2. 工具：剪刀、螺丝刀。

步骤与方法：

1. 在塑料板上用直尺、三角尺等分别量出50cm×10cm的长方形塑料板、边长为30cm的正方形塑料板、边长为30cm的等边三角形塑料板。接着，用剪刀剪出上述三种塑料板大小的绒布套，将绒布套在塑料板上，形成拖把头。

2. 在拖把头中间打孔，将旋转卡扣的一侧嵌入孔内。

3. 把拖把杆接入旋转卡扣的另一头。

安全提示：

1. 剪刀不能对着自己或他人，如果要传递剪刀，要先把剪刀合拢，手握住合拢的刀尖，剪刀柄对着他人。

2. 螺丝刀、剪刀用完后，要及时归纳好。

任务三

> 小杨用自制的平板拖把拖地后，被爸爸妈妈表扬了。他很高兴，想把这件事记录下来并分享给同学们，你有什么好办法吗？

 讨论区

> 我们可以把使用自制平板拖把拖地这件事写成日记。

> 我们可以把制作拖把、拖地这些事情画成图画记录下来。

> 除了写日记、画画，大家还可以选择其他方式来记录自己拖地劳动的时刻哦！

◦ 实践坊

拖地小日记   拖地图画

六、作业评价

1. 跟老师和同学交流分享作业成果，并根据他人的建议修改、完善作业。

2. 在这次作业实践中，你是否满意自己的表现？根据下面的评价表进行自我评价，同时聆听同学、教师、家长的意见，请用描述性语言进行评价。

评价内容	自评	同学评	教师评	家长评
积极调查				
认真总结				
主动探究				
团结合作				
善于创新				
知识熟练				
乐于分享				

【设计者简介】

陈艳红，广州市番禺区市桥北城小学教师，小学一级教师，广州市小学劳动学科中心组成员，番禺区教育系统第三批骨干教师，番禺区教研结对帮扶促优质均衡发展小学综合实践/劳动学科带头人培训工作室导师，番禺区课程改革实施小学劳动学科中心组成员。

"钉好人生第一粒纽扣"作业方案

设计团队：李　方　聂小燕　张婷雅

一、设计意图

"钉好人生第一粒纽扣"是广州版《小学综合实践活动·劳动》四年级下册主题二的学习内容。裁缝是一项传统工艺，随着社会的发展和物品的极大丰富，裁缝手艺逐渐在大众面前消失，大多数学生都不会使用针线进行简单的缝补，对于衣物、纽扣等生活用品，习惯坏了就扔，旧了就换。本主题旨在通过对裁缝知识及技能的学习，开展钉纽扣的劳动，让学生掌握生活中的简单技能，懂得美好生活靠劳动创造，树立艰苦奋斗的精神，激发学生热爱劳动、崇尚劳动的情感。"钉好人生第一粒纽扣"作业方案设计了观察生活中的纽扣种类和用途、给掉了纽扣的演出服钉纽扣、以"小纽扣　大魔力"为主题的纽扣创意装饰品制作等作业内容，加深学生对钉纽扣技能的理解和掌握，激发学生的探究欲望与兴趣。

二、实施对象

本次活动的实施对象是小学四年级的学生。他们对生活中的事物有较强的好奇心，且具备一定的动手操作能力，喜欢在活动过程中获得认知体验。本次作业设计鼓励学生做一名小小观察员，观察生活中纽扣的种类和用途，对纽扣有了初步认识后，创设真实的问题情景，通过实践探究活动帮助学生巩固钉纽扣的能力，将美术、数学、道德与法治、综合实践学习与生活实际结合起来。

三、作业目标

1. 通过参与钉纽扣实践活动，正确认识劳动的价值，能主动参与钉纽扣这项家务劳动，积极处理生活中纽扣脱落的事务，懂得勤俭节约是中华民族的传统美德，懂得劳动创造财富、创造美好生活的道理。

2. 通过开展钉纽扣探究活动，结合数学、美术等学科知识，利用针、线和剪刀等材料，安全有效地钉纽扣，通过动手操作实践，初步掌握钉纽扣的基本技能。

3. 在学习钉纽扣的实践过程中，培养学生安全劳动、规范劳动的习惯，发挥团队力量，团结合作，乐意和别人分享自己的劳动成果及欣赏他人的劳动成果。

4. 通过亲身经历钉纽扣这项家务劳动的过程，获得"家务劳动我能行"的劳动体验，增强服务自我和他人的意识，体会劳动的艰辛和劳动创造的快乐，引导学生不仅要学会钉纽扣，还要钉得漂亮结实，鼓励学生大胆创新，培育百折不挠、精益求精、追求卓越的工匠精神。

四、作业内容

1. 了解生活中纽扣的种类和用途。
2. 给掉了纽扣的演出服钉纽扣。
3. 以"小纽扣大魔力"为主题，制作纽扣创意装饰品。

五、作业实施

任务一

小广看到商店里面有各种各样的纽扣，特别想了解纽扣有哪些种类和用途，请问他可以通过哪些方式来了解？

 讨论区

 我们可以上网查阅一下生活中的纽扣有哪些种类和用途。

我们可以观察一下衣柜里衣服上的纽扣，看有哪些种类和用途。

 我们可以问问爸爸妈妈，纽扣有哪些种类和用途，不同种类的纽扣如何钉。

实践坊

观察生活中纽扣的种类和用途

同学们，请观察一下生活中哪些地方会出现纽扣，这些纽扣分别有哪些种类和用途呢？把它们记录下来吧！

观察时间	出现地方	纽扣的种类	纽扣的用途
6月2日	大衣	四孔纽扣	连接衣服门襟

任务二

小粤发现自己演出服上的一粒纽扣掉了，不知道要怎么办，大家快来帮小粤一起想想办法吧！

287

讨论区

马上要表演了，纽扣却掉了，还是重新借一件演出服，美美地参加演出吧！

寻求爸爸妈妈的帮助，拜托爸爸妈妈帮忙钉好。

自己的事情自己做，自己动手尝试将掉了的纽扣钉好，穿着自己钉好纽扣的衣服开开心心地参加演出。

同学们，让我们以小组为单位开展一次钉纽扣实践探究活动，来帮帮小粤吧！

实践坊

我会钉纽扣

材料与工具：

1. 材料：纽扣、线。

2. 工具：针、安全剪刀。

步骤与方法：

1. 正确选择纽扣、线、针：找回掉了的纽扣，如果找不到就根据衣服原有的纽扣选择相似的，根据纽扣原来的配线选择颜色和粗细相同或相似的线，再根据纽扣大小和线的粗细选择针，确保美观。

2. 穿针打结：穿针穿不进去时，集中小组的智慧，可以尝试将线末端剪齐或借用穿针器，运用数学知识（缩小线的直径或扩大针孔大小）来解决问题，绕线圈打结时，线圈绕得越多，结打得越大。

3. 确定位置：小组讨论，用旧痕迹确定法、纽扣洞确定法、等距离确定法等确定纽扣的位置。

4. 钉纽扣：进线出线3～5次即可。

5. 收针打结，扣好检查：绕线圈打结收针，扣好检查是否结实美观。

安全提示：

1. 使用刀尖是圆形的小剪刀。

2. 抽针拉线时翻手腕，针尖朝内，别伤到同学。

3. 用完后要及时把剪刀和针收纳好。

任务三

小穗发现自己家里有一些漂亮的纽扣，不知道可以用来做什么，大家有什么好建议？

○ 讨论区

我们可以收藏起来，将来有衣服纽扣掉了时，就可以拿来用了。

我们可以用来做一些工艺装饰品，例如做娃娃的眼睛、鼻子等。

如果想让自己的书包变得与众不同，有自己的特色，也可以在书包上用漂亮的纽扣做装饰哦！

 ○ 实践坊

用纽扣装饰书包

材料与工具：

1. 材料：纽扣、线。

2. 工具：安全剪刀、针。

步骤与方法：

1. 选择与书包风格相匹配的漂亮的纽扣。

2. 设计装饰图案。

3. 穿针打结，按照设计好的图案，将纽扣钉上去。

安全提示：

1. 使用刀尖是圆形的小剪刀。

2. 抽针拉线时翻手腕，针尖朝内，别伤到同学。

3. 用完后要及时把剪刀和针收纳好。

六、作业评价

1. 跟老师和同学交流分享作业成果，并根据他人的建议修改、完善作业。

2. 在这次作业实践中，你对自己的表现满意吗？对照下面的评价表评一评自己的表现，再听一听同学、教师和家长的评价，相信你会有更大的收获。评价一般的可涂一颗星星，评价较好的可涂两颗星星，评价优秀的可涂三颗星星，最后结合实际情况谈谈自己的收获与体会。

评价内容	自评	同学评	教师评	家长评
认真观察				
积极探究				
安全操作				

（续表）

评价内容	自评	同学评	教师评	家长评
技法熟练				
做工精美				
富有创意				
团结协作				
收获与体会				

【设计团队负责人简介】

　　李方，广州协和学校教师，中学化学一级教师，广州市小学劳动中心组成员，广州市第三批骨干班主任，参与编写《经典导学》《中考解读》等教辅资料。曾在2022年广东省中小学劳动教育课程资源征集及遴选活动中获二等奖，在第二届广东省中小学青年教师教学能力大赛中获三等奖，在第二届广州市中小学综合实践活动/劳动学科中心组专业能力测试及教学新秀评选活动中获一等奖，在广州市第二届青年教师教学能力大赛中获三等奖。

"二十四节气之谷雨——忙种豆"作业方案

设计者：张惠婷

一、设计意图

二十四节气是中国古代订立的一种用来指导农事的补充历法，科学地揭示了天文气象变化的规律，它将天文、农事、物候和民俗实现了巧妙的结合，衍生了大量与之相关的岁时节令文化，成为中华民族传统文化的重要组成部分，是中华民族劳动人民长期经验的积累成果和智慧结晶，2016年被正式列入联合国教科文组织人类非物质文化遗产代表作名录。为了激发学生对中国传统文化的浓厚兴趣，了解和感受中国传统文化的厚重，在二十四节气的探究活动中体会其独特的魅力，激发学生热爱中国传统文化的感情就显得尤为必要。"二十四节气之谷雨——忙种豆"是广州版《小学综合实践活动·劳动》教材三年级上册主题之一"跟着节气去探究"中的内容，主要是让学生了解谷雨是二十四节气中的第六个节气，也是春季里的最后一个节气，旨在通过相关活动引导孩子们了解节气、关注时令、热爱生活、热爱大自然。该作业设计融合了综合实践活动、劳动等多个学科的知识，注重生活性、探究性和实践性，设计了学习挑选种子的基本方法、掌握种植花生的具体步骤和方法等服务于生活的作业内容，加深学生对科学种植的理解，激发学生的探究欲望与兴趣，培养学生的实践探究能力和综合运用学科知识解决问题的能力。

二、实施对象

本次活动的实施对象是小学三年级的学生。他们对生活中的事物比较感兴趣，对事物有强烈的好奇心、求知欲，勇于大胆探索，大胆想象，敢于实践，有一定的信息收集整理能力，而且他们对家庭种植劳动有一个基本认识。这个阶段的学生有较强的观察力，具备一定的动手实践能力，但他们在交往合作、动手操作、问题分析等方面还缺乏锻炼，且他们的问题意识有待提高，在探究问题过程中的方法运用也比较单一。在活动中要善于引导学生发现问题，提出问题，能够试着和同学分享交流合作，在有效的活动中不断提高学生的实践能力和参与劳动创造的意识。另外，学生对二十四节气的农耕文化不太了解，因此活动中要重视激发学生的学习欲望。本课旨在通过一系列的活动体验，培养学生对生活、对劳动的积极态度，了解二十四节气文化，了解二十四节气农耕文化知识，增强学生的文化自信、民族自豪感。通过花生种植活动，学生体验到劳动的快乐，发展了观察、分析能力，形成合作、分享、积极进取等良好的个性品质，成为创新生活的小主人。

三、作业目标

1．初步了解二十四节气文化和二十四节气农耕种植的简单知识，在老师的指导下进行花生的种植。

2．通过活动体验，能积极参加田园种植活动，初步养成科学种植的劳动习惯。

3．选择自己喜欢的种植方式，动手种植花生，跟同学、老师分享种植过程中的经验与感受，能自己完成种植记录，进一步提升劳动的意识。

4．认识种子挑选的基本方法，掌握种植的步骤和要注意的事项，尝试种植花生，体验种植的快乐。

5．在种植过程中，初步学会挑种、松土、穴播、浇水等种植方法，善于利用身边的工具进行种植，善于发现问题和解决问题。

四、作业内容

1．了解二十四节气之谷雨的相关知识。

2．学习挑选优质豆子的方法。

3．查阅种植花生的具体步骤和方法。

4．进行花生种植实践体验。

五、作业实施

任务一

大头儿子看见爸爸正在挑豆子，询问今天为什么要种豆子。让我们跟着爸爸一起认识二十四节气之谷雨的相关知识。

讨论区

爸爸，今天是什么特殊日子吗？为什么要种豆子啊？

来，爸爸给你讲讲吧！

今天是二十四节气中的第六个节气——谷雨。民间有句农事谚语"谷雨前后，种瓜点豆"，意思是谷雨前后是播种移苗、种瓜种豆的好时节。谷雨的时间一般就在每年的公历4月19日到21日之间，南方大多数地区都已经春暖花开，适合耕种了。今天我们就来种你最爱吃的花生。

○实践坊

把你了解到的关于谷雨的知识记录下来吧!

通过什么方式了解	了解到什么

任务二

　　在种植豆子之前,先要挑选出合适的豆子,家中常见的豆子都能用来种植,比如黄豆、绿豆、黑豆等。你知道怎么挑选优质的豆子吗?以下正确的是(　　　)

　　1. 颗粒饱满、健康充实、没有病虫害的豆子。

　　2. 干瘪、坏掉、长虫的豆子。

　　在挑选种子上,你有什么小妙招吗?(　　　　　　　　　　　　　　)

任务三

　　种植花生,要想高产高质,就要掌握科学的种植方法。你知道种植花生的具体步骤和方法吗?我们可以通过什么方法了解?

○讨论区

　　我们可以通过上网查阅、查阅书籍的方法,了解种植花生的步骤和方法。

　　我们可以问问农民伯伯种植花生的方法,还可以观察农民伯伯是怎样种植花生的。

○实践坊

种植花生的具体步骤和方法

第一步:＿＿＿＿＿＿＿＿＿＿＿＿＿＿＿＿＿＿＿＿＿＿＿＿

第二步:＿＿＿＿＿＿＿＿＿＿＿＿＿＿＿＿＿＿＿＿＿＿＿＿

第三步:＿＿＿＿＿＿＿＿＿＿＿＿＿＿＿＿＿＿＿＿＿＿＿＿

第四步:＿＿＿＿＿＿＿＿＿＿＿＿＿＿＿＿＿＿＿＿＿＿＿＿

第五步:＿＿＿＿＿＿＿＿＿＿＿＿＿＿＿＿＿＿＿＿＿＿＿＿

种植方法：_____

注意事项：_____

活动留影

细心选种	用心播种

六、作业评价

1. 与老师和同学大胆分享自己在种植活动中的收获与感受。

2. 在这次作业实践中，你对自己的表现满意吗？对照下面的评价表，说一说自己的表现，同时听一听同学、老师、家长的意见，并给自己打分吧！

"二十四节气之谷雨——忙种豆"活动评价表

班级：　　　　　　　姓名：

序号	评价内容	自己评	同学评	老师评	家长评
1	积极参与，态度认真	★★★	★★★	★★★	★★★
2	安全劳作，动作熟练	★★★	★★★	★★★	★★★
3	团结合作，注意卫生	★★★	★★★	★★★	★★★
4	善始善终，总结反思	★★★	★★★	★★★	★★★
5	讲究方法，大胆创新	★★★	★★★	★★★	★★★
我的收获与体会					
评价标准：很好（3颗★）、一般（2颗★）、待提高（1颗★）					

【设计者简介】

　　张惠婷，广州市增城区香江学校教师，中小学一级教师，广州市小学劳动中心组成员，增城区小学劳动特约教研员，学校劳动教育学科组长。

"绘制红色文化T恤"作业方案

设计团队：黄淑华　黄伟珊

一、设计意图

红领巾共筑中国梦，党的光辉照我心。2021年是中国共产党百年华诞，一百年的风雨兼程，一百年的奋发崛起，百年间的每一步都留下了坚定而深刻的脚印。为了使少先队员能更深入地了解中国共产党，培养他们热爱党、热爱祖国的朴素情感，我校五年级组开展了主题为"红领巾心向党"的综合实践活动。在综合实践活动与学科课程融合理念的指导下，"绘制红色文化T恤"作业设计融合了综合实践活动、劳动、美术等多个学科的知识，通过创设真实的学习情境，以有趣的任务驱动，设计了探究绘制创意T恤的方法，尝试体验绘制创意T恤的过程并绘制红色文化T恤。该作业设计旨在进一步加深学生对中国共产党的认知与理解，培养学生热爱中国共产党、热爱祖国，以自己是一名中国人而感到自豪。

二、实施对象

本次作业的实施对象是小学五年级的学生。他们有良好的团队合作意识和自主探究意识，经过四年多的综合实践活动，他们具备了基本的实践能力，掌握了一定的实践探究方法和劳动技能，能够较熟练地使用相关工具开展活动。学生前期围绕"红领巾心向党"这个主题，通过探究、研学等活动，从党史人物、党史纪念馆、红色建筑、红色影片、红色歌曲等方面对中国共产党进行了更深入的了解，在此基础上，他们可以完成相关活动任务。绘制红色文化T恤需要一定的美术基础，五年级的学生经过四年多的美术教育学习，对美术基础知识和基本技能已经有了一定的掌握，同时他们具有较好的绘画基础和对各种材料综合运用的能力，能够较好地完成红色文化T恤的绘制作业。

三、作业目标

1. 通过查阅资料、访谈等方式，了解设计与制作创意T恤的步骤和方法，提升探究能力。

2. 结合前期探究活动及对中国共产党的认知与理解，将自己的理念和对中国共产党的热爱之情融入红色文化T恤的设计中，对T恤绘制进行创新实践探索。

3．积极参与红色文化T恤绘制活动，熟练掌握多种劳动操作技能，增强创意设计、动手操作和物化能力，形成在实践操作中学习的意识，提高综合解决问题的能力。

四、作业内容

1．通过查阅资料、访谈等方式，了解设计与绘制创意T恤的步骤和方法。

2．围绕"红领巾心向党"这一主题，结合自己对中国共产党的认知与理解，动手实践，设计出红色文化T恤的草图。

3．结合创意T恤的制作方法和设计出的草图，动手绘制主题鲜明、美观、新颖的红色文化T恤。

五、作业实施

任务一

设计与绘制创意T恤的步骤和方法是怎样的？让我们一起来探究一下吧！

讨论区

我们可以上网查阅一下绘制创意T恤的方法。

我们可以采访文创作品设计师或者学校的美术老师，以此了解设计和绘制创意T恤的步骤和方法。

实践坊

1．请同学们把探究过程记录下来。

"绘制红色文化T恤"查阅资料登记表

探究主题	
探究内容	
查阅方法	
详细资料	
我的收获	

2．同学们，接下来采访一下相关人员吧！

"绘制红色文化T恤"采访计划表

探究主题	
探究目的	
采访对象	

（续表）

采访时间、地点	
人员分工	
工具准备	
问题设计	
注意事项	

任务二

　　小广了解了绘制创意T恤的方法之后，如何围绕"红领巾心向党"这一主题设计红色文化T恤呢？

讨论区

　　我们可以绘制富有创意的图画，让红色文化T恤变得更加美观。

　　我们可以用特殊的材料和制作手法来制作T恤，比如粘贴亮片、挂小挂件、用毛线缠绕出图像等，让T恤看起来更有创意。

　　我们可以改变T恤的形状，让这件红色文化T恤不仅美观，还很特别。

　　同学们，你们还有哪些有创意的想法呢？与小伙伴一起讨论一下吧！

实践坊

设计有创意的红色文化T恤

　　材料与工具：铅笔、马克笔、画纸等。

　　步骤与方法：1. 明确红色文化T恤的主题。2. 用笔在纸上画出草图。

红色文化T恤绘制设计表

作品名称	
小组名称	
主题由来	
作品创意点	
设计草图	
教师评价	

任务三

小广设计好红色文化T恤的草图之后，如何才能更好地在T恤上绘制出来呢？

讨论区

要按照设计好的草图来制作，不要随意更改设计草图。

我们可以用专门用于绘制T恤的丙烯马克笔或彩绘笔进行绘制，这样可以保证画出来的图案色彩不晕染。

同学们，你还有哪些好方法可以让大家更顺利地绘制红色文化T恤呢？赶紧和大家分享，然后一起动手制作吧！

实践坊

制作红色文化T恤

材料与工具：

1. 材料：胶水、亮片、挂件、毛线等。

2. 工具：剪刀、铅笔、丙烯马克笔、彩绘笔等。

步骤与方法：

1. 根据草图在T恤上绘制图案。

2. 根据草图对T恤进行造型改造。

六、作业评价

1. 开展作业成果交流分享会，并根据他人的建议修改、完善作业。

2. 在这次作业实践中，你对自己的表现满意吗？对照下面的评价表说一说自己的表现，听一听同学、教师、家长的意见，请用描述性语言进行评价。

评价内容	自评	同学评	教师评	家长评
认真调查				
积极探究				
技法熟练				
富有创意				
耐心细致				
乐于分享				
T恤精美				

【设计团队负责人简介】

　　黄淑华，广州市白云区白天鹅京溪实验小学教师，广州市小学综合实践活动课程专业委员会常务理事，广州市综合实践活动特约教研员，撰写的研究报告获广东省中小学综合实践活动课程展示交流活动评比一等奖，执教的课例获广州市中小学综合实践活动课程优秀课例评比一等奖。

"羊城美景我讲解"作业方案

设计者：周乐怡

一、设计意图

"我是小小讲解员"是部编版小学语文五年级下册第五单元的口语交际的学习内容，主要是让学生选择一个情境，为他人进行讲解。该话题旨在提高学生在实际生活中口头介绍地方或事物的能力。"我是小小讲解员"作业设计融合了综合实践活动、劳动、美术等多个学科的知识，与广州版《小学综合实践活动·劳动》五年级教材中的"我是广府小导游"这一课联系在一起，创设讲解旅游景点的情境，设计讲解广府景点的口语训练，激发学生的探究欲望与兴趣，培养学生的语言表达能力和综合运用学科知识解决问题的能力。

二、实施对象

本次活动的实施对象是小学五年级的学生。他们对风景名胜很感兴趣，已经具有一定的介绍事物的思维能力、搜索并整理资料的能力。在以往的口语交际训练中，他们已掌握一定的口语表达能力，而且在五年级下册的综合性活动学习中初步认识了搜索整理，写提纲、研究报告的方法。本次作业设计以此为起点，把"我是小小讲解员"和"我是广府小导游"结合起来，通过搜集整理资料，选择列提纲、写研究报告的方式，激发学生对羊城美景的探究，将语文、劳动、综合实践的学习与生活实际结合起来，提升对本土文化的自信心和自豪感。

三、作业目标

1. 通过网上查阅资料、实地调查等方式，了解广府特色旅游景点、人文环境，加深对广府文化的理解，选择要介绍的景点。

2. 通过搜索资料，整理文稿，列出讲解提纲，讲解给身边的朋友听，培养学生的搜索、整理和表达能力，激发学生的探究欲望与兴趣。

3. 根据听众的反应，对讲解的内容进行调整，并实地录制讲解视频。

四、作业内容

1. 通过查阅资料，了解羊城美景、人文环境等。

2. 掌握收集、整理和分析资料的能力，列出讲解提纲。

3. 创造性拍摄羊城景点讲解视频。

五、作业实施

任务一

小广想知道广府文化的传承和发展情况，也想了解社区居民喜爱的羊城美景、人文环境等，可以通过哪些方式来了解？

讨论区

 我们可以在网上搜索资料，查阅广府文化的传承和发展情况，及羊城美景等相关内容，并且在查找过程中记录下来。

 我们也可以在当地图书馆搜索广府文化的相关书籍，参观广府历史展览馆和羊城美景等，感受本土文化氛围。

 我们还可以向父母和爷爷奶奶了解广府文化过去和现在的异同，感受广府文化的魅力。

实践坊

羊城美景

羊城美景	参观时间	主要景点	喜欢的理由
越秀公园	周一至周日6：00-22：00	五羊石像 镇海楼	体现广州的历史文化底蕴，植被率很高，是个休闲的好地方。

任务二

小广了解羊城美景后，打算选择一个景点向同学们介绍，可是他不知道如何搜索整理资料、列出提纲，大家教教他吧！

讨论区

 我们可以先确定一个地点，比如介绍越秀公园。找资料时，把越秀公园的历史、位置以及里面的风景等摘录下来。

 还可以先列出你想了解的信息，再用关键词搜索的方式去查找。

 同学们，让我们开展一次信息搜索活动，加深我们对广府文化和羊城美景的认识吧！

○ **实践坊**

关于越秀公园的文化和美景的情况表

研究方法：

1. 查阅书籍；2. 询问身边的人；3. 实地游览。

资料整理：

类别	内容
文化背景	自元代起，历次"羊城八景"评选，越秀山的景点均有入选。越秀公园是广州最早的公园之一，也是广州规模最大的综合性公园。民国时期，孙中山先生提出要把越秀山建成一座大公园。广州解放后这一构想得到了实现。如今，越秀公园自然风景优美，富有亚热带地区的景物特点，而且还保存了各种历史文物和遗迹，新建的园道还连接着各个景点。
风景介绍	越秀公园由七座山冈和三个人工湖组成，全园绿化覆盖率达90%以上。园内景点有广州博物馆的镇海楼展区和仲元楼展区，有中山纪念碑、镇海楼、广州古城墙等众多文物，还有越秀山体育场、广东广播电视塔、越秀山水塔等各个历史时期的代表性建筑物，更有广州的标志——五羊石像。

任务三

小广想带领小组成员前往羊城景点，共同录制讲解该景点的视频，向大家宣传羊城美景，你有什么好办法？

○ **讨论区**

我们可以按小组分工完成搜索资料、讲解景点等任务，再安排组员尝试讲解，及时调整讲解内容。

我们也可以借助网络视频，给羊城美景介绍视频配上讲解词。

同学们，让我们开展一次信息搜索活动，加深我们对广府文化和羊城美景的认识吧！

 ○ **实践坊**

羊城美景讲解计划

材料与工具：

1. 材料：笔记本、笔。

2. 工具：摄像机。

步骤和方法：

1. 确定讲解的羊城美景，搜索并整理资料，写好讲解稿。

2．小组分工完成任务，尝试讲解并改进。

3．实地录制讲解视频。

安全提示：

1．在家长的陪同下到景点录制讲解视频。

2．讲解过程中注意文明、规范用语。

3．注意保护文物和讲究卫生清洁。

六、作业评价

1．跟老师和同学分享广府景点讲解视频，并根据他人的建议修改、完善讲解内容。

2．在这次作业实践中，你对自己的表现满意吗？对照下面的评价表评价自己的表现，再听一听同学、教师、家长的意见，看看自己能得到几颗星星。

评价内容	自评	同学评	教师评	家长评
积极探索	☆☆☆	☆☆☆	☆☆☆	☆☆☆
规范整理	☆☆☆	☆☆☆	☆☆☆	☆☆☆
讲解流畅	☆☆☆	☆☆☆	☆☆☆	☆☆☆
乐于分享	☆☆☆	☆☆☆	☆☆☆	☆☆☆
质量较好	☆☆☆	☆☆☆	☆☆☆	☆☆☆

【设计者简介】

周乐怡，广州市番禺区东湖洲小学教师，广州市小学劳动中心组成员，参与《"家校社"协同育人理念下的校本劳动课程开发与实践研究》课题研究，录制了一节广州共享课堂课例，在番禺区青年教师大赛和番禺区教学新秀大赛中获得二等奖。

融合性作业设计
综合实践活动和劳动在作业设计中的运用

"养生花"作业方案

设计团队：郑颖祁　何惠贞

一、设计意图

《花之歌》是人教版小学语文六年级上册第四课的学习内容，是黎巴嫩诗人纪伯伦写的一首充满哲理的散文诗。诗人从花的视角描绘了四季更迭、花开花落的现象，表现了花的日常生活和品质追求，塑造了花向往光明、与万物和谐共处的鲜明形象。结合广州版《小学综合实践活动·劳动》五年级上册主题一"我来栽种中草药"的内容，我们把这两个学习内容有机结合起来，设计了"养生花"作业方案。"养生花"作业设计融合了综合实践活动、劳动、科学等多个学科的知识，设计了寻找生活中的养生花、种植养生花、制作养生花茶和创作花的诗歌等作业内容，深化学生对诗歌所表达的思想感情的理解，激发学生探究花的欲望与兴趣，培养学生的实践探究能力和综合运用学科知识解决问题的能力。

二、实施对象

本次活动的实施对象是小学六年级的学生。他们已经掌握了学习诗歌的基本方法，经常到天台参与学校小农田的建设，掌握了种植、养护植物的技能，具有一定的观察能力、劳动实践能力和丰富的想象力。但学生理解《花之歌》所表达的思想感情还是存在不少的困难。本次作业设计首先激发起学生对养生花的探究欲望；接着，让他们种植养生花，填写生长记录表，感悟花的四季更迭、花开花落的现象；然后，制作养生花茶，体会养生花的作用，深化对《花之歌》所表达的思想感情的理解，提高学生的观察力、思维力；最后，通过创作花的诗歌，提高学生的想象力和创新能力。

三、作业目标

1. 通过网上查阅资料、调查问卷、采访专业人士等方式，了解常见养生花在促进健康方面的作用，加深对《花之歌》的内容及所表达的思想感情的理解。

2. 通过种植、养护一种养生花，感悟花的四季更迭、花开花落的现象，激发探究大自然的欲望与兴趣。

3. 通过制作并分享养生花茶，进一步了解养生花的作用。

4. 通过让学生创作花的诗歌，提高学生的想象力和创新能力。

四、作业内容

1. 了解常见养生花在促进健康方面的作用。

2. 种植、养护养生花。

3. 制作并分享养生花茶。

4. 创作花的诗歌。

五、作业实施

任务一

　　小蔡同学说他妈妈经常制作养生花茶，想了解养生花在促进健康方面所起到的作用，我们可以通过哪些方式来了解？

讨论区

　　我们可以上网查阅资料来了解。

　　我们可以请教老师或者家长，来了解养生花在促进健康方面所起到的作用。

　　我们可以请教营养师或中医师，来了解养生花在促进健康方面所起到的作用。

实践坊

探究常见养生花在促进健康上的作用

　　同学们，采用你喜欢的探究方式，了解养生花的种类以及它们在养生方面所起到的作用，把它们记录下来吧！

探究养生花记录表

记录人			时间		
探究方式					
具体内容	花的名称	图片	形态特征	性味	作用

任务二

小林同学了解了玫瑰、百合等常见养生花的作用后，很想种植一种养生花，你们有什么好的建议？

讨论区

我们可以运用学到的播种、移植等种植方法，在家里种植自己喜欢的养生花。

我们可以在老师的指导下，在校园小农田里开展一次养生花种植活动。

我们还可以在家里和小农田里同时种植一种养生花，看看种植效果有什么不同。

同学们，让我们开展一次养生花的种植活动，了解养生花的生长过程吧！在家里和小农田里同时种植一种养生花，效果有什么不同？

实践坊

种植、养护养生花

材料与工具：

1. 材料：玫瑰、百合、桂花等植株；花盆、营养土等。

2. 工具：小锄头、铲子、浇水壶、枝剪等。

步骤与方法：

1. 准备好种植的材料与工具。

2. 采用移植的方法，将养生花种植到花盆或班级小农田里。

3. 定时浇水，除杂草、防病虫害。

4. 用视频、图片或文字记录养生花的生长情况。

安全提示：

1. 使用锄头、铲子、耙子等劳动工具前，要戴上手套，仔细检查工具是否结实，不能随意挥动。劳作时，要注意观察附近有没有同学，工具尖锐的部分不能对着他人。

2. 要在老师和家长的指导下开展种植养生花的活动，安全规范地使用劳动工具，严格按老师或家长的示范来操作。

任务三

养生花开花了，小轩同学迫不及待想为家人泡上一壶养生花茶，怎样才能泡出大家喜爱的养生花茶呢？

○ 讨论区

我们可以询问家人的喜好，根据他们的喜好来设计养生花茶的配方。

我们可以先了解泡和煮两种方式的不同效果，选择合适的方式来制作。

我们可以把他人的建议记录下来，继续调整和完善配方和烹饪方法。

同学们，让我们开展一次制作养生花茶活动，进一步了解它们的作用吧！

○ 实践坊

制作养生花茶

材料与工具：

1. 材料：养生花及其他配料。

2. 工具：锅、煤气炉、养生壶、杯子等。

步骤与方法：

1. 按照家人的喜好，设计出养生花茶的配方。

2. 在家长的指导下，选择合适的制作方法。

3. 与家人分享时，及时记录家人的建议，以调整和完善配方。

4. 修改配方，再制作养生花茶。

安全提示：

1. 安全规范地使用劳动工具，尤其是使用煤气和电热养生壶时，要检查是否能正常工作，注意安全。

2. 要在家长的指导下，安全规范地制作养生花茶。

任务四

种植、养护养生花和制作养生花茶的过程中，小军同学有许多心得体会，他想通过诗歌的方式表达出来，你们有什么好的建议？

○ 讨论区

我们可以像《花之歌》的作者一样，通过写现代诗的方式表达自己的情感。

我们可以通过创作古体诗来表达自己的情感。

我们还可以为自己写的诗歌配上一幅美丽的图画呢！
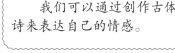

同学们，让我们开展一次养生花诗歌创作大赛，来表达自己最真挚的情感吧！

○实践坊

养生花诗歌创作大赛报名表

姓名	
诗歌题目	
诗歌内容	
配图	

六、作业评价

1. 跟老师和同学交流分享作业成果，并根据他人的建议修改、完善作业。

2. 在这次作业实践中，你对自己的表现满意吗？对照下面的评价表说一说自己的表现，听一听同学、教师、家长的意见，请用描述性语言进行评价。

评价内容	自评	同学评	教师评	家长评
积极探究				
认真观察				
种植养护				
安全规范				
乐于分享				
想象丰富				
画面精美				
富有创意				

【设计团队负责人简介】

郑颖祁，广州市荔湾区西关实验小学教师，一级教师，2022学年广州市小学劳动学科中心组成员。

"探秘元宵节"作业方案

设计团队：陈　静　陈洁鸿

一、设计意图

传统节日作为中华民族悠久历史文化的重要组成部分，反映了劳动人民丰富的社会文化生活，积淀着博大精深的文化内涵。部编版小学语文三年级下册第三单元综合性学习"中华传统节日"，广州版《小学综合实践活动·劳动》三年级下册主题四"传统节日齐参与"，通过传统节日探究活动，让学生了解我国传统节日的内涵与意义、风俗与习惯，以更好地传承与发展中华传统文化，过好我们的节日。本次主题学习围绕"探秘元宵节"展开，力求以各种不同的方式展示主题活动学习成果，通过收集资料、处理信息、制作节日美食、创意设计元宵灯谜等活动，增进学生对中华优秀传统文化的了解，使学生感受到中华优秀传统文化的魅力。

二、实施对象

本次活动的实施对象是小学三年级的学生。三年级的学生，其学习自主性、积极性较一、二年级有所提高，已经具备了小组合作学习、收集整理资料的能力。三年级的学生在二年级的"传统节日"学习中已经初步认识了我国传统节日的名称，本次作业设计以此为起点，从中华传统节日中的元宵节入手，引导学生收集有关元宵节的资料，学习制作元宵节美食，并用自己喜欢的方式进行成果展示汇报。

三、作业目标

1. 通过查阅资料、询问长辈等方式，收集中华传统节日元宵节的资料，了解元宵节的内涵与意义、风俗与习惯。

2. 通过讲解示范、情景学习等方式，学习传统节日美食——汤圆的制作技法，了解所需的工具与材料，尝试动手制作节日美食，培养学生的动手操作能力、创新思维能力。

3. 用自己喜欢的方式进行"探秘元宵节"活动成果展示汇报，培养学生综合运用知识的能力、创造性思维能力。

四、作业内容

1. 探究传统节日元宵节的习俗。

2. 制作传统节日元宵节的美食——汤圆。

3. 用自己喜欢的方式进行"探秘元宵节"活动成果展示汇报。

五、作业实施

任务一

元宵节是中华传统节日之一，小穗想知道关于元宵节的知识，可以通过哪些方式来了解？

讨论区

我们可以通过在书上、网上查询的方式来了解元宵节的知识。

我们还可以通过询问家长、老师等方式来了解元宵节的风俗、习惯。

实践坊

同学们，我们把收集到的关于传统节日元宵节的知识记录下来吧！

元宵节知识我知道

调查员	
节日名称	
时间	
节日由来传说	
习俗	
相关古诗、歌曲	
你是怎么过节日的	
节日情景（画一画）	

任务二

小穗同学了解了元宵节的知识后，对制作节日美食——汤圆，产生了浓厚的兴趣，想要自己亲手制作汤圆。

○ **实践坊**

同学们，我们学一学如何制作元宵节美食——汤圆吧！

制作元宵节美食——汤圆

材料	芝麻40克、细砂糖20克、花生30克、糖桂花30克、糯米粉250克、开水220克、冰糖80克。
工具	料理机、碗、碟子、勺子。
汤圆馅的制作	1. 将花生和芝麻分别放在料理机中打磨成粉末状。 2. 将花生粉、芝麻粉和细砂糖混合在一起，揉成团。 3. 馅料分10克一个，搓圆备用。
汤圆皮的制作	1. 将糯米粉倒入大碗中，加入开水，揉成面团。 2. 汤圆皮分15克一个，搓圆备用。
包汤圆	将汤圆皮压扁，放入馅料，收口，搓圆。
煮汤圆	1. 把水煮开，倒入冰糖。 2. 冰糖溶化后，慢慢放入汤圆。 3. 煮到汤圆浮起来后即可关火。 4. 盛上一碗，浇上一勺糖桂花。
温馨提示	1. 正确操作厨房用具，注意安全。 2. 小心开水，以免被烫伤。 3. 清洁整理用具，保持卫生。

任务三

通过一段时间的探究学习，小穗和同学们都掌握了很多有关元宵节的知识，比如元宵节的由来、习俗、古诗、歌曲、节日活动、节日美食等，他们想向大家展示自己的活动成果，你有什么好建议呢？

○ **讨论区**

我们可以举办一场元宵节诗歌朗诵会，还可以制作一份关于传统节日元宵节的手抄报。

我们可以制作一些元宵节创意纪念品，还可以用图文作品或者短视频等方式记录关于元宵节的体验、感悟。

同学们，让我们用自己喜欢的方式进行一次元宵节成果展示汇报活动吧！

六、作业评价

1. 积极主动向老师和同学交流分享作业成果，并根据他人的建议修改、完善作业。

2. 在这次作业实践中，你对自己的表现满意吗？对照下面的评价表说一说自己的表现，听一听同学、教师、家长的意见，请用描述性语言进行评价。

评价内容	自评	同学评	教师评	家长评
认真搜集				
积极探究				
操作熟练				
富有创意				
团结协作				
乐于分享				

【设计团队负责人简介】

陈静，广州市荔湾区环市西路小学教师，广州市劳动教育学科中心组成员，荔湾区劳动教育教研会理事，荔湾区德育研究会劳动教育专委会委员，荔湾区劳动教育骨干教师，荔湾区环市西路小学综合实践活动以及劳动教育科组长。

"遇'稻'"作业方案

设计团队：梁福金　谢　健

一、设计意图

　　"遇'稻'"作业方案是以《义务教育艺术课程标准（2022年版）》《中小学综合实践活动课程指导纲要》为依据，以"中华优秀传统文化全方位融入学校教育实践研究"为指导而设计的校本单元作业方案，它将自然、劳动、美术等融合在一起，旨在培养学生热爱自然、享受生活、勇于探索、积极实践和善言善思的优良品质，提升学生的观察能力、思辨能力和探究能力。

二、实施对象

　　本课的实施对象是小学五年级的学生。五年级的学生已具备一定的审美能力、对事物的观察能力和美术创作的能力，在三、四年级有单色版画的学习经历，有一定的版画知识储备和创作能力。他们在过往的美术课学习中有对生活事物和大自然的观察及写生经历，具备一定的写生能力和美术创作能力，拥有小组合作探究、观察、讨论、表述等主动构建知识的能力，抽象思维有了较快的发展，手的灵巧度也在逐步提高，喜欢尝试用各种工具和材料进行创作。

三、作业目标

（一）第一课时

1. 初步了解水稻的生长条件、生长过程和水稻的大小、形状、色彩等。

2. 体验插秧、感受水稻种植的艰辛，体会粮食来之不易，呼吁更多的人珍惜粮食。

3. 形成热爱大自然、热爱生活、善于观察和思考的优良品质。

（二）第二课时

1. 进一步了解水稻的生长过程。

2. 通过小组合作的形式探究育苗的方法，确定培育方案。

3. 体验育苗，通过每日定时观察的方式，用图文的方式记录育苗的过程。

4. 培养善于观察、积极探究、敏于思考的精神。

（三）第三课时

1. 了解水稻的悠久历史，认识"水稻之父"袁隆平。

2. 学习并掌握吹塑纸单色版画制作的基本方法。

3. 欣赏吹塑纸版画作品和水稻图片，运用吹塑纸单色版画的制作方法创作一幅水稻版画。

4. 养成热爱生活、细心观察生活的优良品质。

（四）第四课时

1. 探索吹塑纸版画同版不同色的多样性玩法。

2. 在掌握吹塑纸单色水稻主题版画制作方法的基础上，以小组合作的方式，自主探究，制订方案，结合多种绘画材料进行同版不同色的深入探究。

3. 小组合作将版画作品制作成珍惜粮食的宣传海报，激发学生的探索欲望、创新思维和创作激情。

四、作业内容

（一）第一课时：遇"稻"里

1. 小组合作进行插秧比赛。

2. 将水稻各阶段的图片与文字对应起来，连一连。

3. 写一写插秧感悟。

4. 写一写插秧心得。

（二）第二课时：育"稻"记

1. 小组讨论说一说水稻育苗的方案计划。

2. 课后走到稻田里进行水稻写生，用文字描述此情此景。

3. 根据课堂制订的培育方案，在家里进行育苗活动，并用图文方式进行记录。

（三）第三课时："稻"带

1. 说一说对水稻历史的感受。

2. 根据老师给出的水稻参考图，用吹塑纸及相关材料制作单色水稻版画作品。

（四）第四课时：新意"稻"

1. 小组讨论说一说同版不同色的创意方案。

2. 以小组合作的方式，结合多种绘画材料进行同版不同色的深入探究。

3. 小组合作将版画作品制作成珍惜粮食的宣传海报。

五、作业实施

（一）第一课时：遇"稻"里——感受自然，体验插秧，分享感受。

遇"稻"里研学单

插秧步骤和方法	
插秧体会	

遇"稻"里评价表

评价内容	自评	同学评	教师评	家长评
认真观察				
积极探究				
操作熟练				
乐于分享				
记录完整				

（二）第二课时：育"稻"记——体验育苗，记录育苗，画出水稻。

育"稻"记研学单

田间观察记录	
我的育苗记录	

育"稻"记评价表

评价内容	自评	同学评	教师评	家长评
认真观察				
积极探究				
富有创意				
乐于分享				
记录完整				

（三）第三课时："稻"带——了解水稻历史，认识古老版画，制作水稻主题吹塑纸单色版画。

"稻"带研学单

作业形式	吹塑纸单色版画
作业材料	吹塑纸、铅笔、油墨、油墨滚筒、白纸
我的作品	

315

"稻"带评价表

评价内容	自评	同学评	教师评	家长评
认真观察思考				
积极讨论分享				
作品质量较好				

（四）第四课时：新意"稻"——创意实践，以第三课时的水稻吹塑纸版画原版制作珍惜粮食的宣传海报。

新意"稻"研学单

作业形式	吹塑纸多色版画
作业材料	吹塑纸、铅笔、油墨、油墨滚筒、白纸、彩色纸、水彩笔、水粉笔、彩色颜料
我的作品	

新意"稻"评价表

评价内容	自评	同学评	教师评	家长评
认真观察思考				
积极讨论分享				
作品质量较好				

【设计团队负责人简介】

　　梁福金，中小学美术高级教师，广东省南粤优秀教师，广州市名校长工作室主持人，广州市美术教科研十佳教师，广州市第十九届小学综合实践活动特约教研员。

"校园标识我来做"作业方案

设计团队：何媛媛　黄　凡　徐　橙　陈小敏

一、设计意图

《义务教育劳动课程标准（2022年版）》的生产劳动任务群中的工业生产劳动当属其中一个任务群。生产劳动教育的关键在于让学生利用自己所学的科学文化知识和综合实践活动的主题探究能力，以及一定的工具、材料、技术、体力和脑力作用于劳动对象，参加力所能及的体力、脑力劳动，引导学生亲历并明白劳动创造财富和价值，培养学生尊重劳动、尊重劳动者、热爱劳动、创造性劳动的良好品格。在校园里，校园标识随处可见，在不同的环境中起着指引、指示、说明、提醒等作用。

二、实施对象

本次活动的实施对象是小学六年级的学生。六年级的学生具备一定的操作基础，对一些简单常见的操作工具有一定的认知，初步形成安全、规范地开展工业劳动生产的意识。劳动生产任务群中的工业劳动生产从小学高年级开始设置，小学阶段要求能够利用简易手工工具和设备完成项目。通过"校园标识我来做"这一作业，引导学生增强创新意识，投身创新实践，探索创新途径，养成创新习惯。

三、作业目标

1. 学生在完成标识牌大揭秘、校园标识牌的调查与设计、校园标识牌的制作等一系列活动中，懂得劳动创造美好生活的道理，树立劳动最光荣、劳动最美丽的观念。

2. 学习校园环境标识牌的设计及制作方法，以协作的方式进行校园环境标识牌的设计，激发热爱母校的情感及美化生活的意识。

3. 利用能找到的各种材料，根据材料的特性开启创造性思维，制作一个具有实用性与创造性的校园标识牌，培养学生善于发现问题的意识，提高制作能力。

4. 能在制作过程中养成细心专注的劳动习惯，形成吃苦耐劳和精益求精的劳动品质。

四、作业内容

1. 认识一些常见的标识牌，了解标识牌的作用，发现标识牌的特点，能够根据需要设计制作标识牌。

2. 学习校园环境标识牌的设计及其制作方法，以协作的方式进行校园环境标识牌的设计。

3. 利用能找到的各种材料，制作一个具有实用性与创造性的校园标识牌。

五、作业实施

标识牌大揭秘

讨论区

同学们，我们身边有各种各样的公共标识，可以说公共标识无所不在，你们都发现了吗?

我在商场有看到指引人们上厕所和指示出口的标识。

我在小区里看到提醒人们不要乱踩草坪、爱护公物的标识。

标识有这么多种类型，让我们观察一下还有哪些标识吧!

实践坊

（一）与同伴交流，思考日常生活中有哪些地方有标识牌，完成下列表格。

名称	地点	简要内容	基本组成材料

（二）观看多种多样的标识牌，对制作过程有大致了解，说一说找到的标识牌的作用。

找到的标识牌				
标识牌的作用				

拓展实践题

1. 根据常识和头脑风暴得出的结果，完成思维导图。

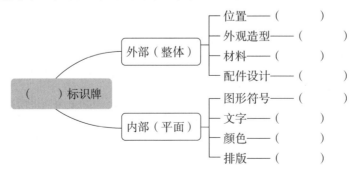

2. 交流设计意图。

例如:

(1)交通指示牌的背景颜色很醒目,是为了引起注意。

(2)保护环境的标语都比较简短、生动,比如"芳草依依,大家怜惜"。

(3) _____

(4) _____

3. 拓展思路:由上面的思维导图,你还发现了什么?

_____

任务二

校园标识牌的调查与设计

讨论区

 同学们,现在让我们一起来学习设计校园标识牌吧!在开始设计之前,我们需要做哪些准备工作呢?

我们可以看看哪些地方需要增加标识牌。

实践坊

(一)开展调研,总结分析

小组对学校的标识牌进行调查,并记录实际情况。

调查人:		组别:
地点	存在问题/现象	原因
洗手间	同学们容易在洗手池旁滑倒。	同学们洗手后将水甩到地上,导致地面湿滑。

(二)查阅资料,拓展知识面

1. 查阅资料,知晓标识牌的表达形式及安装方式。

2. 填写表格,明确标识牌的表达形式。

安全出口标识	公共厕所标识	爱护环境标识
方向指示标识牌		

3. 填写表格,明确标识牌的安装方式,了解实际用途。

标识	禁烟标识	楼梯指引	桌号	环境保护
安装方式				
实际用途				

拓展实践题

设计实用美观的标识牌

1. 填写小组任务分配表。

活动	设计实用美观的标识牌	组名（人数）	_____小组（ ）人
组长		组员	
小组任务	合理分工，小组合作设计出实用美观的标识牌。		
组内分工			
使用工具			
所需材料			

2. 成员商讨，填写标识牌设计清单。

组长：	组员：	活动人数：
活动时间：	放置位置：	用途：
材料：	工具：	标语：
正面设计：		
反面设计：		

3. 完成设计，并作思考和总结。

任务三

校园标识牌的制作

讨论区

同学们，你们已经设计好新的校园标识牌了，那么怎样把它们更好地展示出来呢？

我们在使用制作工具时要小心，注意安全。

实践坊

（一）如何将标识牌的设计方案展现出来？一起来思考一下。

1. 制作标识牌需要注意些什么？

2. 观看制作视频，做到心中有数。

3. 动手操作，完成常见材料调查表。

材料	常用产品	优点	缺点
薄木板	一些家具，如椅子、凳子等	坚固耐用、纹路自然、易切割	受潮时易发霉、易虫蛀
PVC板			
瓦楞纸			
厚卡纸			

4. 思考制作标识牌时有什么注意事项。

（二）用薄木板制作标识牌

1. 学会使用工具和材料，注意操作安全。

材料：薄木板、绳、纸。

工具	操作步骤	注意事项
美工刀		
手捻钻		
砂纸		

2. 明确操作步骤

示例	1. 工具和材料的准备，注意刀具的安全使用。	2. 测量好大小，用尺子画出边框，剪下。	3. 使用打孔工具给标识牌打好两个用于挂绳的小孔。	4. 取适当长度的绳子穿过小孔，打结。
步骤				

3. 完成标识牌的制作，然后将标识牌挂在合适的地方。

六、作业评价

任务一评价：总结揭秘标识牌过程中的心得，进行反思和总结。

项目	自我评价	小组互评	教师总评
善于发现，认真记录分析	☆☆☆	☆☆☆	☆☆☆
认真探究，善于交流	☆☆☆	☆☆☆	☆☆☆
能说出标识牌的功能	☆☆☆	☆☆☆	☆☆☆
能给标识牌分类	☆☆☆	☆☆☆	☆☆☆
总结和反思	1. 你乐于参与调查吗？能抓住标识牌的主要特点吗？ 2. 你能全面细致地分析标识牌的基本要素吗？		

任务二评价：总结校园标识牌的调查与设计过程中的心得，进行反思和总结。

评价项目	自我评价	小组互评	教师总评
善于发现，仔细记录分析	☆ ☆ ☆	☆ ☆ ☆	☆ ☆ ☆
团结合作，善于交流	☆ ☆ ☆	☆ ☆ ☆	☆ ☆ ☆
设计精美，有特色创意	☆ ☆ ☆	☆ ☆ ☆	☆ ☆ ☆
总结和反思	1. 你掌握了设计制作校园标识牌的方法了吗？ 2. 你和同学合作设计出实用美观的标识牌了吗？		

任务三评价：总结制作标识牌过程中的心得，进行总结和反思。

评价内容	自我评价	小组互评	教师总评
积极参与，乐于为他人服务	☆ ☆ ☆	☆ ☆ ☆	☆ ☆ ☆
能根据实际，选取最佳材料制作	☆ ☆ ☆	☆ ☆ ☆	☆ ☆ ☆
能掌握步骤，规范、安全地制作	☆ ☆ ☆	☆ ☆ ☆	☆ ☆ ☆
作品美观精致，满足使用要求	☆ ☆ ☆	☆ ☆ ☆	☆ ☆ ☆
总结和反思	1. 制作过程中你是如何保证安全的？ 2. 你们的标识牌还有哪些要改进的地方？打算如何完善？		

【设计团队负责人简介】

何媛媛，广州市白云区华师附中实验小学教师，小学英语一级教师，广州市中小学第六批骨干教师，广州市小学劳动教育中心组成员，广州市白云区小学劳动教育理事会成员，曾获广州市第二届小学劳动教育青年教师教学技能大赛二等奖。

"厨余垃圾巧处理"作业方案

设计团队：梁彩英　陈淑金　黄焕兴

一、设计意图

广州版《小学综合实践活动·劳动》有多个关于垃圾分类的主题学习，如"垃圾分类我来学""家庭垃圾我分类""变废为宝创意秀"等。学生通过实践探究，对垃圾分类的知识和方法有了一定的了解，并自觉进行垃圾分类，环保意识不断增强。我们也发现，小区内的垃圾桶经常飘出难闻的气味，很多是厨余垃圾发酵造成的，一味地倾倒厨余垃圾，不仅会污染环境，也给垃圾处理工作增加负担。"厨余垃圾巧处理"作业方案，设计了通过了解厨余垃圾堆肥的步骤，制作微型家庭式厨余垃圾有机肥发酵器，把日常生活中的厨余垃圾经过除臭和无害化处理，用于绿植堆肥等探究性作业，提升学生的环保意识，激发学生形成自觉分类垃圾的好习惯。

二、实施对象

本次活动的实施对象是小学五年级的学生。他们有学校小农田种植经验，了解到植物种植需要施肥，购买肥料需要耗费资金。在以往的实践活动中，学生已经通过实验探究EM菌糠、土壤与厨余垃圾堆肥的差异性，发现厨余垃圾堆肥时会发出恶臭，滋生蛆虫和各种细菌，不卫生。他们还了解到学校有早餐、午餐供应，会有厨余垃圾产生，家庭中每天也会产生很多厨余垃圾，可以进行厨余垃圾变废为宝活动，将厨余垃圾用于植物堆肥。

三、作业目标

1. 认识常见厨余垃圾的种类，认识厨余垃圾堆肥的一般步骤。

2. 参与设计制作一台微型家庭式厨余垃圾有机肥发酵器，把我们日常生活中的厨余垃圾经过除臭和无害化处理，更好地推广应用于家中的小花园、班级的植物角和校园的小农田中。

3. 学会借助表格，理清设计的一般步骤，运用自身特长与兴趣，尝试设计一款处理厨余垃圾的装置；通过实践探究，提高自身发现问题、处理问题、收集整理资料、动手制作和创新思维等方面的能力。

四、作业内容

1. 了解垃圾分类知识，认识厨余垃圾堆肥的步骤。

2. 参与设计制作一台微型家庭式厨余垃圾有机肥发酵器。

3. 把日常生活中的厨余垃圾经过除臭和无害化处理，用于绿植施肥。

五、作业实施

任务一

发现问题

1. 观察学校农田：日常植物种植需要施肥，购买肥料需要耗费资金。

2. 调查学校食堂：学校有早餐、午餐供应，会产生大量厨余垃圾，给垃圾处理带来一定压力。

3. 对比实验数据：我们通过实验探究EM菌糠、土壤与厨余垃圾堆肥的差异性，发现厨余垃圾堆肥时会发出恶臭，滋生蛆虫和各种细菌，不卫生。

4. 查找相关资料：厨余垃圾堆肥必须经过除臭和无害化处理才能更好地被推广应用。

观察记录表

观察时间	观察事情	观察图片	观察思考
4月6日	到小农田观察泥土肥力		
4月11日	堆肥实验观察		
4月16日	到学校食堂或家庭厨房收集垃圾数据		
	……		

任务二

提出问题

1. 厨余垃圾的种类、危害，变废为宝的价值和方法分别有哪些？

2. 在家尝试进行厨余垃圾堆肥，记录过程中存在的问题。

3. 结合自身特长和兴趣，研究如何对厨余垃圾堆肥进行除臭和无害化处理；也可以探讨如何让厨余垃圾堆肥变得更轻而易举，减少烦琐的操作步骤。

问题记录表

我的问题	我的思考
厨余垃圾的种类、危害，变废为宝的价值和方法分别有哪些？	
……	

任务三

问题探究

1. 问题探究的过程。

（1）检索文献资料，了解科学的厨余垃圾堆肥方法。

通过文献检索，我们可以从人工智能、机械结构等方面罗列技术，绘制一些初步的制作草图，以梳理我们的方案，具体如下图。

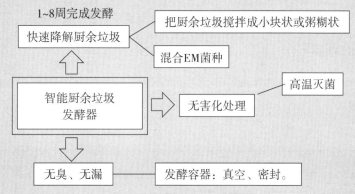

（2）集思广益，寻求一个合理的制作方案。

2. 探究厨余垃圾、EM菌等知识或者问题。

任务四

作品制作

根据以下设计图，动手制作微型家庭式厨余垃圾有机肥发酵器。

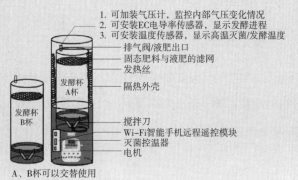

制作过程记录表

制作步骤	说明	图片	思考
材料准备	塑料瓶、电线、锡纸……		
收集厨余垃圾			
组装温度传感器、智能插座等组件			
制作厨余垃圾发酵器			
试验发酵厨余垃圾			
用厨余垃圾有机肥改良学校小农田土壤			
……			

六、作业评价

1. 活动过程中，主动和同学交流合作，发现问题并及时解决，活动结束后分享作业成果。

2. 填写以下评价表。

评价内容	自我评价	家长评价	小组评价	教师评价
参与合作态度				
发现探索问题				
收集处理信息				
完成作业态度				
……				

【设计团队负责人简介】

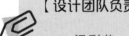

梁彩英，广州市番禺区市桥中心小学教师，高级教师，广州市综合实践活动特约教研员，番禺区综合实践活动、劳动学科中心组成员。

"创意小书送母校"作业方案

设计者：冼小璐

一、设计意图

结合广州版《小学综合实践活动·劳动》六年级下册主题一"毕业纪念册我设计"和岭南版美术六年级下册第六单元"告别母校"中的第二课"编本小书送母校"的学习内容，设计了"创意小书送母校"主题作业。考虑到学生即将毕业，他们心中自然有许多不舍，故而可以借助这次设计活动，提高设计和制作水平，也能很好地体会通过劳动来表达自己情感的意义。制作创意小书是对学生综合能力的全面训练，学生从设计制作到填充各种丰富的内容，需要结合综合实践活动、劳动、语文等多个学科的知识，进而提高学生综合运用学科知识解决问题的能力。

二、实施对象

本次活动的实施对象是小学六年级的学生。通过六年的学习，学生具有一定的绘画能力、动手操作能力，设计能力也在逐步提高。这次创意小书制作活动需要引导学生通过观察日常生活中的广告设计、展板设计、卡片、绘本等，结合各种特点的人物刻画、对话描写，化难为易，总结出制作的方法、步骤，最终通过裁剪、粘贴、手绘等方式提高学生的审美能力。这样的融合作业，不仅能激发学生制作的兴趣，还能提升主人公的成就感。

三、作业目标

1. 通过观察日常生活中的广告设计、展板设计、卡片、绘本等方式，了解主题与布局安排之间的关系，激发创作的欲望。

2. 通过访谈交流、总结等方式，确定好创意小书的主题，并根据主题筛选材料，提升学生的主题意识。

3. 通过裁剪、粘贴、手绘等方式制作创意小书，培养学生的动手操作能力，并做到细心、耐心地完成制作任务和分享成果。

四、作业内容

1. 了解日常生活中与创意小书设计有关的素材，了解各种风格。

2. 设计调查访谈内容，根据结果确定创意小书的主题。

3. 通过裁剪、粘贴、手绘等方式制作创意小书。

五、作业实施

▶ **任务一**

我们即将毕业了，我们想制作一本属于我们班级的创意小书，记录我们在一起的美好时光。创意小书是怎样设计的呢？我们可以通过什么方式来了解？

💬 **讨论区**

我们可以查一下网上的创意小书是怎么设计的。

我们可以在上学的路上观察路边图文并茂的广告，模仿设计。

多看、多想，能激发我们的设计灵感，那就让我们一起去寻找更多的设计元素吧！

✦ **实践坊**

生活中的设计探秘

生活中到处可见与创意小书设计有关的形式，可以是广告、展板、卡片、绘本等，让我们走进生活，发现美和创造美。

时间	地点	类型	特点
6月2日	学校	展板	图片有拼接，下面配文字，全部围绕白瓜分享主题。
我的发现			

▶ **任务二**

亲爱的同学们，创意小书是为班级设计的，不应该按照个人的喜好来设计，我们怎样才能设计出大家都喜爱的创意小书呢？

💬 **讨论区**

我们可以了解同学们喜爱的主题和风格，再做决定。

我觉得除了采用访谈的方式，像调查问卷这样的方式会更快捷、更方便。

我们可以查一下网上的相册是怎么设计的。

同学们真会想办法，这才是为班级服务的做法。那就让我们一起来设计调查问卷或者是访谈问题吧！

○ **实践坊**

为确定创意小书的主题，我们需要开展访谈或者问卷调查，并做好分析。通过分析，我们就能知道大部分同学的喜好，进而确定创意小书的风格，是沉稳型、幽默型，还是卡通型……确定好主题后，需要围绕主题取一个好听的名字哦！下面的的作业二选一。

作业一： 以下是范例，你需要对问题进行修改或者补充。

"创意小书"调查问卷

温馨提示：请根据实际选择答案，可多选。

1. 毕业即将到来，你最不舍的是（　　　）

A．老师　　　　　　　　B．同学　　　　　　　C．校园

2. 你觉得小学六年最值得纪念的是（　　　）

A．同学情谊　　　　　　B．师生情谊　　　　　C．收获到的阅历和知识

3. 你觉得编小书添加以下哪些内容更具意义（　　　）

A．校园风光　　　　　　B．老师照片　　　　　C．学生活动

……

调查的结果：＿＿＿＿＿＿＿＿＿＿＿＿＿＿＿＿＿＿＿＿＿＿

确定的主题：＿＿＿＿＿＿＿＿＿＿＿＿＿＿＿＿＿＿＿＿＿＿

作业二：

访谈时间：＿＿＿＿＿＿＿＿＿＿　　　访谈对象：＿＿＿＿＿＿＿＿＿＿

访谈问题：1. 你觉得我们的创意小书以什么颜色为主调？为什么？

＿＿＿＿＿＿＿＿＿＿＿＿＿＿＿＿＿＿＿＿＿＿＿＿＿＿＿＿＿

2. ＿＿＿＿＿＿＿＿＿＿＿＿＿＿＿＿＿＿＿＿＿＿＿＿＿＿＿

……

访谈结果：＿＿＿＿＿＿＿＿＿＿＿＿＿＿＿＿＿＿＿＿＿＿＿

确定的主题：＿＿＿＿＿＿＿＿＿＿＿＿＿＿＿＿＿＿＿＿＿＿

任务三

我们已经确定好创意小书的主题，接下来该怎么制作呢？

○ **讨论区**

我们需要根据主题收集好材料，并进行筛选，否则就会杂乱无章。

我们可以通过裁剪、粘贴、手绘等方式制作一本创意小书。

看来同学们对于创意小书的设计有了一定的思路，知道了主题与材料的关联，知道了制作的方法，大家还要注意颜色、构图等整体搭配。

○实践坊

编本创意小书送母校

让我们一起设计制作一本创意小书，把师生情、同学情以及自己对母校的感激之情表达出来吧！

1. 材料与工具：双面胶、纸张、剪刀、画笔、橡皮擦、打孔器、金属环等。

2. 设计制作方法：

创意小书组成	制作方法
封面：标题、班级、时间等	筛选材料
目录：分板块	剪贴制作
正文：按照板块进行设计	手写内容
封底：图文简洁	添加装饰

3. 安全提醒：使用剪刀时注意安全。

六、作业评价

一本好的创意小书融合了所有同学的努力！相信你也一定参与了设计、制作过程，并积极做好自己的任务，那就让我们一起做个评价吧！

评价项目	自评	同学评	老师评
主动接受任务			
在生活中寻找与创意小书设计有关的设计元素			
大胆地进行访谈或调查			
设计制作过程中能主动帮助或寻求帮助			
做到图文结合			
整体布局美观			

【设计者简介】

冼小璐，广州市从化区鳌头镇第三中心小学教师，小学一级教师，从化区中小学劳动中心组成员。

"旧衣巧改造　可爱小抱枕"作业方案

设计者：张曼丽

一、设计意图

本作业方案结合广州版《小学综合实践活动·劳动》四年级下册主题二"我是小小裁缝师"的学习内容，通过巧妙改造旧衣，制作出可爱的小抱枕的作业，让学生在DIY的过程中发挥创意和想象力。同时，这个作业任务也有利于环保和资源节约，因为可以利用旧衣服来创造新的物品，减少浪费和对环境的负担。此外，这个作业任务也可以锻炼学生的手工制作能力和耐心，增强他们的自信心和成就感。完成抱枕的制作也会让学生感到快乐和满足，还会激发他们对手工艺术的兴趣和热情。

二、实施对象

制作旧衣抱枕需要学生综合运用美术、劳动、综合、数学等科目的知识，是非常有益的活动，适合四年级的学生实施。通过制作抱枕，可以锻炼学生的手工技能，并且在完成任务时获得成就感。制作抱枕时不仅需要考虑抱枕的外观和材质，还需要考虑到如何使它舒适和实用，这样学生在思考中就发展了创造力和想象力，提高了自信心和满足感，同时增强课堂教学的多样性和趣味性。

三、作业目标

1. 通过使用旧衣物来制作新的抱枕，可以让学生了解到资源利用和环境保护的重要性，培养他们的环保意识。

2. 学生可以选择自己喜欢的颜色和款式，设计出独特的抱枕样式，从而提高他们的艺术鉴赏能力。

3. 在DIY的过程中，学生需要发挥自己的想象力，尝试设计不同的方案，从而培养他们的创造力和想象力。

4. 学生需要运用一些实用的手工技能来制作抱枕，可以有效地锻炼学生的实践能力和动手能力。

5. 送出抱枕，能向别人传递出自己的关爱和温暖，从而增强与他人的友爱感。

四、作业内容

1. 选择旧衣抱枕赠送对象，并且了解他（她）对旧衣抱枕的需求。

2. 根据赠送对象的需求设计一个旧衣抱枕。

3. 根据赠送对象的需求制作一个合适的旧衣抱枕。

4. 制作旧衣抱枕使用说明书。

五、作业实施

任务一

小穗想了解旧衣抱枕赠送对象对旧衣抱枕的需求，可以怎么做？

讨论区

我们可以询问赠送对象是否有健康问题，例如腰疼、颈椎病、关节炎等情况，这些人可能更需要抱枕来支撑身体，并缓解疼痛。

可以询问赠送对象是否对抱枕的外观有特殊要求，例如颜色、图案、大小等方面。有些人可能更喜欢柔软舒适、色彩明亮的抱枕，而有些人则更看重抱枕的形状和尺寸。

可以询问赠送对象是否需要减压，例如在工作或学习中常常感到压力和焦虑的人，他们可能需要一个能够让他们放松的抱枕，那我们可以根据医嘱加入一些可以减压的中草药。

同学们真棒！通过询问和调查，可以更好地满足对象的需求，提高抱枕的实用价值和实际效果。不同的人对旧衣抱枕的需求不一样，你还能想到哪些问题呢？

实践坊

旧衣抱枕制作需求调查

同学们，不同年龄、性别、职业和身体状况的人对旧衣抱枕的需求会各不相同，了解这些差异可以帮助我们根据需求定制不同款式的旧衣抱枕，从而更好地满足不同对象的需求。

找你想赠送抱枕的人，了解他（她）的需求，并且记录下来。

例：旧衣抱枕制作需求调查表

调查对象	学校保安刘叔叔
年龄	45岁
性别	男
是否有健康问题	腰疼、颈椎病
需求描述	需要一个可以支撑腰背、缓解不适的抱枕
抱枕外观要求	简约、柔软、不易变形
尺寸要求	宽度50～60厘米
是否可以用中草药	可以
中草药材料	桑叶、艾叶、熟地黄等
填充物要求	棉花

任务二

雨滢所在的小组根据同学的需求设计了一个旧衣抱枕，你可以尝试个人或者小组合作设计一个抱枕。

旧衣巧改造——可爱的小抱枕

班级：		姓名：
设计理念		
需要改造的衣服		改造设计图稿

任务三

根据赠送对象的需求，动手制作一个合适的旧衣抱枕。

1. 材料：旧衣、填充物、剩余的旧布或其他柔软面料、线、装饰物。

2. 工具：缝纫机、针、剪刀、穿针器等。

3. 制作旧衣抱枕的步骤

第一步：清洗和消毒旧衣服。

第二步：根据设计图裁剪旧衣服。

第三步：用平针或者是卷针法缝合边缘，留一个返回口塞棉花。

第四步：把正面翻出来，往里面填充棉花。

第五步：用藏针法封口。

第六步：美化抱枕。学生根据实际情况对做好的抱枕进行改善和美化，做到精益求精，追求卓越。

4. 注意事项

（1）平针缝合时一定要先把抱枕套的内里朝外，上下对齐后再缝合。

（2）填充棉花前，要把抱枕套的内里翻回去。

（3）棉花填充量要适合且均匀。

（4）小心使用缝针，以免扎伤手指。

5. 抱枕质量的评判标准

（1）抱枕质量好；（2）创意独特；（3）手工细致；（4）没有线头。

任务四

制作旧衣抱枕使用说明书。

抱枕使用说明书（参考模板）

抱枕名称：旧衣抱枕

制作者：（根据实际情况填写）

用途：

（1）支撑腰背，缓解不适。

（2）提供舒适的睡眠体验。

（3）降低废弃衣物对环境的负担。

材料清单：旧衣服、填充物（如珍珠棉、中草药等）。

注意事项：

使用过程中，如有不适，立即停止使用。

使用方法：使用时，将抱枕可以放在腰部或者脖子下方，调整至舒适的角度。

维护方法：

（1）使用过程中，如有污渍或异味，可用洗衣液进行清洗。

（2）平时可以定期晾晒和消毒，保持干燥、卫生。

注意：本使用说明书仅供参考，请根据个人使用情况进行实际操作，并注意安全。

制作抱枕使用说明书是一项有趣的体验，它可以帮助人们更好地使用手工抱枕。在制作使用说明书的过程中，我意识到一个好的说明书要简明易懂、清晰明了，能够让使用者快速掌握抱枕的使用方法和注意事项。

　　非常出色！你们制作的抱枕使用说明书十分详细，清晰明了，能够帮助使用者正确地使用和维护这款产品。说明书不仅包括了使用抱枕的注意事项、维护方法等重要内容，还提供了一些贴心的小提示，让使用者更加方便地使用。同时，我也注意到你们的说明书格式规范，排版工整，阅读流畅，设计感很强，颜色和图案搭配自然而又考究，有很高的美观度和可读性。这样的精致设计能为抱枕带来更多的信任和认可。

六、作业评价

1. 与老师、同学或亲友交流分享作业成果，并且根据实际情况改进自己的作业。
2. 请根据作业的完成效果填写对应的评价表。

旧衣改抱枕评价表

评价内容	自评	同学评	老师评	家长评
做工质量好				
结合生活需要				
有创意、版型美				
合理分配时间				
辛勤诚实劳动				
操作规范安全				
认真团结互助				
收拾劳动工具				

【设计者简介】

　　张曼丽，广州市花都区花山镇养正小学教师。

"绿豆芽义卖活动"作业方案

设计者：单醒燕

一、设计意图

"绿豆芽义卖活动"是《义务教育劳动课程标准（2022年版）》第二学段任务群7"现代服务业劳动"的学习内容和实践内容。"绿豆芽义卖活动"作业设计融合了综合实践活动、美术、数学、科学、语文和道法等多个学科的知识，设计了"绿豆芽价格调查""设计并制作宣传海报""收款方式和记账""吆喝和保价的技巧""后勤准备"等作业内容，培养学生的探究能力、小组合作能力和学科知识综合运用能力，让学生获得参与现代服务业劳动的初步体验，体悟现代服务业劳动对于创造便利、美好生活的重要意义。

二、实施对象

本次活动的实施对象是小学四年级的学生。他们对生活中的新鲜事物比较感兴趣，具备一定的购买经验，对常见的商品销售方式也有一定的了解。本班级学生经过大半个学期的努力，经历三次失败的经验总结，终于成功培育出品相良好、天然健康无添加的绿豆芽。他们计划举行一次自产自销义卖活动，把自己的劳动成果转化为经济价值，帮助有需要的人，真实地感受劳动带来的幸福感和自豪感。

三、作业目标

1. 让学生获得参与现代服务业劳动的初步体验，体悟现代服务业劳动对于创造便利、美好生活的重要意义。

2. 形成尊重现代服务业劳动、劳动者和劳动成果的观念，以及积极参与现代服务业劳动的态度，体验服务性劳动中的创造性及其带来的挑战和乐趣。

3. 通过查阅电商平台、实地调查、访问等方式，了解绿豆芽的品质和定价的关系，观察销售人员的销售行为，学习销售方式，做到优质服务、诚信经营。

4. 设计并制作宣传海报，对产品进行有效宣传，提高本次义卖活动的知名度，吸引更多顾客，培养学生开拓创新的劳动精神。

5. 让学生了解现金和二维码等收款方式，尝试运用在本次义卖活动中，并学会简单的记账方式。

6．通过吆喝语和保价语设计，锻炼学生的语言综合运用能力、表达能力，培养学生珍惜劳动成果的品质。

7．通过后勤准备及摊位布置，让学生接受锻炼，培养学生吃苦耐劳、安全劳动、团结合作的劳动品质。

四、作业内容

1．豆芽及常见蔬菜价格调查。

2．设计制作宣传海报。

3．确定收款方式，制订记账单。

4．吆喝和保价的思路和语言。

5．物资保障及准备。

五、作业实施

任务一

我们种植出来的绿豆芽，应该怎么定价？可以通过什么方式来给我们的产品制定价格？

讨论区

我们可以上电商平台查找相关商品，了解商品的品质和价格。

我们可以到菜市场或者超市实地调查一下绿豆芽和其他常见蔬菜的价格，同时可以观察"菜贩子"是怎么卖菜的，做到优质服务、诚信经营。

我们可以访问家里负责买菜的家长，了解消费者对绿豆芽的品质和价格有什么要求，听听顾客的心声。

实践坊

同学们，让我们动起来，通过亲身调查，了解绿豆芽和常见蔬菜的价格，并填写在表格里。

常见蔬菜价格调查表

调查员		调查时间	
调查地点（平台）			
常见蔬菜价格（500g）			

（续表）

蔬菜名称	价格（元/500g）
绿豆芽	
黄豆芽	
花生芽	
豌豆苗	
通菜	
青瓜	
土豆	
西红柿	
香菇	

任务二

有商品和价格还不够，同学们有没有发现，想要好的销售成绩，商品的介绍和宣传也很重要。你能不能设计一些宣传海报，提高我们的绿豆芽的知名度？

讨论区

我觉得宣传海报的内容应该包括商品图像和文字介绍，最好能把我们培育绿豆芽的过程完整地呈现出来，让顾客明白我们的产品是天然健康无添加的绿色食品，同时也能看到我们付出的努力，增加购买意愿。

我觉得宣传海报用4K的硬卡纸制作比较适合，另外还需要准备马克笔、勾线笔、尺子、剪刀、胶水等用品，制作的时候要注意安全。

为了做得既美观又有特色，我们还可以请教一下美术老师。

同学们，请以小组为单位，设计并制作一份绿豆芽义卖活动的宣传海报吧！

实践坊

设计制作宣传海报

材料与工具：

1. 材料：4K的硬卡纸。

2. 工具：铅笔、橡皮、马克笔、勾线笔、尺子、剪刀、胶水等。

步骤与方法：

1. 确定文字和图片内容，设计海报的形状。

2. 安排版面，用铅笔画底稿。

3. 上颜色和勾线。

4. 如果是立体海报，还要根据设计剪贴出相应的形状。

安全提示：

1. 使用的剪刀应选取儿童安全剪。

2. 用完后要及时把剪刀收纳好。

任务三

　　在售卖的过程中，我们可以用什么方式收款？又如何知道这次义卖活动一共收入多少钱？同学们有什么好办法？

讨论区

　　我在菜市场做调查的时候发现，大部分店铺都贴有收款二维码，我们可以尝试用二维码收款。

　　为了方便统计本次义卖活动一共收入多少钱，我建议设计一个统计表，指定几位同学专门负责填写，记录每一笔交易，收入就能一目了然。

　　同学们还有其他的建议吗？请同学们根据我们所讨论的内容做好分工。义卖活动开展当天，二维码和现金交易的零钱由家委提供。记账的同学紧跟销售员，认真记录好每一笔交易的金额，并做好统计。

实践坊

设计记账单，并在义卖活动开展时认真填写。

绿豆芽义卖记账单

序号	规格	售价（元）	规格	售价（元）	备注
1	大盒		小盒		
2	大盒		小盒		
3	大盒		小盒		
4	大盒		小盒		
5	大盒		小盒		
6	大盒		小盒		

（续表）

序号	规格	售价（元）	规格	售价（元）	备注
7	大盒		小盒		
8	大盒		小盒		
9	大盒		小盒		
10	大盒		小盒		
合计					
记账员签名					

任务四

商品、宣传海报、收款二维码、零钱、记账单，我们都已经准备好了，可以开始售卖了吗？还需要准备什么？

讨论区

商品交易中讨价还价是常有的事情，如果顾客要跟我们砍价，我们应该怎么说才能让对方认为我们的豆芽物有所值？这是我们需要思考的问题。

我们怎样吆喝才能引起顾客的注意，吸引更多顾客过来购买？我们是不是也可以开展送货上门服务？

我们要准备一些塑料袋、电子秤、盆子、篮子、切豆芽根用的塑料刀等物品，还要准备布置摊位的桌椅、遮阳伞等物资，活动结束后还要搞好卫生。

众人拾柴火焰高，同学们想得真周到，请大家围绕刚才提到的情况讨论一下有什么对策，并把它们写下来吧！

实践坊

特色吆喝显诚意
吸引顾客我吆喝：

保价行动我会说
让顾客认同我们的付出，可以这样说：

让顾客了解我们商品的优点（天然绿色无公害），可以这样说：

让顾客明白我们义卖活动的意义，可以这样说：

后勤保障我能行
销售辅助工具准备：
负责人员：
摊位布置工具准备：
负责人员：
卫生保障工具准备：
负责人员：

六、作业评价

从准备工作到义卖活动结束，在这次学习和实践活动的整个过程中，你对自己的表现满意吗？对照下面的评价表说一说自己的表现，听一听同学、老师和家长的意见，请用描述性语言进行评价。

评价内容	自评	同学评	老师评	家长评
积极参与，态度认真				
安全劳作，动作熟练				
团结合作，注意卫生				
善始善终，总结反思				
讲究方法，大胆创新				

【设计者简介】

单醒燕，广州市增城区荔江小学教师，增城区学科教研组中心组成员，学校综合实践活动和劳动学科组长，在学术期刊上发表学科论文两篇。

"跟着节气去探究"作业方案

设计者：陈玉盈

一、设计意图

"跟着节气去探究"是广州版《小学综合实践活动·劳动》教材三年级上册主题一的学习内容。"跟着节气去探究"作业方案融合了综合实践活动、劳动、科学、语文、美术等多个学科的知识，设计了了解节气的由来、特点、作用，制作二十四节气特色手工，制作节气植物名片，学写植物观察日记，参与节气蔬菜种植，制作节气美食等作业内容，引导学生多方面了解节气知识，理解节气背后蕴含的传统文化以及与人类生活的联系，并能将学到的相关知识和技能应用到学习生活中。

二、实施对象

本次活动的实施对象是小学三年级的学生。三年级的学生对中国传统文化比较感兴趣，对与节气相关的知识和习俗也十分好奇。二十四节气对学生来说虽不陌生，但要完整了解节气知识，理解其蕴含的传统文化以及与人类生活的联系，还有很大的差距。本次主题活动以探究二十四节气为主线，通过对资料的整理，了解中国二十四节气的分布规律；根据自己的兴趣选取一个节气进行不同的探究体验活动，初步学会综合运用不同的探究方法；再引导学生从"饮食""种植"两个方面入手，领略中国节气中"顺时而食"的养生精髓以及节气中的农耕文化，增强学生的文化自信、民族自豪感。

三、作业目标

1. 通过网上查阅资料、实地调查等方式，了解二十四节气的相关知识，探究节气与农事活动的关系。

2. 积极参与查阅并标注节气所在的日期和制作创意贴画等活动，形成良好的劳动习惯。

3. 在家长的指导下，开展"小厨师"的节气美食制作劳动，培养学生的动手能力和劳动意识。

4. 开展节气种植活动，领略节气中的农耕文化，增强学生的文化自信和民族自豪感。

四、作业内容

1. 了解二十四节气与农耕种植的简单知识，知道春种夏长、秋收冬藏的种植特点。

2. 制作节气植物名片和节气手工制作。

3. 学习简单的种植知识，学写观察日记。

4. 参与种植节气蔬菜的劳动任务，与家长一起在家里制作节气美食。

五、作业实施

任务一

二十四节气是古人观察季节转换时的天气物候变化，从而总结出的用于指导农事活动的规律。小农想知道生活中有哪些节气指导农业生产的例子，我们可以通过哪些方式来了解？

讨论区

我们可以上网查阅一下生活中应用节气指导种植的例子。

我们可以实地考察和采访农民，看看他们是如何根据节气指导农业生产的。

实践坊

观察节气在生活中的应用

同学们，让我们观察一下生活中跟节气有关的现象，把它们记录下来吧！

观察时间	观察地点	观察到的现象	事例图片
3月7日	学校农耕乐园	3月6日左右，开始雷鸣，蛰伏地下的冬眠动物开始苏醒和出土活动，树木生根发芽。	

任务二

同学们，我们还可以动手制作与二十四节气相关的特色手工，如制作节气创意贴画，在实践的同时深入了解各个节气的由来、特点、作用。

讨论区

我们可以搜集节气的资料，了解其典型特征，确定创意贴画的主题。

我们可以选择身边常见的材料和工具，例如树叶、稻草、废旧物品等。

实践坊

制作节气创意贴画

作品名称	
制作工具	
制作材料	
作品照片	
运用有关节气的知识	

任务三

小穗想观察一种与节气对应的植物，但是不知道如何写观察记录和观察日记，你有什么好办法呢？

讨论区

我们可以制订观察计划和观察记录表。

我们可以根据不同的节气观察不同的植物。

实践坊

校园植物观察记录表

植物名称		观察时间		记录人	
天气状况		观察地点			
植物特征：		图案：			
时间		天气			
地点		实践主题			
植物给人类的启示					

任务四

小灵想制作一种节气美食——饺子，你知道怎么制作吗？

1. 材料选择

季节	选材	原因
春天	春笋、荠菜、韭菜等	都是时令蔬菜，最是鲜美。例如韭菜，春天的韭菜最鲜美，春季多吃韭菜可以祛阴散寒，增强脾胃功能，疏通肝气。
夏天	黄瓜、苋菜、西葫芦、豆角等	夏天黄瓜正当季，黄瓜水分足，味道清甜，可生津止渴，清热解毒。

（续表）

季节	选材	原因
秋天	小白菜、包心菜、胡萝卜等	都是当季蔬菜。包心菜质地松散、脆嫩多汁，含有丰富的水分、维生素和叶酸，美味又营养。
冬天	萝卜、大白菜等	白菜一年四季都有，可是只有冬天经过霜冻的白菜，才特别甘甜，是维生素"大户"，含有丰富的胡萝卜素及维生素，在冬天吃能补钙质，还有清火的作用。

2. 小组分工合作制作饺子

材料及工具					
材料及工具都准备好了的请在下方打"√"	饺子皮1份	馅料1份	半碗水	勺子2个	碟子2个	其他
详细分工					
具体任务	包饺子	铺好桌面	收拾物品	展示	清理垃圾	其他
学生姓名						
作品展示						

六、作业评价

1. 跟老师和同学交流分享作业成果，并根据他人的建议修改、完善作业。

2. 在这次作业实践中，你对自己的表现满意吗？对照下面的评价表说一说自己的表现，听一听同学、教师、家长的意见，请用描述性语言进行评价。

评价内容	自评	同学评	教师评	家长评
操作熟练				
富有创意				
团结协作				
乐于分享				
质量较好				

【设计者简介】

陈玉盈，广州市从化区西宁小学教师，广州市综合实践活动中心组成员。

"野炊菜单我设计"作业方案

设计团队：陈洁鸿　陈　静

一、设计意图

"外出野炊真美味"是广州版《小学综合实践活动·劳动》五年级下册主题二的学习内容。其中，第三课时"野炊菜单我设计"主要是让学生了解野炊方式，知道如何选择食材、食材的营养搭配以及野炊菜单制作的步骤等知识，并能运用食物营养搭配的知识和调查采访、资料搜集等方法设计制作野炊菜单，有助于提高学生参与劳动的积极性，掌握野炊菜单的设计方法，培养勤俭节约和担当责任的良好品质。"野炊菜单我设计"作业方案，融合了综合实践活动、劳动、科学等多个学科的知识，设计了搜集食物搭配的相关资料，调查家庭成员或者朋友喜爱的菜式和食品，设计制作野炊菜单等作业内容，旨在加深学生对食材选择和食材的营养搭配知识的理解，激发学生的探究欲望与兴趣，为后期的野炊活动做准备。

二、实施对象

本次活动的实施对象是小学五年级的学生。他们已经具备一定的学习和生活经验，对烹饪、野炊等活动特别感兴趣。参与野炊活动能激发学生的学习积极性，锻炼学生的动手能力和培养其团队合作意识。学生在二年级学习了主题三"我是做饭小能手"，已经掌握了电饭煲的使用技巧，学习了营养食谱和米饭的制作方法。在"外出野炊真美味"前两课时的学习中，学生已经初步掌握了食材准备、厨具使用和营养食品的制作等技能，为下一阶段的实践活动做好了准备。"野炊菜单我设计"通过设置情景、视频演示、案例学习等环节，帮助学生更直观、更轻松地掌握所学内容，并能较好地运用到日常生活当中。

三、作业目标

1. 通过搜索网络资料，了解野炊方式、食材选择和食材的营养搭配等相关知识，加深对营养食谱知识的理解。

2. 通过调查和采访，了解家庭成员或者朋友喜爱的菜式和食品，激发学生的探究欲望与兴趣。

3. 通过设计与制作，绘制出图文并茂的野炊菜单，为采购食材和野炊活动做准备，发展学生的创新能力。

四、作业内容

1. 了解野炊的方式、食材选择和食材的营养搭配等相关知识。

2. 了解家庭成员或者朋友喜爱的菜式和食品。

3. 绘制出图文并茂的野炊菜单。

五、作业实施

 任务一

　　小粤想知道野炊的方式有哪些、适合采购哪些食品、如何进行食品营养搭配，可以通过哪些方式来了解？

讨论区

　　我们可以上网查找关键词：广州野炊好去处、野炊方式、食物营养搭配、营养与健康等，了解更多适合野炊的地方、食物搭配等相关知识。

　　我们可以到公园等适合野炊的地方实地探访一下，看看别人是怎样开展野炊活动的。

　　我们可以请教大人，问问长辈们：可以去什么地方野炊，野炊时带什么食物比较适合，还要另外准备些什么工具？

实践坊

野炊知识调查

野炊方式我选择	挖地立灶（　　　）　　埋锅做饭（　　　）　　席地而餐（　　　） 野外烧烤（　　　）　　其他（　　　　　　）
适合野炊的好去处	
野炊食品我分类	谷薯类：
	肉蛋类：
	蔬菜、水果类：
	零食类：
营养搭配知识	

任务二

　　我们即将组织家人或者朋友一起进行一次有趣的野炊活动，你了解他们喜欢的食物和菜式吗？

讨论区

我们可以设计问卷，发给一起参加野炊活动的家人或者朋友，让他们选择或者填写自己喜欢的食物及其烹饪方式，能够提供的野炊工具等。

我们可以采访一下家人或者朋友，了解他们喜欢的食物及其烹饪方式，可以提供的野炊工具和帮助等。

我们还要根据家人或者朋友选择的食品，思考分量和预算价格，如何搭配更健康，并进行分工，让大家一起参与到食品和工具的准备工作中来。

实践坊

野炊调查记录表

班别		姓名		学号	
野炊人数		烹饪方式	蒸煮（　　） 焖炖（　　） 腌制（　　）	煎炒（　　） 烧烤（　　） 其他（　　）	
请分别询问家人或者朋友喜欢的菜系和最想吃的食品，可以点个菜。					
称呼	喜欢的菜式	喜欢的食品		提供工具	价格预算
家人或朋友的想法					
关于营养方面的思考					

任务三

请根据前期调查、采访的结果，绘制出图文并茂的野炊菜单吧！

 讨论区

我可以设计一份表格作为野炊菜单，详细记录食材、分量、所设计的菜式名称、价格预算及我设计菜单的想法等。

我要用图文并茂的方式，记录每一种食材，这样购物的时候就一目了然了。

我还要根据家人或者朋友选择的食品，记录需要准备的物品和各种菜式的制作方法，到时候就不会有遗漏，准备菜式的时候也更有条理。

○实践坊

> 同学们，期待看到你们各具特色的菜单，一定很有创意！

六、作业评价

1. 跟老师和同学交流分享菜单设计成果，并根据他人的建议修改、完善作业。

2. 在这次作业实践中，你对自己的表现满意吗？对照下面的评价表说一说自己的表现，听一听同学、教师、家长的意见，请用描述性语言进行评价。

菜单设计评价表

评价内容	自评	同学评	教师评	家长评
内容详尽				
营养全面				
搭配合理				
清晰明了				
书写工整				
图文并茂				
富有创意				

【设计团队负责人简介】

陈洁鸿，广州市荔湾区环市西路小学教师，广州市综合实践活动学科中心组成员，荔湾区综合实践活动教研会理事，荔湾区综合实践活动骨干教师。

"制作成长纪念册"作业方案

设计者：江洁钟

一、设计意图

"难忘的小学生活"是人教版小学语文六年级下册第六单元综合性学习单元的内容，教材围绕"难忘的小学生活"的主题编排了"回忆往事""依依惜别"两个活动板块，以任务驱动的方式带动整个单元的学习。在"回忆往事"板块中，设置了"填写时间轴""分享难忘回忆""制作成长纪念册"三个层层递进的活动任务，引导学生以多种方式回忆往事，珍藏成长的记忆。结合广州版《小学综合实践活动·劳动》六年级下册主题一"毕业纪念册我设计"的学习内容，我们设计了"制作成长纪念册"作业方案，它融合了综合实践活动、劳动、信息技术、美术等多个学科的知识，设计了收集、筛选成长资料，给收集的资料分类，合理编排成长纪念册等作业内容，旨在提高学生合作整理资料、分类整理资料、合理编排资料的能力。

二、实施对象

本次活动的实施对象是小学六年级的学生。六年级的学生进入这个单元学习时，即将告别生活六年的小学校园，迎来毕业季。他们对同学、老师、母校有着深厚的情感，而制作成长纪念册与学生生活息息相关，学生对此十分感兴趣。在四年级时，学生有过收集并记录资料，以及合作整理资料的学习经历；在五年级时，又进一步学习了根据需要收集资料，以及分类整理资料的方法。本次作业以"回忆往事"作为切入点，收集、筛选、整理能反映小学生活的有代表性的资料，让学生在珍藏记忆、表达情感、祝福未来的同时，综合运用各学科知识完成制作毕业纪念册，促进综合素质的提高。

三、作业目标

1. 借助时间轴回忆小学六年的生活，记录难忘的回忆，并选取时间轴上有代表性的内容与同学分享。

2. 收集有代表性、形式多样的资料，并能根据所需对收集的资料进行合理分类，提高学生的资料分析、筛选、整合能力。

3. 根据毕业纪念册的一般结构，运用一定的方法编排和制作电子版或纸质版的成长纪念册，提高学生的设计制作能力。

四、作业内容

1. 填写时间轴，分享小学难忘的回忆。

2. 收集、筛选、分类整理有代表性的内容，如有纪念意义的照片，与成长有关的习作、书法、美术作品、获奖证书和祝福语等。

3. 制作电子版或纸质版的成长纪念册。

五、作业实施

任务一

借助时间轴回忆小学六年的生活，记录值得细细回味的点点滴滴，尤其是印象深刻的人或事情及其相应的时间点，如令人难忘的活动、有特殊意义的物品，或一两个关于成长的关键词，并在小组内与同学分享。

任务二

根据小组内分享的难忘的回忆，小组合作筛选有代表性的资料，筛选后按照一定的方式进行分类整理。

讨论区

我们可以小组合作筛选有代表性的资料。

我们可以收集相关的习作、书法、美术、劳动作品等，也可以收集各种证书和奖状的复印件或照片，还可以收集老师和同学的寄语、祝福。

我们可以利用"编年体"的方式制作成长纪念册，把小学六年的学习生活一年一年地展示出来；也可以用"栏目式"制作成长纪念册，按照不同的栏目把内容分成几个部分。

实践坊

1. 小组根据收集的资料填写活动记录表。

成长纪念册资料收集活动记录表

资料内容	资料形式（照片、实物、视频等）	资料数量	完成时间	负责人
有纪念意义的照片				
与成长有关的习作、美术、书法、劳动作品等				

（续表）

资料内容	资料形式（照片、实物、视频等）	资料数量	完成时间	负责人
获奖证书或奖牌				
老师、同学寄语				
……				

2. 小组将收集到的资料按照喜爱的方式进行分类整理。

编年体

栏目式

任务三

　　我们已经初步整理好制作成长纪念册的资料了，现在让我们一起来制作电子版或纸质版的成长纪念册吧！那如何制作成长纪念册呢？

讨论区

　　我们可以设计制作纸质版的成长纪念册，可以用手绘或利用PPT设计制作后打印出来！

　　我们可以利用视频编辑软件（剪映、爱剪辑）或者"美篇"App，创作属于我们的电子版成长纪念册，完成后还可以分享到班级微信群呢！

实践坊

制作电子版成长纪念册

电子版成长纪念册一般由封面、内容、结束语等几个部分组成。

素材与工具：

1. 素材：图片、视频、背景音乐。

2. 工具：电脑（安装了PPT或视频编辑软件）或手机（安装了视频编辑App）。

步骤与方法：

1. 收集好所需的素材，包括图片、视频、背景音乐或PPT模板等。

2. 设计制作一个主题鲜明的封面，给成长纪念册起一个贴切的名字。

3．视频内容按一定顺序编排，可以呈现目录，合理安排内容，还可以给视频或图片配上合适的文字说明，给每个部分添加合适的小标题。

4．设计结束语，添加合适的背景音乐。

5．保存文件，检查确认是否能完整播放。

制作纸质版成长纪念册

纸质版成长纪念册一般由封面、扉页（或目录）、正文、结束语等组成。

材料与工具：

1．材料：硬卡纸（彩色或白色）、彩色马克笔、双面胶、黑笔等。

2．工具：剪刀、尺子。

步骤与方法：

1．给成长纪念册取一个贴切的名字，设计个性化封面。

2．扉页为"卷首语""成长感言"，写上小组成员或分工安排。

3．正文内容按一定顺序编排，呈现的方式多种多样，如每张照片配以简短、有趣的文字介绍，每个部分加一个合适的小标题。

提示：有的资料不能直接拿来用，还需要进行修改。如果有的文章太长了，可以从中节选一段最有价值的。如果能表现出独特创意会更好！

安全提示：

使用刀尖是圆形的小剪刀，用完后要及时把剪刀收纳好。

六、作业评价

1．跟老师和同学交流分享作业成果，并根据他人的建议修改、完善作业。

2．在这次作业实践中，你对自己的表现满意吗？对照下面的评价表说一说自己的表现，听一听同学、教师、家长的意见，请用简短的描述性语言进行评价。

评价内容	自评	同学评	教师评	家长评
结构完整				
排版合理				
内容丰富				
图文并茂				
富有创意				
团结协作				

【设计者简介】

　　江洁钟，广州市番禺区沙湾京兆小学教师，广州市小学劳动学科中心组成员，番禺区优秀教师，曾获第二届广州市小学劳动学科中心组专业能力测试及教学新秀二等奖、番禺区第九届教学新秀小学劳动教育一等奖。

"黏土劳创趣味多　多肉植物我来做"
作业方案

设计团队：陈嘉敏　李晓欣

一、设计意图

在"传统工艺制作"任务群下，三年级学生要掌握1~2项传统工艺制作，如纸工、泥工、布艺、编织等，了解制作的技能和方法，识读简单的示意图，尝试设计一些简单的作品，并参考规范流程进行制作。在中华文化长河里，陶艺算得上是浓墨重彩的一笔，而黏土是制作陶器的基本材料。三年级的学生对劳动手工制作有着浓厚的兴趣，对黏土材料的使用也充满好奇。"黏土劳创趣味多　多肉植物我来做"是关于劳动任务群中传统工艺制作——泥工的，旨在引导学生掌握黏土的基本劳动技法，并在此基础上，开展同桌小组合作，通过同桌间讨论确定主题、明确分工，共同创作小组喜爱的"多肉乐园"，增强学生动手创作黏土的乐趣，培养学生团结合作、追求卓越的工匠精神。"黏土劳创趣味多　多肉植物我来做"设计了课前作业：了解黏土的特性；课中作业导学：掌握黏土的五种基础技法，设计黏土作品构图，小组合作完成黏土作品；课后作业：进行一次黏土义卖活动，升华劳动作品的价值。

二、实施对象

本次活动的实施对象是小学三年级的学生。三年级的学生已经具有一定的自主探究、小组合作等能力，并掌握了一定的劳动技能，形成了较好的劳动习惯。同时，学生在一年级美术课程的基础上，已接触过超轻黏土，会制作一些比较简单的作品。在此基础上，本节课主要是深化劳动技能的学习，引导学生体会手工劳作的创造意义，感悟劳动创作的美好。

三、作业目标

1. 通过网上查阅资料，了解黏土的特性。

2. 掌握泥工劳动生产技能，掌握揉、压、捏、搓、扭等制作方法，在劳动生产中提高创造力、设计力、操作能力。

3. 培养学生动手、动脑能力，在劳动中体会团结合作、追求卓越的工匠精神，养成专心致志的劳动品质。

4. 通过黏土作品的义卖活动，培养学生的集体荣誉感和社会责任感，倡导互助互爱的精神及无私奉献的爱心。

四、作业内容

1. 了解黏土材料的特性。
2. 掌握黏土泥工的技法及发现多肉黏土花叶的形状。
3. 完成小组多肉乐园的作品设计方案。
4. 开展一次黏土义卖活动。

五、作业实施

任务一

了解黏土的特性

小山想知道超轻黏土这种材料的特性，我们可以通过哪种方法进行了解？

○ 讨论区

我们可以亲自实践一下，通过摸一摸、捏一捏等方法感受黏土材料的特性。

我们可以上网查阅资料，了解黏土的特性。

我们还可以通过查看黏土的使用说明书，了解它的用途及特性。

让我们一起试试以上的方法，写下我们的发现与收获吧！

○ 实践坊

我了解到的黏土的特性

触感	
形状	
材料特性	
其他	

任务二

掌握黏土泥工的技法及发现多肉黏土花叶的形状

同学们，我们已经对黏土材料有了大致的了解，在做一样作品之前，我们要对它进行观察，了解它的结构和特点。我们仔细观察多肉植物，看看使用什么方法能制作出来？它们的花叶形状是怎样的？

○ 实践坊

多肉植物	使用的技法	花叶形状
	揉（　　） 压（　　） 搓（　　） 刻（　　） 捏（　　）	圆球状（　　） 水滴状（　　） 条　状（　　）
	揉（　　） 压（　　） 搓（　　） 刻（　　） 捏（　　）	圆球状（　　） 水滴状（　　） 条　状（　　）
	揉（　　） 压（　　） 搓（　　） 刻（　　） 捏（　　）	圆球状（　　） 水滴状（　　） 条　状（　　）
	揉（　　） 压（　　） 搓（　　） 刻（　　） 捏（　　）	圆球状（　　） 水滴状（　　） 条　状（　　）

任务三

完成小组多肉乐园的作品设计方案

同学们，我们知道了黏土多肉的技法以及叶片的三种形状，现在两人一组完成一个黏土作品，小组内再拼装成一个完整的黏土乐园吧！

○ 实践坊

多肉乐园大比拼

作品名称	
小组名称	
小组成员	
运用技法	揉（　） 压（　） 搓（　） 刻（　） 捏（　）
花叶形状	圆球状（　　） 水滴状（　　） 条　状（　　）
组成部件及颜色 例：花盆白色	

黏土义卖方案我设计

同学们，各式各样的黏土我们已经做好了，为了充分实现劳动成果的价值，我们要组织一场以黏土为主题的义卖活动。好的开始是成功的一半，我们一起来设计义卖方案吧！

活动一：设计多肉黏土义卖方案

多肉黏土义卖活动方案设计及记录表

活动时间		活动小组名称		活动地点	
小组成员					
活动目的	1. 共同将折扣、利润等相关数学知识应用到生活中，争做一名合格的"小摊主"。 2. 全程要分工合作完成，争做一名团结友爱的"小摊主"。 3. 共同积极策划准备、销售整个过程，争做一名会全面思考、会处理突发情况的"小摊主"。				

活动分工	负责项目	负责人
	分类黏土商品并进行定价	
	确定摊位位置、布置摊位	
	设计摊位宣传牌	
	销售员	
	记账员	
	摊位卫生守护者	

活动记录	商品名称	成本价	定价	期望利润	期望利润率	实际卖价	折扣	实际利润	实际利润率
	……								

活动二：摊位宣传我能行

精美的宣传牌是摊位的门面，需要同学们精心设计。宣传牌的载体可以借用生活中已有的物品，你想到什么合适的工具了？请大家畅所欲言。

有的同学说可以用家里的小黑板，有的同学说可以用立体画架……果然善于观察生活的同学最有智慧！选好了宣传牌的载体，我们就可以一起来看看设计宣传牌的步骤，然后一起动手实践起来吧！

 **实践坊**

黏土主题摊位宣传牌

材料与工具：

1. 材料：一个立体画架、一张A1画纸。

2. 工具：铅笔、马克笔、丙烯颜料等。

步骤与方法：

1. 用铅笔在画纸上确定好构图，使标题宣传语及图案比例和谐。

2. 用马克笔写上摊位名称、宣传语，不超过画幅的三分之一。

3. 用铅笔画出图案，以各种形状的黏土或能凸显摊位特色的图案为主。

4. 用马克笔和丙烯颜料上色，注重色彩搭配，以暖色系搭配为主。

5. 将宣传画夹在画架上。

6. 用新鲜植物或黏土手工装饰画架。

小提示：

使用绘画工具、黏土时，注意勿乱涂乱画或误食。

活动三：记者报道我在行

同学们，合作策划实践的黏土义卖活动将会是我们小学生活中浓墨重彩的一笔，那怎么能少得了现场的记录呢？我们一起来当小记者，"转播"当天的精彩瞬间吧！

 **实践坊**

_____义卖活动

总体概括介绍：（时间、地点、人物、现场环境氛围、现场给你的感受）
重点介绍个体表现：（"动词连着用"——你观察到的那位重点人物的动作；"动词分隔开"——在他的动作之间加上神态、语言、心理的描写）
重点介绍精彩片段：（中心句派上用场啦——比如"这里的笑声漫天飞扬……"接下来写写这里有什么样的笑声）

六、作业评价

1. 为本次作业完成一本活动记录册，将黏土作品拍照记录下来，再将前期构思设计的任务单、后期参加义卖活动的相关记录都收集起来，装订成册，并与老师、同学分享。

2. 对照评价表说一说自己的收获与表现，并让同学、老师来评一评。

劳动任务名称	黏土劳创趣味多　多肉植物我来做			
劳动素养	评价内容	劳动评价		
		自评	他评	师评
劳动观念 （25分）	1. 主动、愉快地参与劳动。 2. 感受、关注、体验黏土制作、黏土义卖的过程。 3. 与身边人分享活动记录册，积极与同学或家人分享劳动的喜悦。 4. 能通过黏土作品装点生活。 5. 体会劳动创造价值、劳动创造美的情怀。			
劳动能力 （25分）	1. 了解黏土的基本特点。 2. 掌握泥工劳动生产技能，掌握揉、压、捏、搓、扭等制作方法，在劳动生产中提高创造力、设计力、操作能力。 3. 创意设计黏土作品。			
劳动品质和习惯 （25分）	1. 认真完成劳动任务，合理利用材料。 2. 劳动结束时将工具归位，主动打扫卫生。			
劳动精神 （25分）	1. 节约用料，养成勤俭节约的精神。 2. 对作品品质要求高，精益求精。 3. 在黏土作品的义卖活动中，收获了集体荣誉感和社会责任感。			
合计				
总评（总评=自评*30%+他评*30%+师评*40%）				

【设计团队负责人简介】

　　陈嘉敏，广州市南沙区南沙小学教师，广州市劳动教育中心组成员，学校劳动教育教研组长，曾被评为"南沙小学优秀教师"，获得南沙区优秀教师奖，获2023年第二届广州市劳动中心组专业能力测试及教学新秀比赛二等奖、2023年南沙区首届中小学劳动教育教师技能比赛一等奖。

"手洗衣服"作业方案

设计者：黄　烨

一、设计意图

"手洗衣服"是广州版《小学综合实践活动·劳动》三年级上册"衣物清洁变达人"主题中的劳动项目，主要是让学生了解手洗衣服的方法和小妙招，懂得选择适量的洗涤剂和水量清洗不同材质的衣服，坚持天天洗衣服，培养学生的创新意识、劳动意识，提高学生动手洗衣的水平。《义务教育劳动课程标准（2022年版）》指出第二学段学生理解日常生活清洁与卫生的基本要求，用适合的洗涤用品清洗自己的衣物，尝试清洗自己的物品，养成良好的个人清洁卫生习惯，具有热爱劳动的态度，初步学会与他人合作劳动，初步养成有始有终、专心致志的劳动习惯与品质。

二、实施对象

三年级的学生好奇心强，对学习新鲜事物的热情比较高。开展"手洗衣服"劳动实践活动，是基于学生对这个主题的兴趣以及本年龄段学生生活实际的需要。三年级的学生有一定的家务经验，但是在洗衣小技巧方面还是比较欠缺的。因此，本方案以掌握手洗衣服的步骤与要领为目标，让学生运用所学的劳动技能，动手清洗衣服，并且能运用妙招清洗不同材质的衣服，在清洗的过程中做到节约资源。学生将所学贯穿到日常生活中，主动分担家务，使衣服清洗得更干净，初步养成有始有终、专心致志的劳动习惯和品质，体验劳动带来的快乐，初步形成热爱劳动的态度。

三、作业目标

1. 认识手洗衣服的主要任务，初步学会清洗不同材质的衣服的知识，通过手洗衣服感受劳动带来的快乐。

2. 积极参与到手洗衣服的劳动探究当中，初步承担力所能及的家务劳动，在手洗衣服的过程中发现问题和解决问题，养成良好的个人清洁习惯。

3. 养成主动清洗自己物品的好习惯，初步承担一些力所能及的家务劳动，获得"生活自理能力我能行"的劳动体验；形成节约用水的意识，体验劳动带来的快乐，体会劳动最光荣，劳动创造美好生活。

4．通过手洗衣服，初步掌握手洗衣服的步骤和方法，明确手洗衣服的步骤和注意事项，能够选用合适的清洁剂手洗不同材质的衣物，提高自己动手实践的能力。

5．在手洗衣服的过程中能发现问题和解决问题，尤其是发现清洗领口、袖口等较脏部位的方法，能运用不同的小窍门手洗不同材质的衣服，在清洗过程中做好节约资源。

四、作业内容

1．了解手洗衣服的步骤和注意事项，掌握科学手洗衣服的方法。

2．通过查阅相关资料和调查等方式，了解和掌握手洗不同材质的衣服的注意事项和方法。

3．收集"手洗衣服"节能小妙招。

五、作业实施

任务一

　　小明还不清楚手洗衣服的具体步骤，想观察家人手洗衣服的过程，需要重点关注哪些方面呢？

 讨论区

　　我们可以重点关注家人手洗衣服使用哪些工具和洗涤用品。

　　我们可以观察一下家人手洗衣服时的每一个步骤并记录下来，再尝试手洗衣服。

　　我们可以询问家人手洗衣服需要注意事项，再上网查一查手洗衣服的方法指引。

　　同学们，大家还有什么好的方法去掌握手洗衣服的方法呢？我们一起来探究吧！

实践坊

观察家人手洗衣服

1. 手洗衣服需要的工具和材料：

_____

_____

_____

2. 观察洗衣过程，记录手洗衣服的步骤。（可简要摘抄关键词）

⇨	⇨	⇨	⇨	

3. 我知道手洗衣服的注意事项有：

注意事项	1.
	2.
	3.

任务二

　　小明掌握了手洗衣服的基本步骤之后，对于衣服较脏部位犯愁了，大家帮助小明解决这一难题吧！

讨论区

　　针对不同的污渍，我们应使用不同的洗涤用品，有针对性地清除较脏部位的污渍。

　　我们可以借助刷子，对衣服较脏部位进行刷洗，或者是重点揉搓。

　　我们可以在衣服上放适量的洗涤用品后再浸泡一定的时间，或者用温水洗衣服。

　　同学们，接下来我们来开展手洗衣服的实践活动吧，尤其针对衣服较脏部位的清洗。

实践坊

我们一起洗衣服

手洗衣服的步骤：搅拌→浸泡→揉搓→冲洗→拧干→晾晒。

洗衣小儿歌

小衣服我来洗，清水盆洗衣液，搅一搅起泡沫，反复搓再漂洗，拧干水把衣晾。

班级		姓名	
活动时长		活动地点	
准备材料、工具	盆子、刷子、洗衣液、肥皂、搓衣板		
实践内容	1. 手洗自己的衣服　　　　2. 探究衣服较脏部位清洗的小窍门 3. 家长评价手洗衣服的成果　4. 小结手洗衣服小窍门		

（续表）

实践小结	
实践后疑问	
我所编的小儿歌	

任务三

小明发现衣服有不同的材质，不同材质的衣服说明书提示的洗衣要求不一样，那对于不同材质的衣服，手洗时又要注意什么？

讨论区

我们可以按衣服说明书上的指引进行操作。

我们可以上网搜索清洗方法，配置不同的洗衣溶液，例如牙膏+醋等。

同学们，让我们尝试手洗不同材质的衣服吧！

 **实践坊**

"手洗衣服我能行"一周劳动大盘点

亲爱的同学们：

大家好！近期我们将开展一次主题为"衣物清洁变达人"的家庭劳动实践活动，目的在于提高同学们的生活自理能力和劳动技能，更重要的是希望同学们通过家务劳动，能领略到劳动的艰辛，懂得自己也有照料家庭的义务，做一个热爱劳动、有责任感的少年。请同学们记录好家庭劳动的相关内容，以后坚持做家庭劳动的好帮手！

日期	劳动项目	劳动时长	劳动成果	自评	家长评

注：日期和劳动时长填写开展劳动的日期和劳动持续的时间，如：××××年××月××日，约30分钟；劳动项目填写具体的劳动事项，如：手洗衣服、清洁衣服油渍等；劳动成果填写劳动形成的作品或效果，如：衣服清洗干净，用肥皂清洗

了油渍等。自我评价、家长评价以A、B、C三级进行等级评价。如果当天参与的劳动项目有多种，可分开填写。

六、作业评价

请同学们对自己在"手洗衣服"实践活动过程中的表现进行评价，希望同学们在他人的评价中能发现不足并及时改进。

评价内容	自评	同学评	教师评
我认识了一些洗涤用品	☆ ☆ ☆	☆ ☆ ☆	☆ ☆ ☆
我掌握了手洗衣服的步骤和注意事项	☆ ☆ ☆	☆ ☆ ☆	☆ ☆ ☆
我能选择合适的洗涤用品	☆ ☆ ☆	☆ ☆ ☆	☆ ☆ ☆
我能将衣服手洗干净	☆ ☆ ☆	☆ ☆ ☆	☆ ☆ ☆
我掌握了清洗不同污渍的小窍门	☆ ☆ ☆	☆ ☆ ☆	☆ ☆ ☆
我能做到节约用水	☆ ☆ ☆	☆ ☆ ☆	☆ ☆ ☆
我的收获与体会：			

注：评价一般的可以涂一颗星星，评价较好的可涂两颗星星，评价优秀的可涂三颗星星。最后再让学生结合实际情况谈谈自己的收获和体会。

【设计者简介】

黄烨，广州市番禺区南村镇中心小学教师，广州市劳动学科教学研究中心组成员，荣获广州市中小学青年教师教学能力大赛"小学劳动"二等奖，被认定为广州市第三批中小学骨干班主任。

"中华传统节日的探究"作业方案

设计者：张艳霞

一、设计意图

部编版小学语文三年级下册第三单元"中华传统节日"，采用单元内嵌的形式，将综合性学习活动贯穿在整个单元的学习中，围绕"中华传统节日"这个主题展开，《古诗三首》和《纸的发明》课后的"活动提示"分别布置了本次综合性学习的任务，单元结束前展示交流学习成果。结合广州版《小学综合实践活动·劳动》三年级下册主题四 "传统节日齐参与"活动，我们设计了"中华传统节日的探究"作业方案，它设计了填写"传统节日我知道"资料卡、寻找传统节日中的古诗词、节日美食我制作等作业内容，以加深学生对中华传统节日的了解，激发学生对中国传统文化的热爱之情，同时培养学生收集资料、处理信息、人际交往等能力以及互助合作的团队精神。

二、实施对象

本次活动的实施对象是小学三年级的学生。随着他们的识字量和阅读量的增加，他们已经具备了一定的实践能力，但在开展活动的方法上他们经验并不丰富。中华传统节日中的四大传统节日作为国家法定节假日，学生比较熟悉，在日常生活中已有初步了解，但认识不够深刻，对其他传统节日也了解得比较少。因此，本作业方案让学生开展有关传统节日的系列探究学习，进一步提升学生的实践能力，加深对中国传统文化的认识，将语文学习与生活实际结合起来。

三、作业目标

1．通过网上查阅资料、实地调查等方式，了解我们生活中的传统节日，加深对中华传统节日的认识。

2．调查有关传统节日的古诗和故事，创作古诗配画和演讲节日故事，培养学生的审美能力和表达能力，激发学生探究传统节日的欲望与兴趣。

3．亲身经历各个传统节日，学习制作节日美食，写下参与节日活动的过程和感受，培养学生的动手能力，激发学生热爱中华传统文化的情感，有做中国传统文化传承者的意愿。

四、作业内容

1. 传统节日我知道：填写"传统节日我知道"资料卡。
2. 诗情画意说传统：寻找传统节日中的古诗词，制作节日古诗配画。
3. 节日故事我能讲：查找每个传统节日的来源和故事并讲一讲。
4. 我是节日美食家：探究传统节日的美食，学做一款节日美食。
5. 我来写传统节日：写自己家过节的过程或节日里发生的印象深刻的事。

五、作业实施

任务一

传统节日我知道

　　小华想知道我国有哪些传统节日、分别是什么时候、有哪些习俗，我们可以通过哪些方式来了解？

讨论区

　　小军：我知道的传统节日有春节、中秋节、元宵节、重阳节，我们可以上网查阅一下这些节日的习俗。

　　小丽：我们可以采访老师或家长，问问他们在这些传统节日里我们都做些什么。

　　小花：这段时间是端午节，我们可以去实地考察一下端午节划龙舟的习俗。

实践坊

"传统节日我知道"资料卡

同学们，我们调查一下传统节日的时间和节日习俗，把它们记录下来吧！

传统节日名称	调查方式	节日时间	节日习俗
春节	采访家长	农历正月初一	吃饺子、放爆竹、拜年

任务二

诗情画意说传统

　　"千门万户曈曈日，总把新桃换旧符。""清明时节雨纷纷，路上行人欲断魂。""独在异乡为异客，每逢佳节倍思亲。"一句句古诗里有我们熟悉的节日，饱含作者的深情，更渗透着深厚的传统文化，它是我们中国人的根。

同学们，请分小组选择你们想探究的一个传统节日，查找关于这个节日的古诗，绘制一幅古诗配画，并说说古诗的大意和古诗中包含的节日信息。

同学们，相信你们的古诗配画更能凸显节日的特点，开始创作吧！

○ 实践坊

诗情画意说传统

古诗的大意：

古诗配画：

任务三

节日故事我能讲

同学们，每个传统节日都有它的来源和故事，你查找到什么故事呢？请把它摘抄下来吧！

○ 实践坊

节日名称：_____　故事名称：_____　调查人：_____

_____

_____

_____

_____

任务四

我是节日美食家

同学们，让我们一起来制作端午节的美食——粽子！

◎ 实践坊

制作端午节美食——粽子

材料与工具:

1. 材料:糯米及相关辅料。

2. 工具:粽叶、绳子。

步骤与方法:

1. 将两张粽叶折叠成漏斗形状。

2. 放入少量的糯米。

3. 放入辅料。

4. 再加盖一层糯米。

5. 用粽叶将糯米裹紧。

6. 用绳子将粽叶绑紧。

安全提示:

1. 自制粽子要重视卫生,食材要新鲜,手要清洗干净再包粽子。

2. 粽子要熟透才能吃,不宜吃太多。

任务五

我来写传统节日

同学们,请选一个传统节日写一篇文章,可以写自己家过节的过程,也可以写节日中发生的印象深刻的事。

◎ 讨论区

小军:我们要按顺序写,可以是时间顺序,也可以是事情的先后顺序。

小丽:印象深刻的事当然要与我们的这个节日的习俗有关。

小花:写的时候要具体,看到的、听到的都可以写,你怎么说、怎么做、有什么感受也可以写下来哦!

◎ 实践坊

例如元宵节看花灯的情节,可以这样写:

这真是灯的海洋。千万盏金黄色的闪光灯从六七米的"高空"悬下,如瀑布一般。瞧,那一盏盏五彩缤纷、千姿百态的花灯真是令人大饱眼福。有红彤彤的"五角星"，有昂首挺胸的"大公鸡"，有拿着金箍棒的"孙悟空"……

六、作业评价

1. 跟老师和同学交流分享作业成果，并根据他人的建议修改、完善作业。

2. 在这次作业实践中，你对自己的表现满意吗？对照下面的评价表说一说自己的表现，听一听同学、教师、家长的意见，请用描述性语言进行评价。

内容	评价标准	自评	同学评	教师评	家长评
参与度	小组成员人人参与活动，相互合作。				
自信心	小组成员展示时态度大方，充满自信。				
形式	形式多样，富有创意。				
质量	内容丰富，介绍清楚。				

【设计者简介】

　　张艳霞，广州市番禺区剑桥郡小学教师，中小学一级教师，广州市综合实践活动中心组成员，曾获番禺区青年教师能力大赛（综合实践活动）二等奖。

"草药留香　标本画美"作业方案

设计团队：冯毅妍　张　典　高　庆

一、设计意图

本方案结合广州版《小学综合实践活动·劳动》五年级上册"我来栽种中草药"主题活动，以及我校校本课程"传承中医药文化，如水学子爱健康"五年级下册"草药芳香"系列主题活动之"草药留香　标本画美"，设计出体现学生出力流汗、动手创造，感受劳动带来的快乐与精神愉悦的学科融合作业。该作业方案以综合实践活动为主阵地，融合劳动、美术、语文、数学等各个学科的知识。学生在完成融合作业的过程中，通过在小农田实地观察、测量、记录和画出植物在不同季节的生长状况，继续了解中草药并探究中草药的功效；在学习创意标本画的设计与制作中，将古典诗词、草药知识和美学素养融入标本画的制作中，让学生更深入地了解中草药；在深度探究与家校劳动实践体验中，使学生成为传播中医药文化的小使者，从而增强学生综合文化素养与民族文化自信，使他们更热爱劳动、热爱生活、热爱学习。

二、实施对象

五年级学生对综合实践活动有了一定的了解，对这门课程产生了浓厚的兴趣。同时通过多次综合实践学习和百草园探究劳作，他们已经积累了一定的中草药基础知识，因此观察、探究植物对他们来说比较容易实现。在创意标本画的制作中，他们需要掌握工具的使用，在构图上需要多学科融合并加上之前对草药知识的积累。在美的创作中，学生加深了对草药文化的喜爱之情，从而主动传播中医药文化，有将其发扬光大的责任感与自豪感。

三、作业目标

1. 通过实地调查，对中草药进行观察、测量、记录、对比等阶段性学习，了解草药的生长状况，提高对数学的实际应用能力。

2. 利用美术知识和语文学科知识，借助语言表达能力，构思标本画设计图。

3. 结合草药的不同药性和药用特点来创作与制作标本画，将春之语、夏之美、秋之果、冬之藏四个不同的主题体现出来并进行制作。

4. 借助中国传统文化知识和美术学科排版布局，美化标本画。

四、作业内容

1. 观察、测量、记录中草药在不同季节的生长状况。

2. 标本画设计构思。

3. 创意标本画的制作与美化。

五、作业实施

▶ **任务一**

春天的百草园万物复苏，大地一片生机勃勃。我们的植物们有什么变化？我们一起去看看吧！

▶ **讨论区**

我上次亲手种的金银花，这次已经开花了，我刚数了一下，已经有三个花骨朵了。

刚用尺子测量了一下，我发现百草园的鸡蛋花又长高了10厘米。

大家还有什么新的发现吗？让我们一起小组合作完成这个记录表吧！

▶ **实践坊**

"草药芳香"记录表

小组名称			观察时间	
观察准备			观察地点	
观察的草药	观察到草药的生长变化		功效作用	食用方法
	形状			
	大小			
	颜色			
	变化			
	其他			

▶ **任务二**

刚才我们参观了百草园，观察了植物，有的同学还采摘了百草园的标本。我们用这些标本一起来设计美丽的标本画吧！

我在制作的时候会考虑不同中草药的药性。

夏天来了，我会采摘薄荷、金银花等清凉的中草药来创作。

"草药芳香"标本画设计

设计主题	
草药标本	
创作意蕴	
我的设计图	

任务三

玲玲看到美术馆里展出的山水画意境优美。她也想用自己设计的标本图来改造，制作出一幅漂亮的标本画，我们一起来试试吧！

我们可以用剪刀、胶带将标本进行固定，也可以用现代科技冷裱膜一次成型。

在制作过程中，要注意安全使用工具哦！

"诗中有画，画中有诗。"我们也可以给我们的标本画配一首自己写的诗，起一个富有诗意的名字呢！

自己动手采集标本并动手设计创作一幅标本画，然后与大家交流分享设计的构思与画所蕴含的意义。

"草药芳香"标本画制作

设计主题	
草药标本	
创作意蕴	
我的作品	

六、作业评价

1. 请各组评分，评出自己小组最优秀的作品。

2. 学校小使者要把今天学到的创作方式和技能与长辈分享，并邀请父母给自己的作品点评。

"草药芳香"作品评价表

评价内容	自我评价	小组评价	教师评价	家长评价
主题突出，表达清晰				
想象丰富，设计合理				
巧用工具，安全收纳				
画面整洁，色彩协调				
观察细致，比例和谐				

【设计团队负责人简介】

　　冯毅妍，广州市越秀区水荫路小学教师，高级教师，广州市教育研究综合实践活动学科第18、19届特约教研员，市、区专委会理事，广州市综合实践活动第三批骨干教师，2018年、2022年分别荣获该学科教学与特约教研员教学成果一等奖，参与广州共享课堂录制工作。

"劳动我能行"作业方案

设计团队：罗　文　黄驰骋

一、设计意图

根据《义务教育劳动课程标准（2022年版）》"收纳整理"学习要求，"劳动我能行"作业方案设计了五个学习任务，让学生接触和认识学习活动以外的生活，身心得到愉悦，自我价值得到体现，让学生体会到劳动光荣，培养学生热爱生活、快乐生活的良好情感。

二、实施对象

本次活动实施对象是小学高年段的学生。他们的思维活动以形象思维为主，符合这一阶段学生的生理和心理特征，设计作业的同时，尊重学生的差异化，使每个学生都能得到相对应的提高。通过多种作业形式，学生可以获得材料认识、工具运用、技术要领等方面的知识和技能。

三、作业目标

1. 学习生活中的一些基本知识和技能，做力所能及的事情，发扬优秀的劳动精神。

2. 画出心中最美的劳动者，致敬劳动者，致敬我们身边平凡的人。

3. 学会变废为宝，增强环保意识，珍惜劳动成果。

4. 学习基本的整理收纳方法，让衣柜、卧室大变样，锻炼学生的动手能力。

5. 了解劳模事迹，学习劳模精神，促进自我成长。

四、作业内容

1. 制订家庭劳动值班表。

2. 画出心中最美的劳动者。

3. 变废为宝巧制作。

4. 衣柜、卧室大变样。

5. 学习劳模精神。

五、作业实施

任务一

家务小帮手

要做一个勤劳的学生，不仅要整理自己的房间，还要帮助家人做力所能及的事情，发扬优秀的劳动精神，请你和家人一起制作劳动值班表吧！

家庭劳动值班表

周一	周二	周三	周四	周五	周六	周日

任务二

画出心中最美的劳动者

致敬劳动者，致敬我们身边的平凡人，如学校门卫叔叔、食堂的厨师、街道的环卫工人、超市收银员等，请您选择其中两位劳动者，为他们画一幅画吧。

任务三

看我"七十二变"

孙悟空会"七十二变"，相信聪明的你也能做得到，请你用一双智慧的眼睛，发现身边的旧物，并思考它们的可用之处，赋予它们新的生命。

【提示】

1. 废旧纸箱变垃圾箱、收纳盒；废弃瓶子变花瓶。
2. 材料与工具：剪刀、胶带、胶水、马克笔。

任务四

衣柜、卧室大变样

进入6月份，气温逐渐升高，给衣服和被褥也换个季节吧，你会怎样归纳和整理呢？又会怎样重新布局你的衣柜和卧室呢？快来规划一下。

物品名称	原来的位置	如何处理	现在的位置
我的收纳方法			

任务五

科技改变生活方式

请你观察一下你身边有哪些人工智能的家用劳动产品，它们是怎么工作的？当它们在一定程度上替代人类从事体力劳动后，有没有让我们的生活更加便捷？

你使用过的或知道的电子劳动工具是什么？
它是怎么工作的？
它可以完全替代人类的体力劳动吗？
如果你是设计师，你最想设计什么样的劳动产品？请你简单写一写。

任务六

观看表彰大会，学习劳模精神

从20世纪90年代开始，全国劳模表彰大会每五年召开一次，他们是在社会主义建设事业中成绩卓著的劳动者，请您观看近年的全国劳动模范表彰大会，了解他们的故事，学习他们的精神。

我了解了_____的故事，他的故事是：_____

_____

我从他身上学习到了：_____

_____

_____

以后我要这样做：_____

_____

_____

六、作业评价

1. 跟老师和同学交流分享作业成果，并根据他人的建议修改、完善作业。

2. 在这次作业实践中，你对自己的表现满意吗？对照下面的评价表说一说自己的表现，听一听同学、教师、家长的意见，请用描述性语言进行评价。

评价内容	自评	同学评	教师评	家长评
认真观察				
参与家务				
整理房间				
观看视频				
动手制作				
绘画作品				

【设计团队负责人简介】

　　罗文，广州市庆丰实验学校小学部综合科组长、老师，曾获第二届广州市中小学综合实践活动教学新秀大赛二等奖、第三届广州市中小学青年教师教学能力大赛综合实践活动学科三等奖、白云区第二届"白云杯"中小学综合实践活动教师教学技能竞赛石井片第一名。

"巧巧手之装饰花"作业方案

设计团队：梁赛兴　曾彩珍

一、设计意图

广州版《初中综合实践活动·劳动》九年级上册主题三"家庭美化我动手"中提到增添花卉装饰，可以美化环境、增添雅兴。岭南版《美术》七年级上册第三单元第五课《花卉与纹样》中提到，以大自然的花卉为设计元素，运用单独纹样、连续纹样设计装饰生活用品。《初中综合实践活动·劳动》九年级上册教材主题二"垃圾分类环球行"中指出做好垃圾分类，我们可以从源头上减少垃圾的产生，重复利用闲置物品及废弃物。《义务教育劳动课程标准（2022年版）》指出，利用身边的材料来制作手工艺品，可以美化生活，培养学生动手动脑能力，培养学生的创新意识。"巧巧手之装饰花"作业设计融合了综合实践活动、劳动和美术等多个学科的知识，设计了观察花卉图案在生活中的应用，应用闲置物品及废弃物制作装饰花，使用装饰花美化家居生活和环境等作业内容，加深学生对花卉与纹样的理解。通过制作装饰花的体验，让学生初步掌握使用各种废弃材料造型，在具体制作装饰花的过程中，运用变形手法与装饰手法设计花卉纹样，体验产生需求→收集资料→设计表达→加工制作→交流评价。

二、实施对象

本次活动的实施对象是初中九年级的学生。他们对生活中的事物比较感兴趣，已经具有一定的空间思维能力和创造能力，而且在七年级上册的学习中初步认识了花卉与纹样，在主题二中学习了垃圾分类。本次作业方案以此为起点，由教师提供一组由废弃物制作的装饰花实物图片，让学生感受装饰花在生活中的应用，激活学生已经积累的有关花卉与垃圾分类的感性认识，再通过实践探究活动让学生掌握使用各种废弃材料制作装饰花，运用变形手法与装饰手法设计花卉纹样，将创新与生活实际结合起来，学会变废为宝和装饰美化环境，让生活锦上添花。

三、作业目标

1. 通过网上查阅资料、实地调查等方式，了解装饰花在生活中的应用，加深对应用闲置物品及废弃物的特点制作装饰花的理解，增强以设计和工艺改善环境与生活的意识。

2. 应用闲置物品、废弃物的特点和花卉图案造型，使用各种废弃材料造型制作装饰花，运用变形手法与装饰手法设计花卉纹样，培养学生的创新能力和动手操作能力，激发学生的探究欲望与兴趣。

3. 通过制作装饰花的体验，让学生初步掌握使用各种废弃材料造型，在具体制作装饰花的过程中，体验产生需求→收集资料→设计表达→加工制作→交流评价。同时，在图案纹样的设计中，让学生理解和感受生活中处处有美，美的装点会让生活锦上添花。

四、作业内容

1. 观察身边的花卉纹样，了解生活中有哪些应用废弃物制作装饰花的事例。

2. 使用废弃物制作装饰花，运用变形手法与装饰手法设计花卉纹样。

3. 使用装饰花进行家居美化，学会变废为宝，美化环境。

五、作业实施

任务一

小粤想知道生活中有哪些应用废弃物制作装饰花的事例，可以通过哪些方式来了解？

讨论区

我们可以上网查阅一下生活中应用废弃物制作装饰花的事例。

我们可以观察一下社区和家庭里面应用废弃物制作装饰花的事例。

我们可以问问爸爸妈妈或老师，可以使用哪些废弃物来制作装饰花？

实践坊

观察废弃物制作的装饰花在生活中的应用

同学们，我们观察一下学校、社区和家庭里面利用废弃物制作装饰花的事例，把它们记录下来吧！

观察时间	观察地点	发现的事例名称	观察到的现象	运用的材料
6月9日	学校教师办公室	梅花盆栽	使用开心果壳、皱纸、鸡蛋壳等废弃物制作装饰花	开心果壳、皱纸、鸡蛋壳等废弃物

任务二

小广懂得了可以用废弃物制作装饰花，但不知道使用哪些废弃物、如何制作装饰花，大家帮小广想想办法吧！

讨论区

我们可以参照网上或现成的作品模仿制作。

通过模仿制作，我们可以尝试使用其他材料做类似的作品或其他装饰品。

同学们，让我们开展一次设计制作活动，运用变形手法与装饰手法设计花卉纹样，加深对装饰花的花卉与纹样的理解吧！

实践坊

制作皱纸装饰花

材料与工具：

1. 材料：彩色皱纸、铁丝线、花秆、花艺胶布、小花瓶。

2. 工具：剪刀、尺子、白乳胶、双面胶、铅笔。

步骤与方法：

按照"准备工具及材料—裁剪—折纸—卷纸—粘贴—组合—插花—造型"八大步骤制作皱纸花。

1. 安全使用制作工具与材料。

2. 完成制作后，整理制作现场，工具归位。

3. 制作的皱纸花结实、美观、组成部分完整，在花瓶中插出美丽的造型和花色。

安全提示：

1. 使用刀尖是圆形的小剪刀，用完后要及时把剪刀收纳好。

2. 裁剪铁丝线时注意不要扎到手和其他同学。

3. 使用白乳胶时不要挤太多，以免粘到手上不易清洗。

皱纸装饰花评价标准

观察要点	劳动素养评价标准	评价建议
劳动步骤与方法	经历"准备工具及材料—裁剪—折纸—卷纸—粘贴—组合—插花—造型"的过程，每个步骤的劳动方法正确，操作熟练并符合实际。（50分）	

（续表）

观察要点	劳动素养评价标准	评价建议
使用劳动工具	能按实际操作，安全、正确、有效地使用各种工具；劳动过程中各种工具配合恰当。完成制作后，整理制作现场，工具归位。（10分）	
劳动成果	制作的皱纸花结实、美观、组成部分完整，在花瓶中插出美丽的造型和花色。工具物品摆放整齐。（20分）	
劳动态度与习惯	能积极主动参与劳动；实践过程中适当使用制作材料，避免浪费；制作过程中能正确操作，具有安全意识；制作完成后能整理现场，保持环境的整洁。（20分）	
总分及等级	对照每个观察要点中的评价标准，观察学生的劳动表现，予以评分（既要有分项评分，也要有总分），并赋等级： 90～100分为A，80～89分为B， 60～79分为C，60分以下为D。	

 任务三

小穗家里需要进行家居美化，如果要使用装饰花，你有什么好建议呢?

讨论区

我们可以制作皱纸装饰花。

我们可以寻找家里的其他废弃物，用来制作装饰花或其他装饰品。

实践坊

作品名称	作品所需材料	作品成果图	劳动感受
玫瑰花	皱纸、超轻黏土、鸡蛋壳、废弃玻璃瓶子	粘贴作品	通过亲身参与活动，体验制作皱纸花的乐趣，体会到劳动的艰辛和劳动创造的快乐，我们需要养成合理利用材料、环保节约的劳动习惯。

六、作业评价

1. 跟老师和同学交流分享作业成果，并根据他人的建议修改、完善作业。

2. 在这次作业实践中，你对自己的表现满意吗？对照下面的评价表说一说自己的表现，听一听同学、教师、家长的意见，请用描述性语言进行评价。

评价内容	自评	同学评	教师评	家长评
劳动参与的积极性				
劳动项目的多样性				
劳动技能的熟练性				
劳动活动的坚持性				
劳动成果的可接受性				
劳动过程的创造性				

【设计团队负责人简介】

梁赛兴，广州市从化区太平第二中学教师，中学一级教师，广州市骨干班主任，广州市中学劳动中心组成员，广州市中学综合实践活动中心组成员，从化区综合实践/劳动教育中心组成员，广州市共享课堂录制授课教师和教研人员。

"生涯教育之职业探索"作业方案

设计者：孙媛媛

一、设计意图

2014年教育部在《关于全面深化课程改革落实立德树人根本任务的意见》中提出：建立普通高中学生发展指导制度，指导学生学会选择课程，做好生涯规划，使高中阶段生涯教育越来越受到人们的关注。生涯教育的主要内容一般包括生涯认知、生涯探索、生涯决策等方面，其中职业探索是生涯探索中的重要内容。职业探索主要是指增加对自我和环境的认识和了解，以促进个体职业的发展，内容包括对职业的宏观环境、行业环境、组织环境、岗位环境等的探索。职业探索是后续生涯决策的基础，决定了个人生涯决策的方向。因为职业探索的对象指向外部世界，与社会生活相连接，因此职业探索应为学生创设更多的研究与实践机会。"生涯教育之职业探索"设计了职场人物访谈、制作公司招聘海报、制作个人简历等作业内容，旨在增加学生对自我与职业的认识与了解，并在此基础上思考个人与职业的关系、生涯选择等，为生涯决策做好准备。

二、实施对象

本次活动的实施对象是高中一年级的学生。高中阶段正处于生涯的探索期，他们对职业世界充满好奇，具有探究与实践的兴趣，在前期的生涯认知阶段，他们对个人的性格、兴趣、能力、职业价值观等有了初步的认知，具备查阅与收集资料的能力，能够对收集到的信息进行分析与整合等。

三、作业目标

1. 通过访谈法了解职业的相关信息，增加对某一职业的认识。

2. 运用收集的职业信息设计并制作公司招聘海报，增加对企业招聘管理工作的体验，加深对个人与职业关系的思考，培养分析能力、创意设计能力等。

3. 通过制作个人简历，模拟求职的心态与准备，思考个人的职业优势与不足，明确未来的努力方向，培养设计与表达能力等。

四、作业内容

1. 采访2～3位职场人士，了解某一职业的相关信息，撰写访谈报告。

2. 与小组成员合作，运用前期收集的职业信息设计并制作一份公司招聘海报。

3. 通过前期对自我的认知，设计并制作一份个人求职简历。

五、作业实施

生活中你对哪些职业比较感兴趣？为了进一步了解职业世界，请你利用身边的资源，采访2～3位从事某一职业的人士，做好访谈记录，并根据对访谈内容的整理撰写一份访谈报告。

可参考的访谈提纲

1. 职位名称

2. 主要的工作内容

日常面临什么问题？跟哪些人和事打交道？哪些工作活动是较为重要的？

3. 如何开始从事现在所做的工作

一开始为什么选择进入这个公司/行业？是如何得到这份工作的？跟最开始的职业预期相符合吗？

4. 职业技能准备方面

进入这个行业有没有硬性要求（学历、专业、资格证书、外语水平等）？什么样的初级工作有利于学到尽可能多的知识？在高中可以做哪些准备工作？

5. 职业发展方面

这份工作的晋升空间和路径是怎样的？薪酬福利、工资梯度大概是什么样的？在这个职业中，如果想获得成功必须具备的核心竞争力是什么？什么样的个人品质或能力对这项工作的成功来讲是重要的？

6. 行业前景方面

5～10年后这个职业会发生什么变化，对人才会提出什么要求？这项工作有没有因为科技、市场、竞争等因素而发生变化？将来这个领域潜在的不利因素是什么？

7. 工作状态方面

最喜欢和最不喜欢这个行业的哪些方面？这项工作采取工作行动和解决问题的自由度如何？

任务二

　　职业探索除了利用访谈法收集职业信息外，还可以通过实践体验来加深对职业的认识。招聘是企业人力资源管理工作中的重要部分，为企业或单位吸纳合适的人才，招聘的工作内容包括：招聘需求的分析、招聘计划的制订、招聘工作实施、招聘总结等。请你和小组同学一起尝试设计并制作一份公司招聘海报吧！

制作公司招聘海报

　　材料与工具：

　　1. 材料：A3卡纸。

　　2. 工具：水彩笔、马克笔。

　　步骤与方法：

　　1. 确定模拟公司的名称。

　　2. 分析模拟公司的岗位需求。

　　3. 制订招聘计划。

　　4. 设计并制作招聘海报。

　　招聘海报由岗位职责、任职条件、薪资待遇、宣传语等构成。岗位职责是指一个岗位需要去完成的工作内容以及应当承担的责任范围；任职条件包括岗位所需要的学历、年龄、性格、能力等条件；薪资待遇包括企业或单位能够提供的基本工资或底薪、保险、福利、补贴等。

　　这些信息的撰写需要用到我们前期职业访谈所获取的职业信息来完成哦！

　　制作要求：

　　1. 版面设计方面：构图合理、配色美观、发挥创意。

　　2. 岗位分析：职责明确、任职条件合理、薪资待遇贴合实际。

任务三

　　在制作招聘海报的作业中，我们一起体验了作为企业招聘师的工作内容，未来我们还将作为应聘者参与求职。通过前期对自我和职业的探索，你是否清晰地知道个人的职业优势与应聘的行业领域呢？请你设计并制作一份未来的个人求职简历吧！

制作个人求职简历

　　材料与工具：

　　1. 材料：A4纸。

2. 工具：水彩笔、马克笔、个人形象照、计算机等。

步骤与方法：

1. 了解求职简历的结构与内容。

一般来说，求职简历包括个人基本情况、教育经历、工作和实践经验、爱好特长、所获证书和奖励、主要技能、自我评价、求职意向、联系方式等基本要素。

2. 构思个人简历的文字内容。

3. 利用计算机或手绘的方式，设计并编辑个人简历。

4. 打印装订。

制作要求：求职目标明确、格式规范、设计新颖、突出个人优势。

六、作业评价

恭喜你完成了本次职业探索的全部作业！这次作业活动你有哪些收获与心得呢？你对自己的表现满意吗？与同学、老师、家长等分享自己的作业成果，听听他们的意见或建议吧！

评价内容	自评	同学评	家长评	教师评
团结协作				
积极探究				
富有创意				
内容合理				
成果质量				

【设计者简介】

孙媛媛，广州市玉岩中学教师，广州市教育研究院特聘研究员，广州市劳动学科特约教研员，广州市第三批骨干教师，广州市综合实践活动十佳指导教师，中小学副高级教师，发展与教育心理学硕士。现任广州教育学会中小学劳动教育研究专业委员会秘书长、常务理事，曾获得广东省中小学青年教师教学能力大赛二等奖、广州市中小学青年教师教学能力大赛一等奖。曾参与编写广州市教育研究院研发的《广州市中小学科技实践教材》和《初中综合实践活动·劳动》教材（经广东省教育厅审核通过）。

"'中国航天'主题T恤设计"作业方案

设计者：黄　颖

一、设计意图

"主题T恤设计"是粤教版通用技术选择性必修5"服装及其设计"第四章第三节"主题设计的灵感来源和过程"中的设计与制作实践活动，主要是让学生了解服装主题设计从灵感构思到设计制作的一般过程和服装主题设计常用的表现方法，通过找寻灵感来源的方法，为主题服装设计提供思路，理解主题设计的表达方式，感知多元文化与服装艺术的结合，并在主题服装设计中明确方向，逐步掌握服装设计效果图的绘制。本作业方案从贴近高中学生生活和吸引学生兴趣的"中国航天"主题入手，设计了应用主题服装设计知识设计"中国航天"主题T恤的作业方案，融合了通用技术、劳动、综合实践活动等多个学科的知识，注重学科知识与生活实践、社会热点相结合，激发学生的求知欲和好奇心，锻炼学生的动手能力和实践探究能力，培养学生热爱生活的态度及运用科学知识和方法的能力。

二、实施对象

本次活动的实施对象是高中一年级的学生。他们正处于青春昂扬、喜爱创新、追求个性的年龄阶段，对中国航天有一些基本了解，对日新月异的科学技术充满兴趣和探索，更对未知的浩瀚宇宙和航天世界充满着好奇心和求知欲。他们对日常服装有初步的认识，具备一定的审美、绘画和制作的能力，但未经历过服装的设计过程。本作业方案从青少年的年龄特点和学习规律出发，基于学生原有的知识水平和心理发展水平，重视其想象力和创造力，鼓励其大胆表达自己的想法，创设"中国航天"主题情境，让其围绕主题进行资料查阅、方案设计、小组讨论、方法学习、动手实践、成果展示等活动，引导学生培育和践行社会主义核心价值观。

三、作业目标

1. 了解服饰文化；了解服装设计三要素；了解T恤设计的方法（图案、配色、裁剪、拼贴）。

2. 能够通过文献查阅的方法查阅相关知识，能够掌握基本的劳动知识和技能，能够根据T恤设计的方法进行以小组或个人为单位的主题T恤设计制作，发挥学生的主动性、积极性、创造性，在此过程中引导其养成良好的劳动习惯和品质，提高学生合作学习的能力、分析问题和解决问题的能力、体验创造与设计的能力。

3．感受服饰所体现出的民族自豪感和文化自信，感受服饰是人类特有的劳动成果，从而树立正确的劳动观念，培育积极的劳动精神，激发学生的爱国情怀。

四、作业内容

本作业方案将作业一部分以课前学案的形式提前派发，让学生利用课前空余时间查找相关资料，一部分作为动手实践作业在课上完成，一部分作为拓展作业在课后完成。通过"课前—课中—课后"难度适中的作业，培养学生学习的责任心和坚持性，引导其利用自己的综合能力进行探究，培养学生解决问题的能力和创新实践的能力。

1．课前

通过网上查阅资料、实地调查等方式，布置学生以小组为单位完成"文献资料查询表"，查找服装设计的知识、T恤设计的方法（图案、配色、裁剪、拼贴）、中国航天发展的相关资料等。

2．课中

学生以小组为单位完成"中国航天"主题T恤的设计、制作，鼓励学生大胆想象，勇敢创造，发挥学生的主动性、积极性、创造性。

3．课后

结合课堂上学习到的服装设计三要素和T恤设计的方法，课后每位同学自选主题，制作出一件表达自己创作思想、宣传理念的T恤。

五、作业实施

（一）课前

学生以小组为单位完成"文献资料查询表"，查找服装设计的知识、T恤设计的方法（图案、配色、裁剪、拼贴）、中国航天发展的相关资料等。

文献资料查询表

主题词（关键词）	
查找内容	
查找时间、地点	
文献名称与来源1	

（续表）

资料摘录1	
文献名称与来源2	
资料摘录2	

（二）课中

学生以小组为单位完成"中国航天"主题 T 恤的设计制作，鼓励学生大胆想象，勇敢创造，发挥学生的主动性、积极性、创造性，在此过程中教师给予学生充分的课堂指导。通过课堂上作业任务的布置，引导学生养成良好的劳动习惯和品质，提高学生合作学习的能力、分析问题和解决问题的能力、体验创造与设计的能力。

任务一

请小组讨论完成"中国航天"主题 T 恤的设计，设计内容包括绘画、拼贴、裁剪。

"中国航天"主题T恤设计表

小组分工	组长：＿＿＿＿＿＿＿＿＿＿＿＿＿＿＿＿＿（默认为第一位同学） 1. 绘画：＿＿＿＿＿＿＿＿＿＿＿＿＿＿＿＿＿ 2. 拼贴：＿＿＿＿＿＿＿＿＿＿＿＿＿＿＿＿＿ 3. 裁剪：＿＿＿＿＿＿＿＿＿＿＿＿＿＿＿＿＿ 4. 模特：＿＿＿＿＿＿＿＿＿＿＿＿＿＿＿＿＿ 5. 介绍词撰写及介绍：＿＿＿＿＿＿＿＿＿＿
图案设计	原型/素材：＿＿＿＿＿＿＿＿＿＿＿＿＿＿＿ 创新设计：＿＿＿＿＿＿＿＿＿＿＿＿＿＿＿ 图案意义：＿＿＿＿＿＿＿＿＿＿＿＿＿＿＿
配色设计	颜色选择：＿＿＿＿＿＿＿＿＿＿＿（颜色分类见色卡） 表现效果：＿＿＿＿＿＿＿＿＿＿＿＿＿＿＿
拼贴设计	拼贴布料形状：＿＿＿＿＿＿＿＿＿＿＿＿＿ 选择该拼贴布料造型的理由：＿＿＿＿＿＿＿
裁剪设计	部件细节设计（领口、袖口、下摆、口袋等）：＿＿＿＿ 选择该裁剪造型的理由：＿＿＿＿＿＿＿＿＿ ＿＿＿＿＿＿＿＿＿＿＿＿＿＿＿＿＿＿＿
介绍词	撰写介绍词（包括设计理念、设计工艺、完成情况等，要求语言简练、富有情感）：＿＿＿＿＿＿＿＿＿＿＿＿＿＿＿＿＿＿＿＿ ＿＿＿＿＿＿＿＿＿＿＿＿＿＿＿＿＿＿＿

任务二

小组合作，完成"中国航天"主题T恤的制作。

（三）课后

结合课堂上学习到的服装设计三要素和T恤设计的方法，课后每位同学自选主题，制作出一件表达自己创作思想、宣传理念的T恤。

六、作业评价

1. 跟老师和同学交流分享作业成果，并根据他人的建议修改、完善作业。

2. 在这次作业实践中，你对自己的表现满意吗？对照下面的评价表说一说自己的表现，听一听同学、教师、家长的意见，请用描述性语言进行评价。

主题T恤设计评价表

评价内容		自评	同学评	教师评	家长评
劳动习惯	注意用水用电安全，劳动后收拾用具、清洁台面等。				
劳动品质	积极主动劳动，不浪费材料，珍惜劳动成果。				
劳动过程	能够根据T恤设计的方法进行以小组或个人为单位的主题T恤设计制作。				
劳动成果	图案主题突出，创新设计；配色均衡、和谐；衣服结构丰富。				

【设计者简介】

黄颖，广东实验中学教师，高中综合实践活动二级教师，2022学年广州市综合实践活动高中中心组组长，广东省青少年科技教育创新团队成员，广州市STEM教育研究中心成员，广东实验中学高中科技创新教练组主教练。

"剪纸服饰设计师"作业方案

设计者：陈良玉

一、设计意图

"剪纸服饰设计师"是广州版《小学综合实践活动·劳动》高中一年级下册主题五"岭南文化源流长"中的内容。剪纸是岭南传统文化的一部分，让我们重温岭南的文化特色，感受剪纸的独特魅力，体验艺术创作带来的乐趣与成就，把剪纸元素运用到服饰上去，弘扬我国民族、民间优秀的艺术传统，增强民族自豪感。"剪纸服饰设计师"作业方案以培养学生综合素质为导向，以发展学生综合素质为宗旨，引导学生运用传统文化——剪纸，设计创意服饰，培养学生综合运用多个学科融合创新的能力。

二、实施对象

本次活动的实施对象是高一年级的学生。我们学校作为全国中小学中华优秀传统文化（剪纸）传承学校，我校的高中生对剪纸并不陌生，通过一系列主题活动，把剪纸元素运用到服饰上，融入日常生活中，学以致用，让学生感受到优秀传统文化的魅力，并了解其价值，培养学生的综合创新能力。

三、作业目标

1. 通过自觉参加传统文化剪纸活动、走访模范人物、组织社团活动，增强文化自信。

2. 融合利用本土文化、传统文化剪纸，对服饰进行创新实践探索，综合运用知识分析问题，用科学方法开展综合实践活动与劳动教育的融合与创新，形成比较规范的研究成果。

3. 积极动手操作剪纸，并把图案熨烫到服饰上去，熟练掌握多种劳动操作技能，增强创意设计、动手操作、技术应用和物化能力，形成在实践操作中学习的意识，提高综合解决问题的能力。

四、作业内容

1. 实地考察和网上搜集传统剪纸文化和本土文化资料，采访学校剪纸负责人，了解剪纸的创作理念、过程等。

2．融合创新，将科技与传统劳动结合起来，为T恤设计一个剪纸作品，可使用电脑绘画、手绘等进行设计。

3．完成剪纸作品，并把剪纸作品用转印机或者熨斗烫印到衣服上面。

五、作业实施

 任务一

小粤想了解岭南剪纸文化，可以通过哪些方式了解？

 讨论区

我们可以上网查阅一下关于岭南剪纸文化的内容。

我们可以实地考察岭南地区有剪纸文化传统的地方。

我们可以采访一下学校剪纸负责人——冯芬芳老师。

 实践坊

"岭南文化源流长——剪纸服饰设计师"考察计划表

探究主题			
考察内容			
考察时间、地点			
考察过程	考察任务（看、问、数、试）	考察发现	人员安排
准备材料			
注意事项			
教师评价			

"岭南文化源流长——剪纸服饰设计师"采访计划表

探究主题	
采访目的	
采访对象	
采访时间、地点	
人员分工	

（续表）

工具准备	
问题设计	
注意事项	

任务二

小广了解了岭南剪纸文化和本地特色文化之后，如何设计出可以印在服饰上的剪纸图案呢？

讨论区

 我们可以融入本地资源，用手绘的方式设计草图。

我们可以用电脑或者手机完成设计图。

 我们可以问问老师的建议，修改完善草图。

实践坊

设计有岭南特色的剪纸草图

材料与工具：铅笔、马克笔、画纸、电脑等。

步骤与方法：

1. 构思好草图。

2. 用笔在纸上画出草图或者用电脑设计草图。

任务三

如何完成剪纸作品，并把剪纸作品用转印机或者熨斗烫印到衣服上面去呢？

讨论区

 我们可以把剪纸作品用剪刀和刻刀制作出来。

我们可以用熨斗把剪纸作品烫印到衣服上。

 用熨斗不好控制温度和时间，用转印机印更好。

同学们，剪纸和转印需要技巧，我们探究一下吧！

○ **实践坊**

制作剪纸服饰作品

材料与工具：

1. 材料：纸、空白 T 恤。

2. 工具：剪刀、刻刀、切割垫板等。

步骤和方法：

1. 先把草图和专用纸订在一起。

2. 用剪刀和刻刀完成剪纸图案。

3. 用熨斗或者转印机把剪纸图案烫印到相应位置上。

安全提示：

1. 使用剪刀和刻刀时要注意安全。

2. 使用熨斗和转印机时要注意用电安全。

3. 展开作品时，小心熨斗和转印机烫手。

六、作业评价

1. 跟老师和同学分享交流作业成果，并根据他人的建议修改、完善作业。

2. 在这次作业实践中，你对自己的表现满意吗？对照下面的评价表说说自己的表现，听一听同学、家长、老师的意见，请用描述性语言进行评价。

评价内容	自评	同学评	教师评	家长评
独立自主搜集资料				
与他人友好合作				
掌握剪纸方法				
懂得传统文化的价值				
懂得传承和保护传统文化				
设计制作剪纸服饰				
善于总结反思				

【设计者简介】

　　陈良玉，广州市花都区圆玄中学教师，美术一级教师，广州市综合实践活动中心组成员，花都区第五批综合实践骨干教师，花都区综合实践活动中心组成员，学校劳动科组长。